輸出入と信用状取引

新しいUCP & ISBPの実務

浦野 直義 監修

経済法令研究会

監修のことば

　信用状（Letter of Credit）は、国際間の貿易取引における決済手段（settlement instrument）または支払手段として、重要な役割を果たし幅広く利用されてきましたが、一方において、信用状の中身、または、それを支える信用状統一規則の解釈を巡る争いなども発生しました。いくつかの世界規模の調査によると、信用状に基づき呈示された書類の約70％がディスクレパンシー（discrepancies）のために、支払を拒絶され、決済手段または支払手段としての効果に否定的な側面をもたれた時期もあったようです。このような事態を改善し、決済手段・支払手段としての信用状の役割が十分果たせるようにするため、2003年5月、国際商業会議所（ICC）は、それまでの信用状統一規則（UCP500）の改訂をICC銀行技術実務委員会に授権しました。

　これを受け同委員会は、改訂のための起草（Drafting）委員会を設置するかたわら、銀行業界・運輸業界の専門家によって構成された、草案の見直し・助言のための諮問（Consulting）委員会を創設し、改訂作業に3年半の歳月を費やし、2007年7月1日から、新しい信用状統一規則（UCP600）が施行される運びとなりました。これまでの規則にはない試みとして、「定義」（第2条）と「解釈」（第3条）の両規定を前面に配するなど、解釈相違等を是正するためのICCの意思表示として評価することができます。

　一方、UCP500を補完するためにICCにより出版されたISBP（荷為替信用状に基づく書類点検に関する国際標準銀行実務、出版番号645）は、2002年10月にICCの公式文書として承認され、関係各業界に評価されてきたものですが、UCP600の改訂にあわせて、さらに進化させたものとしてISBP681として出版されています。ご留意いただきたいのは、このISBP

は、本規則であるUCP600を修正するものではなく、あくまで、UCP600を補完するものとしての位置付けであることです。

　本書は、このUCP600とそれを補完するISBP681を、日常業務に則して解説した実務書です。また、銀行業務検定試験「外国為替２級、３級」における信用状取引関連分野の参考書の位置付けもしており、実務家のみならず、幅広い読者層のお役に立つことができれば幸甚です。

　本書は、巻末掲載の４名の方々に分担・執筆していただきました。いずれの方も、実務経験豊富で、金融機関および関連機関において指導的役割を果たしておられます。本書刊行の機会を与えていただいた経済法令研究会、ならびに執筆者各位への感謝の気持ちをここに表明させていただきます。

　　2009年4月

　　　　　　　　　　　　　　　　　　　　　　　　　　　浦野　直義

本書における用語の表記について

　本書では、読者の方がより実務的に理解できるよう、また編集の便宜上、用語の表記について、下表のとおり、実務上で一般的に使われている名称や略称等を採用しています。

本書における表記	正式名称	その他の名称等（※）
UCP600 ※本書では、特に断りのない限り、UCP600を単にUCPとする。	「ICC 荷為替信用状に関する統一規則および慣例」UCP600 2007年改訂版（The Uniform Customs and Practice for Documentary Credits, 2007 REVISION）	信用状統一規則2007年改訂版、UCP600
B/L	船荷証券（Bill of Lading）	―
Air Waybill（航空運送状）	Air Waybill（航空運送状）	Air Consignment Note（航空貨物運送状）
ICC	国際商業会議所（International Chamber of Commerce）	―
isbp	international standard banking practice	―
ISBP 681	荷為替信用状に基づく書類点検に関する国際標準銀行実務（International Standard Banking Practice for the Examination of Documents under Documentary Credits subject to UCP600）	―
SWIFT	スイフト（Society for Worldwide International Financial Telecommunication：S.W.I.F.T.）	―
L/G	担保荷物引取保証（補償）（Letter of Guarantee）	(L/I：Letter of Indemnity)

※「その他の名称等」とは、「本書における表記」以外で実務で使われている名称や表記、表現のことを指す。

本書における表記	正式名称	その他の名称等（※）
T/R	担保荷物貸渡し（Trust Receipt）	※丙号 T/R を、Air T/R、Airway T/R と呼ぶことがある。
UCP500	「ICC 荷為替信用状に関する統一規則および慣例」UCP500 1993 年改訂版（The Uniform Customs and Practice for Documentary Credits,1993 REVISION）	信用状統一規則 1993 年改訂版、UCP500
URR725	ICC 荷為替信用状に基づく銀行間補償に関する統一規則	銀行間補償統一規則
アライバル・ノーティス	書類到着通知書(ARRIVAL NOTICE)	書類到着案内(書)
カバー・レター	船積書類の送付状（covering letter）	covering schedule
後日払約束信用状	後日払約束信用状	後日払信用状
ディスクレ	ディスクレパンシー（discrepancy）	―
ディスクレ・フィー	ディスクレパンシー・フィー（discrepancy fee）	ディスクレ手数料、ディスクレ・チャージ
発行依頼人	信用状発行依頼人	―
発行銀行	信用状発行銀行	―
プレ・アドバイス	プレリミナリー・アドバイス（preliminary advice）	プレ・アド
メール・コンファメーション	郵便確認書（mail confirmation）	―

※「その他の名称等」とは、「本書における表記」以外で実務で使われている名称や表記、表現のことを指す。

『輸出入と信用状取引―新しいUCP & ISBPの実務―』
目　次

序　　本書の概要

第1章　信用状の本質とUCPの適用

1－1　信用状の本質 ……………………………………………8
1．信用状取引の「独立抽象性」と「書類取引性」　*8*
2．信用状の発行銀行が「主たる債務者」となる　*8*
3．ISBP681の概要（Preliminary considerations）　*10*
4．isbpという小文字の表記　*12*

1－2　UCPの適用 ………………………………………………13
1．要　旨　*13*
2．SWIFT（スイフト）　*16*

第2章　信用状の発行

2－1　信用状取引の特質 ………………………………………18
1．独立抽象性の原則　*18*
2．書類取引の原則　*21*

2－2　発行銀行の約束 …………………………………………24
1．オナー（honour）する義務　*24*
2．取消不能の義務　*27*
3．補償の約束　*27*

2－3　UCP600と信用状取引約定書の関係……………………………29

1．危険負担（第6条）　*29*
2．信用状条件との相違対応（第10条）　*29*
3．償還債務（第11条①）　*30*
4．償還債務（第11条②）　*30*
5．信用状統一規則等の適用（第21条）　*31*

2－4　信用状発行依頼書の点検　………………………………32

1．信用状の発行　*32*
2．ISBP681の活用と発行依頼書の不備防止　*32*
3．簡潔な信用状発行依頼書の作成　*37*
4．発行銀行による与信条件の確認　*37*
5．UCP準拠文言　*41*
6．取消不能信用状　*43*
7．信用状の確認の要否および譲渡可能か　*44*
8．信用状の発行方法（通知方法）　*45*
9．通知銀行　*47*
10．有効期限および呈示地　*49*
11．買取等の利用ができる銀行　*50*
12．信用状金額と単価、数量の間に矛盾はないか　*52*
13．信用状の利用方法　*53*
14．為替手形の支払人　*55*
15．T.T.リンバースメント（T.T. Reimbursement、T.T.R.）　*57*
16．TRADE TERMS（INCOTERMS）と要求書類の間に矛盾はないか

　57
17．船積後の書類呈示期間　*58*
18．リンバースメント方式の場合の速やかな補償授権書の送付　*59*
19．発行銀行宛船積書類の送付方法　*61*

2−5　信用状の条件変更 …………………………………………63

1．条件変更（アメンド）の種類　*63*

2．条件変更を行う発行銀行としての留意点　*64*

3．条件変更の合意取り付け　*65*

4．条件変更の諾否の通報　*66*

5．条件変更の発効時期　*66*

6．発行銀行における条件変更が成立したかどうかの見分け方　*68*

7．条件変更のための輸入者の留意点　*68*

8．一定時間内に拒絶されなければ自動成立するという条件変更　*69*

2−6　仲介貿易のための信用状発行 …………………………………70

1．仲介貿易のリスク・問題点　*70*

2．仲介貿易を行う仲介者（企業）の留意点　*71*

3．取引銀行の留意点　*72*

第3章　信用状の通知

3−1　信用状の接受と通知 ……………………………………………74

1．Preliminary considerations（事前検討事項）　*74*

2．輸出地における「信用状の接受」「信用状の通知」　*74*

3−2　信用状の接受 ……………………………………………………78

1．信用状を接受するための手段　*78*

2．接受時における信用状の効力に関する留意点　*79*

3．プレ・アドバイス信用状　*80*

3−3　信用状の通知 ……………………………………………………83

1．信用状の定義　*83*

2．通知銀行の通知内容　*83*

3．信用状または条件変更の外見上の真正性　*84*

　4．通知銀行が信用状の通知を選択しない場合　*86*

　5．通知銀行が信用状の通知を選択した場合　*87*

　6．通知銀行が信用状の外見上の真正性に満足できない場合　*87*

　7．信用状通知に関するその他のUCP600関連条文　*89*

　8．信用状の有効性に関して条件が付されている場合　*92*

　9．信用状の引受および後日払約束　*92*

　10．第2通知銀行のサービスを利用した信用状の通知　*95*

3－4　信用状の条件変更 …………………………………………………**98**

　1．取消不能信用状（irrevocable credit）　*98*

　2．条件変更に関する留意項目　*99*

　3．条件変更の合意　*99*

　4．発行銀行から信用状の条件変更を接受した通知銀行　*99*

　5．条件変更の承諾と拒絶　*100*

　6．受益者にとって不利といわれる条件変更を接受した場合　*101*

　7．受益者から条件変更の承諾または拒絶を受けた場合の通知銀行の対応　*103*

　8．受益者から通知銀行に条件変更の一部承諾がある場合の対応　*104*

　9．一定の条件がある条件変更　*105*

　10．受益者から条件変更の合意（承諾）を取得する場合　*106*

　11．信用状確認銀行の条件変更への確認付与　*108*

3－5　信用状の確認…………………………………………………………**109**

　1．信用状確認の必要性　*109*

　2．信用状の確認の意味　*110*

　3．信用状の確認、確認銀行および確認信用状　*110*

　4．確認依頼文言のある信用状を接受した場合の点検　*111*

　5．受益者の確認依頼があった場合の確認　*113*

6．信用状取引と外国向為替手形取引約定書　*114*

　7．サイレント・コンファメーション（silent confirmation）　*115*

　8．「銀行の異なる国に所在する支店」の解釈　*117*

　9．確認銀行の約束　*118*

3－6　信用状の譲渡···**121**

　1．譲渡可能信用状とは　*121*

　2．第1受益者および第2受益者の留意点　*123*

　3．信用状の譲渡が利用される場合　*124*

　4．Article38【譲渡可能信用状】の要点　*127*

　5．譲渡依頼書の点検　*135*

3－7　代り金の譲渡···**137**

　1．代り金の譲渡の性格　*137*

　2．代り金の譲渡の主たる目的　*137*

　3．代り金の譲渡の留意点　*137*

第4章　信用状付書類の買取

4－1　信用状付書類の買取···**140**

　1．信用状付書類の買取　*140*

　2．買取銀行（指定銀行）による与信行為　*140*

　3．信用状統一規則（UCP600）の適用　*142*

　4．信用状の定義　*142*

　5．信用状取引の当事者　*144*

　6．信用状に基づく補償請求　*145*

4－2　指定銀行（買取銀行）の指定···**148**

　1．指定銀行（買取銀行）の指定　*148*

　2．発行銀行の指定銀行に対する授権　*149*

3．発行銀行の補償　　*150*

　　4．確認銀行の補償　　*150*

　　5．指定銀行における書類の受領または点検および送付　*151*

4－3　書類点検の標準……………………………………………**152**

　　1．書類点検の標準　　*152*

　　2．書類内容の点検　　*153*

　　3．書類の発行者等　　*155*

　　4．書類の有効性に関する銀行の免責　　*156*

　　5．原産地証明書　　*157*

　　6．有効期限などが銀行休業日にあたる場合　　*158*

　　7．呈示の時間　　*158*

4－4　書類の原本およびコピー……………………………………**159**

　　1．原本の通数　　*159*

　　2．原本として受理されるもの　　*160*

4－5　為替手形……………………………………………………**162**

　　1．為替手形の意義　　*162*

　　2．信用状に基づいて振り出される為替手形　　*163*

4－6　商業送り状…………………………………………………**166**

　　1．商業送り状の受理要件　　*166*

　　2．商業送り状の記述　　*167*

4－7　複合運送書類………………………………………………**172**

　　1．複合運送書類とは　　*172*

　　2．複合運送書類の受理要件　　*172*

　　3．積　替（transhipment）　　*176*

　　4．その他の留意点　　*177*

4－8　船荷証券……………………………………………………**179**

1．船荷証券（Bill of Lading）とは　*179*
 2．その他の留意点　*182*

4－9　航空運送書類 ··· **185**
 1．航空運送書類（Air Transport Document）とは　*185*
 2．航空運送書類の受理要件　*185*

4－10　甲板積と不知約款など ································· **187**
 1．甲板積　*187*
 2．不知約款　*187*
 3．運送賃に付加された費用　*188*

4－11　保険書類と担保範囲（Insurance Document and Coverage） ··· **189**
 1．英文貨物海上保険証券のフォーム　*189*
 2．新しい協会貨物約款　*189*
 3．保険金請求権の譲渡　*189*
 4．保険書類および担保範囲　*190*
 5．保険書類の発行日付　*191*
 6．保険金額　*191*
 7．保険期間　*192*
 8．担保危険（填補範囲）　*193*
 9．1963年制定の協会貨物約款と1982年制定の協会貨物約款　*193*
 10．免責条項　*196*

4－12　書類の輸送中の紛失 ···································· **198**
 1．書類の輸送中の紛失　*198*
 2．買取銀行の対応　*198*

第5章　信用状付書類の接受

5−1　書類の接受 …………………………………………… **200**

5−2　書類の点検上、留意すべきUCPとISBPの規定 ……… **201**

　1．書類点検上の留意事項　*201*
　2．L/G付買取の発行銀行への影響　*201*
　3．書類の点検期間　*202*
　4．呈示が充足している場合の銀行の義務　*202*
　5．"On Deck" "Shipper's Load and Count" "Said by Shipper to Contain"
　　　203
　6．有効期限または最終呈示日の延長　*205*
　7．銀行営業時間後の書類呈示　*206*
　8．信用状金額、数量および単価の許容範囲　*207*
　9．一部使用または一部船積　*209*
　10．所定期間ごとの分割使用または分割船積　*210*
　11．手形の満期日の計算基準　*211*
　12．発行銀行はSecond Mail（第2便）でもT/Rが可能　*214*
　13．B/Lを紛失した場合　*215*

5−3　ディスクレがある場合の取扱方法 ……………………… **216**

　1．ディスクレの発見　*216*
　2．支払拒絶の通告を行うかどうかの判断　*216*
　3．支払拒絶の通告方法と通告期限　*218*

5−4　書類の到着案内（到着通知） …………………………… **223**

　1．書類到着通知書　*223*
　2．書類到着案内の添付書類　*223*

第6章　信用状付書類の決済

6－1　決済方式と決済処理……………………………………………226

1．充足した呈示と対外決済　*226*
2．信用状付書類の決済方式　*226*
3．信用状への決済方式の明記　*228*
4．一覧払信用状の決済　*230*
5．引受信用状の決済　*230*
6．不可抗力（force majeure）　*232*
7．対顧決済　*233*
8．対顧客決済相場　*234*

6－2　銀行間補償の取決め……………………………………………235

1．銀行間補償の仕組み　*235*
2．UCPとURR　*235*
3．URR725　*236*
4．発行銀行の補償義務　*237*
5．補償銀行による補償遅延　*237*
6．T.T.リンバースメント（T.T. Reimbursement, T.T.R.）　*238*

6－3　ディスクレのある書類…………………………………………240

1．発行銀行による支払・引受拒絶の決定　*240*
2．依頼人への照会　*240*
3．依頼人からの回答　*241*
4．ディスクレパンシー・フィー（discrepancy fee）　*243*

6－4　発行銀行による支払・引受拒絶の通告……………………244

1．拒絶通告の時期・方法　*244*
2．一度限りの通告（single notice）　*244*
3．通告への記載内容　*244*

4．拒絶通告の無効　　*246*
5．拒絶通告後の権利放棄　　*246*
6．買取銀行への償還請求　　*247*
7．L/G・Air T/Rと支払・引受拒絶　　*247*
8．依頼人への一部書類直送条件と支払・引受拒絶　　*248*
9．依頼人へ直送された書類の返却義務　　*248*

巻末資料

資料1-1　信用状発行申込書（依頼書）　　*250*
資料1-2　信用状発行申込書（依頼書）の見方　　*251*
資料1-3　信用状発行申込書（依頼書）の留意事項　　*253*
資料2　　　SWIFT MT700 TAG & FIELD　　*260*
資料3-1　複合運送書類　　*263*
資料3-2　複合運送書類中の約款（英文）および要約　　*264*
資料4　　　外国の主要コンテナ港　　*265*

○主要用語解説　　*266*

○事項索引　　*270*

序

本書の概要

1. 信用状統一規則の改訂

　信用状統一規則が改訂され、「ICC荷為替信用状に関する統一規則および慣例」UCP600 2007年改訂版（The Uniform Customs and Practice for Documentary Credits, 2007 REVISION）として、2007年7月1日から施行されている。この規則は上記の頭文字をとって、一般にUCPと呼ばれている。

　信用状統一規則は、国際商業会議所（International Chamber of Commerce：略称ICC）によって、1933年に制定され、今回で第6次の改訂となる。

　信用状統一規則（略称UCP）は、75年の歴史をもち、世界中に広く普及している国際規則であるが、ICCという私的な国際組織が制定した任意規則である。したがって、INCOTERMS（貿易取引で広く利用されているtrade terms）と同様に、この規則を適用するときは、「契約自由の原則」に基づき、基本的に関係当事者の合意が前提となっている。

　2007年の改訂では、条文数が全部で39ヵ条に整理されたが、信用状の本質は不変である。各条文は実務に則してよりきめ細かくなっている。なお、信用状統一規則の改訂にあわせて、それを補完する「荷為替信用状に基づく書類点検に関する国際標準銀行実務」（International Standard Banking Practice for the Examination of Documents under Documentary Credits subject to UCP600：ISBP681）も国際商業会議所から出版されている。

2. UCP600の知識と実務対応を解説

　本書は、「信用状統一規則（UCP600）」および「書類点検に関する国際標準銀行実務（ISBP681）」の知識と実務対応を解説したものであるが、これらの理解のために、国際商業会議所日本委員会から英和対訳版が出版されているので、読者はこの訳文と原文（英文）を対比させながら、本書

を読み進めてほしい。UCP600とISBP681に係る「英和対訳版」は、国際商業会議所日本委員会（東京都千代田区丸の内3-2-2、東京商工会議所ビル内、TEL03-3213-8585、2009年4月10日現在）で入手できる。

3. 輸出者・輸入者からの視点も踏まえた実務参考書

　本書は、銀行員のみならず、輸入者・輸出者からの視点をも踏まえた実務参考書であり、UCP600とISBP681の知識習得を目的としている。そのため、まず信用状の本質とUCPの適用を述べた後、輸入地サイドにおける信用状の発行（第2章）から始まり、その信用状が輸出地の受益者に通知され（第3章）、さらに、受益者によって整えられた書類が取引銀行によって買い取られ（第4章）、そして、それらの書類が輸入地において発行銀行によって接受され、最後に支払われる（第5章・第6章）までの一連の「流れ」に沿って、章立てされ、書き進められている。したがって、主に輸出入貨物などの物流に係る「荷為替信用状」を中心にした記述で構成されているため、スタンドバイ信用状などに係る記述は少ない。また、UCP600の解説に重点をおいているため、すべてのISBP681の項目は網羅していないことをあらかじめご了承願いたい。

4. 改訂されたUCP600の重要項目

　各論に入る前に、改訂されたUCP600（注）の重要な項目を以下に列挙する。詳細は各章の該当箇所をご参照願いたい。
　　（注）「本書では、表記の重複を避けるため、UCP600の各条項を、Article6 a, Article10 b, Article16 cなどと、UCP600という表記を省略している。これは、改訂前のUCP500の各条項、ISBP681の参照番号、URR725（ICC銀行間補償に関する統一規則）の各条項との区別を明確にするための工夫である。

① 信用状発行銀行が行う約束に「オナー」(honour) の概念が導入された（Article 2 第 7 フレーズ）。
② 信用状発行銀行によって指定される「指定銀行」の役割が明確にされた（Article 2 第12フレーズ）。
③ 充足した呈示（complying presentation）の概念が新設された（Article 2 第15フレーズ）。
④ negotiation（買取）の定義が明確にされた（Article2）。
⑤ 書類点検の標準が整備され、書類点検のための最長期間が、呈示日の翌日起算 5 銀行営業日と定められた（Article14）。
⑥ ディスクレパンシー（discrepancy（ies））のある書類の処理に関する規定がきめ細かくなった（Article16）。
⑦ 信用状の通知・条件変更の通知に関して、第 2 通知銀行（second advising bank）のサービスを利用できる規定が新設された（Article9）。
⑧ 指定銀行が「充足した呈示」を決定した後、書類の送付過程において、指定銀行と発行銀行（または確認銀行）との間で、もしくは、確認銀行と発行銀行との間で、紛失したときの取扱いが明確にされた（Article 35）。

なお、UCP500に規定されていた事項のうち、UCP600の各規定には反映されていない主要項目を、以下、参考まで列挙する。

① 取消可能信用状（Revocable Credit）に係る記述（UCP500第 6 条）
② 「ディスクレパンシーの箇所について、留保付き（under reserve）もしくは損害担保の約束（an indemnity）と引換えに、支払・後日支払の債務負担・手形の引受または買取を行ったことを、＜書類送付銀行が＞発行銀行および/または確認銀行に通知した場合でも、発行銀行または確認銀行は、そのことにより、自行のいずれの義務をも免れるものではな

い」との記述（UCP500第14条f項）
　③　フレイト・フォワーダー発行の運送書類に係る記述（UCP500第30条）

5. 本書における各章の概要

　各章の概要は、次のとおりである。
第1章　信用状の本質とUCPの適用
　　信用状取引の「独立抽象性」と「書類取引性」、信用状発行銀行が主たる債務者となることを説明する。ISBP681の事前検討事項（Preliminary considerations）に述べられている発行依頼人と信用状の受益者の連携の重要性と留意事項についても説明する。
第2章　信用状の発行
　　信用状発行依頼書の点検を主要項目として、信用状取引約定書との関連を説明、信用状の発行は発行銀行が主たる債務者となるため、銀行の与信面の留意事項を中心として説明する。
第3章　信用状の通知
　　信用状と条件変更の接受、受益者への通知に係る通知銀行の留意事項、通知とともに発生する「信用状の確認」、「信用状の譲渡」について説明、輸出者（受益者）が信用状を受領したときの視点による留意事項も説明する。
第4章　信用状付書類の買取
　　書類点検の標準に係るUCP600の規定を中心に、商業送り状・運送書類・保険書類など主要書類の中身と受理要件、ISBP681による書類点検の留意事項のほか、船荷証券・保険証券の内容についても説明する。
第5章　信用状付書類の接受
　　海外から送付される書類の接受と、UCP600とISBP681に基づく書類の点検、ディスクレパンシーがある場合の対応についても説明する。
第6章　信用状付書類の決済

書類の接受・点検後の補償（reimbursement）の仕組み、UCP600とURR725に基づく発行銀行の対外決済と発行依頼人の償還債務、ディスクレパンシーが発生した場合の発行銀行の支払・引受拒絶についても説明する。

第1章
信用状の本質とUCPの適用

1-1 信用状の本質

　信用状が発行されると、発行銀行が主たる債務者となり、信用状に基づく取引は、もととなった売買契約とは切り離された書類取引として進められる。ここでは、このような信用状の本質をみていく。

1. 信用状取引の「独立抽象性」と「書類取引性」

　信用状は、これまで、国際間の貿易取引における決済手段（settlement instrument）として、幅広く利用されてきたが、信用状に基づく取引には、その発行のもととなる売買契約などとは切り離された独立抽象性（＝独立抽象性の原則）があることを忘れてはならない。さらに、信用状がいったん発行されると、その信用状に要求される書類に基づいてのみ取引が行われるという書類取引性（＝書類取引の原則）があることにも留意しなければならない。

　「書類取引」とは、売買契約などの背景にある物品などの売買ではなく、信用状が要求しているそれらの物品を表象した船荷証券などの書類を売買するという意味である。

2. 信用状の発行銀行が「主たる債務者」となる

(1) 発行銀行の義務

　関係当事者は、信用状取引の「独立抽象性」と「書類取引性」を常に意識しなければならないのであるが、それらの原則に関連して、重要なことは、信用状がいったん発行されると、信用状の発行銀行が「主たる債務者」となることである。

　信用状は、通常、物品の輸入者などの依頼により発行されるものであるが、いったん信用状が発行されると、発行銀行は、信用状の受益者（物品

の輸出者など）に対して、信用状が規定した書類の呈示、および、その信用状が定めた条件を受益者が充たすことを前提（停止条件）として、オナーすること（honour：一覧後支払うこと。または、後日払の約束をして支払期日に支払うこと。または、為替手形を引き受けて支払期日に支払うこと）の約束を果たさなければならない。

(2) 主たる債務者とは

信用状の発行銀行が主たる債務者であるとは、発行銀行が自ら定めたこれらの条件を、受益者がすべて充足しているかどうかを主体的に判断した後に、発行銀行がオナーすることの決定を行った場合は、発行依頼人はその決定に従い、発行銀行が受益者に対して行った補償債務を負担しなければならない（発行銀行は発行依頼人に対して償還請求権をもつ）ということを意味する。

(3) 信用状の発行に先立つ対応

発行銀行が定めた条件を、受益者が充足できないときは、発行銀行はオナーしないこととなり、せっかくの信用状の決済手段としての機能が果たされないこととなる。そのようなことが起こらないように、事前の手当てが必要となるが、そのポイントは、信用状の発行に先立って、信用状の発行依頼人（物品の輸入者など）と、受益者（輸出者など）との間で密接な連携をとり、簡潔にして実行可能な信用状条件を前もって、両者が十分打ち合わせることが肝要となる。国際標準銀行実務（ISBP681）のPreliminary considerations（事前検討事項）においては、そのような打ち合わせが重要であると述べている。

(4) Preliminary considerations（事前検討事項：ISBP681の序章、No.1からNo.5まで）

信用状に基づく書類は、受益者によって整えられ、指定銀行（発行銀行

によって指定された銀行で、その銀行で信用状が利用可能となる銀行をいい、任意の銀行で利用可能となる銀行を含む）に、または発行銀行に呈示されるのであるが、それらの書類は指定銀行および発行銀行の銀行員によって点検される。このとき、銀行員は、信用状統一規則（UCP600）における「充足した呈示」（UCP600 Article15：complying presentation）であるかどうかの点検を行う。銀行員が信用状と呈示された書類とを照らし合わせ、厳密に一字一句点検すると（本来そうあるべきであるが）、「充足した呈示」とならない場合も出てくる。この「充足した呈示」とならない状態を、ディスクレパンシー（discrepancy（ies）：ディスクレ）というが、このような厳密な点検から生じるディスクレを防ぎ、「充足した呈示」になっているかどうかを、形式的に点検することを可能とするように整備されたものが、UCP600を補完しているISBP681（185項目）である。UCP600とISBP681とが相まって、「ディスクレの削減」につなげられると意図したICC（国際商業会議所）の目標が、この改訂の背景としてうかがえるのである。

次に、このISBP681の序章（No.1からNo.5まで）の概要を説明する。

3. ISBP681の概要 (Preliminary considerations)

(1) ISBP681（注）No.1

（注）この後のISBP681の各項目は、単に、ISBP No.1、ISBP No.2などと表記する。

○要　旨：信用状取引の「独立抽象性」の認識と信用状発行のための準備を整える。

① 「信用状条件は、もととなる原因取引からは独立しており、たとえ、信用状にその原因取引が明記されていても、その取引とは関係がない。」

② 「発行依頼人と受益者は、書類点検における無駄な費用と時間、そして無用な争いを避けるために、(a)どのような書類を必要とするのか、(b)それらの書類を誰によって作成してもらうのか、(c)それらの書類を呈示するための時間枠について、双方が注意深く検討・考慮しなけれ

ばならない。」

(2) ISBP No. 2
○要　旨：信用状発行依頼書・条件変更依頼書の内容がそのまま「信用状条件」となるわけではない。
　①「発行依頼人は、信用状の発行・条件変更の指図が曖昧（不明瞭）であることについて、そのリスクを負う。」
　②「発行銀行に対する信用状発行または条件変更の依頼は、『信用状の利用を可能とする』ための必要かつ望ましい方法によって、信用状条件を補充・強化することを発行銀行に授権することである。」

(3) ISBP No. 3
○要　旨：UCP600 Article3, 14, 19, 20, 21, 23, 24, 28（i.）, 30, 31の規定（注）に精通する。
　（注）Article3「解釈」、Article14「書類点検の標準」、Article19, 20, 21, 23, 24「各種運送書類」、Article28 i.「保険書類における免責条項」、Article30「信用状金額などの許容範囲」、Article31「一部使用・一部船積」の規定。
　①「発行依頼人は、本人がそのことについて十分知識を持ち合わせている場合を除き、予期せぬ結果をもたらすかもしれないUCP600の上述規定について認識すべきである。」
　②「例えば、信用状が船荷証券の呈示を要求し、『積替禁止』の条件を含んでいるときに、その『積替禁止』の条件を有効にするためには、多くの場合、UCP600 Article20 cを適用しないことを記載しなければならない。」

(4) ISBP No. 4
○要　旨：発行依頼人によって副署名されるような条件を付けた信用状を発行しない。
　①「信用状には、発行依頼人によって発行されなければならない書類

や、発行依頼人によってカウンターサイン（副署名）されなければならない書類の呈示を要求すべきではない。」
② 「上記（①）のような書類を要求する条項が含まれている信用状が発行された場合には、受益者は、条件変更を求めるか、または、条件変更を求めなかったリスクを負担するのか、そのいずれかでなければならない。」

(5) **ISBP No. 5**
○要　旨：原因取引から信用状の発行に至る各段階での注意深さが必要である。
「(a)原因取引、(b)信用状の発行依頼、(c)信用状の発行、それぞれの段階で、詳細かつ十分に注意を払っていれば、書類点検の段階において発生する多くの問題は回避・解決することができる。」

　以上、このISBP681は、前記の「事前検討事項」のほか、「一般原則」、「為替手形および満期日の計算」、「送り状」、「複合運送書類」、「船荷証券」、「傭船契約船荷証券」、「航空運送書類」、「道路・鉄道・内陸水路の運送書類」、「保険書類」、「原産地証明書」の各項目ごとに区分され、全部で185項目で構成されている。

4．isbpという小文字の表記

　なお、ICC（国際商業会議所）は、国際標準銀行実務のことをisbp（international standard banking practice）と小文字で表している。これについては、「Commentary on UCP600」（以下「UCP600コメンタリー」という）において、「isbpとは書類が信用状条件を充足しているかどうかを判断するために銀行が常時使用している実務を含んだもの」を指し、それらの多くはISBP681に包含されているものの、isbpのほうがISBP681よりも範囲が広いと述べている（「UCP600コメンタリー」16頁）。

1-2 UCPの適用

2007年に改訂された信用状統一規則の正式名称は、The Uniform Customs and Practice for Documentary Credits, 2007 Revision, ICC Publication No. 600であるが、これを"UCP"と称している。ここでは、UCPの適用についてみていく。

1. 要　旨

UCP600 Article1【UCPの適用】では、次のような要旨を述べている。

(1) 荷為替信用状

荷為替信用状の本文が、この規則（rules：注1）に従うことを明示している場合には、荷為替信用状に適用される規則である。

> （注1）rulesとは、principle（原則）、doctrine（法理、理論）などと異なり、具体性が高く、それぞれの法律問題の解決にそのまま役立つような規準を指す（田中英夫編集代表『英米法辞典』（東京大学出版会1991）より）。

(2) スタンドバイ信用状

この規則の適用可能な範囲において、スタンドバイ信用状（注2）にも適用される。

> （注2）スタンドバイ信用状とは、債務者の債務不履行（non-performance）に備え、債権者の債権を担保する目的で発行される信用状であり、国際間での金銭貸借契約、建設契約、請負契約などにおける債務者の依頼により銀行が発行する特殊な信用状をいう（飯田勝人『自由と正義』（日本弁護士連合会1990、No.5）より）。

(3) すべての当事者

この規則は、信用状によって明示的に修正されまたは除外されている場合を除き、信用状のすべての当事者に対して拘束力をもつ。

明示的に修正されまたは除外されている場合とは、例えば、Article 20【船荷証券】のc. ii.（積替に係る規定：注３）の項を除外するとの文言を信用状に記載すること、あるいは、Article28【保険書類および担保範囲】のi（免責条項への言及に係る規定：注４）の項を除外するとの文言を信用状に記載すること、などをいう。

(注３)（積替に係る規定）「たとえ、信用状が積替を禁止している場合であっても、その船荷証券が証拠立てるとおり、物品がコンテナ、トレーラー、または、ラッシュ・バージ（LASH barge）で船積されたときには、積替が行われることができることを示している船荷証券は受理されることができる。」(Article20 c. ii.)

(注４)「保険書類は、免責条項への言及を含むことができる。」(Article28 i.)

　この例では、事前に受益者・発行依頼人双方の了解があり、発行銀行がこれに応えて、除外項目を記載して信用状を発行する、などの事情が想定されるが必ずしも現実的とはいえない（本章１－１の３「Preliminary considerations」の各項を参照）。

　積替（transhipment）に関し、一般的にいえば、荷主にとっては貨物の積替は、輸送時間がかかる、積替時に発生するかもしれない貨物の損傷・滅失等などの危険がある、など好ましくない事柄があるが、いわゆる現代におけるコンテナ輸送では、「しばしば積替が行われる」ことが輸送業界の慣習となっている。したがって、信用状で積替を禁止してもその効果はない。

　免責事項への言及については、保険会社によって発行される保険証券面には、通常「免責事項」が掲載されている。この免責事項には、「一般免責事項（被保険者の故意の不法行為、保険の目的〈保険の対象となる貨物〉の梱包・荷仕度の不十分または不適切など）」のほか、「戦争・ストライキなどによって発生する危険に対する免責事項」が記載されている。したがって、これらの免責事項を除いた保険証券は現実的ではない。

(4) UCP500との比較

UCP500（1993年改訂版）とUCP600（2007年改訂版）における「UCPの適用」を規定した文言の比較と相違でいえば、UCP500第1条においては、次のような文言となっていた。

「各信用状の本文にこのUCPが盛り込まれること条件として（注5）、すべての荷為替信用状（適用可能な範囲においてスタンドバイ信用状を含む）に適用される。信用状にほかに異なる明示の定めのない限り（注6）、UCPはすべての関係当事者を拘束する。」

これに対して、UCP600 Article1においては、次のような文言になっている。

「荷為替信用状の本文がこの規則に従うことを明示している場合には（注7）、荷為替信用状（この規則の適用可能な範囲において、スタンドバイ信用状を含む）」に適用される規則である。

「この規則は、信用状によって明示的に修正または除外されている場合を除き、（注8）信用状のすべての当事者に対して拘束力を持つ。」

上述の、UCP600の「信用状の本文がこの規則に従うことを明示している」との文言は、現状、信用状のほとんどが、後述するSWIFT（スイフト）によって送信されている事実と密接な関係がある。

具体的には、信用状の発行銀行が、現行のSWIFT メッセージ・タイプMT700のTAG40E（Applicable Rules：適用規則）に、信用状発行の都度、①UCP Latest Version、あるいは、②UCP URR Latest Version（注9）などの文言が挿入（インプット）されることにより、「この規則に従うことが明示される」からである。

（注5）"where they are incorporated into the text of the Credit"
（注6）"unless otherwise expressly stipulate in the Credit"
（注7）"when the text of the credit expressly indicates that it is subject to these rules"
（注8）"unless expressly modified or excluded by the credit"
（注9）UCP Latest Versionとは、UCP600のことを指し、補償が「レミッタンス方式（回金方式）」で行われる場合に、発行銀行によってインプットされる。またURR

Latest Versionとは、URR725（銀行間補償統一規則）を指し、発行銀行が"UCP URR Latest Version"と、MT700 TAG40Eにインプットした場合は、補償が「リンバース方式」で行われることを表わしている。

2．SWIFT（スイフト）

　SWIFTとは、The Society for Worldwide International Financial Telecommunicationの頭文字をとった略称である。したがって、S.W.I.F.T.の略が正しいが、以下、本書の記述においてはSWIFTと表記する。

　SWIFTは、1973年5月に、欧米15ヵ国の239の金融機関が参加して設立された民間の非営利団体（協同組合）である。本部をベルギーのブラッセルに置き、1977年5月に稼動を開始した（わが国の参加は1976年）。その目的は、加盟銀行間の国際金融取引に関する通信を、コンピュータ通信回線を使ったData通信システムにより行うことである。信用状に係るメッセージ・タイプ（MT）は700番台であるが、顧客送金（MT103）など、世界中の金融機関により幅広く利用されている。

　SWIFTは加盟金融機関（メンバー）が暗号を用いて交信しているため、受信文は自動解析機能により、相手金融機関からのものであることが直ちに判明できるようになっている。そのため、加盟金融機関は、SWIFTのGeneral Terms and Conditions、SWIFT By-Laws、Corporate Rulesなどの遵守が義務付けられている。また、通信電文の具体的内容とフォーマットなどについては、User Handbookに詳細に規定されており、User Handbook License Agreementによって、その遵守が厳格に義務付けられている。SWIFT加盟金融機関は、これら各種のルールにより拘束され、700番台のメッセージ・タイプ（MT）（注）は、UCPと密接な連携が図られている。

　（注）MT700: Issue of a Documentary Credit, MT707: Amendment of a Documentary Credit, MT720:Transfer of a Documentary Creditなどがある。

第2章
信用状の発行

2-1 信用状取引の特質

信用状の発行にあたっては、発行銀行・発行依頼人両者が、信用状取引の根幹となる基本的性質を十分に理解しておくことが肝要である。

1. 独立抽象性の原則

「信用状は、信用状の背後にある売買契約など（原因契約）に基づいて発行されているが、それらの契約とは別個の取引である。また、信用状の中に、たとえ契約について言及された記載があっても、銀行は、それらの契約とは無関係であり、そのような契約には拘束されない」といった内容がUCP600（Article4 a 第1文）に規定されている。このことが信用状取引の「独立抽象性の原則」を表している。例えば、信用状で要求するインボイス（送り状）などの書類に売買契約書No.が記載されることがあるが、発行銀行は、その契約書とはまったく無関係であり、その契約書によって拘束されない。

信用状は、輸入者と輸出者の間で締結された売買契約などにおいて、「信用状による代金の決済」を行うと定められた場合に発行される。しかし、その信用状は売買契約の当事者ではない銀行が発行するものであるから、銀行が買取や支払（オナー：honour（注））を行えるかどうかの判断を行う際に、「書類と信用状条件の一致」を点検することだけでなく、「書類と売買契約書条件との一致」を点検することや、「船積などが契約書どおりに履行されたかどうか」についてまでその都度点検することを求めていては、輸出地の指定銀行による買取やオナーに時間を要し、円滑な信用状取引を行うことはできない。

（注）①信用状が一覧払により利用可能な場合は、一覧後に支払うこと、②信用状が後日払により利用可能な場合は、後日払約束をし、かつ支払期日に支払うこと、③

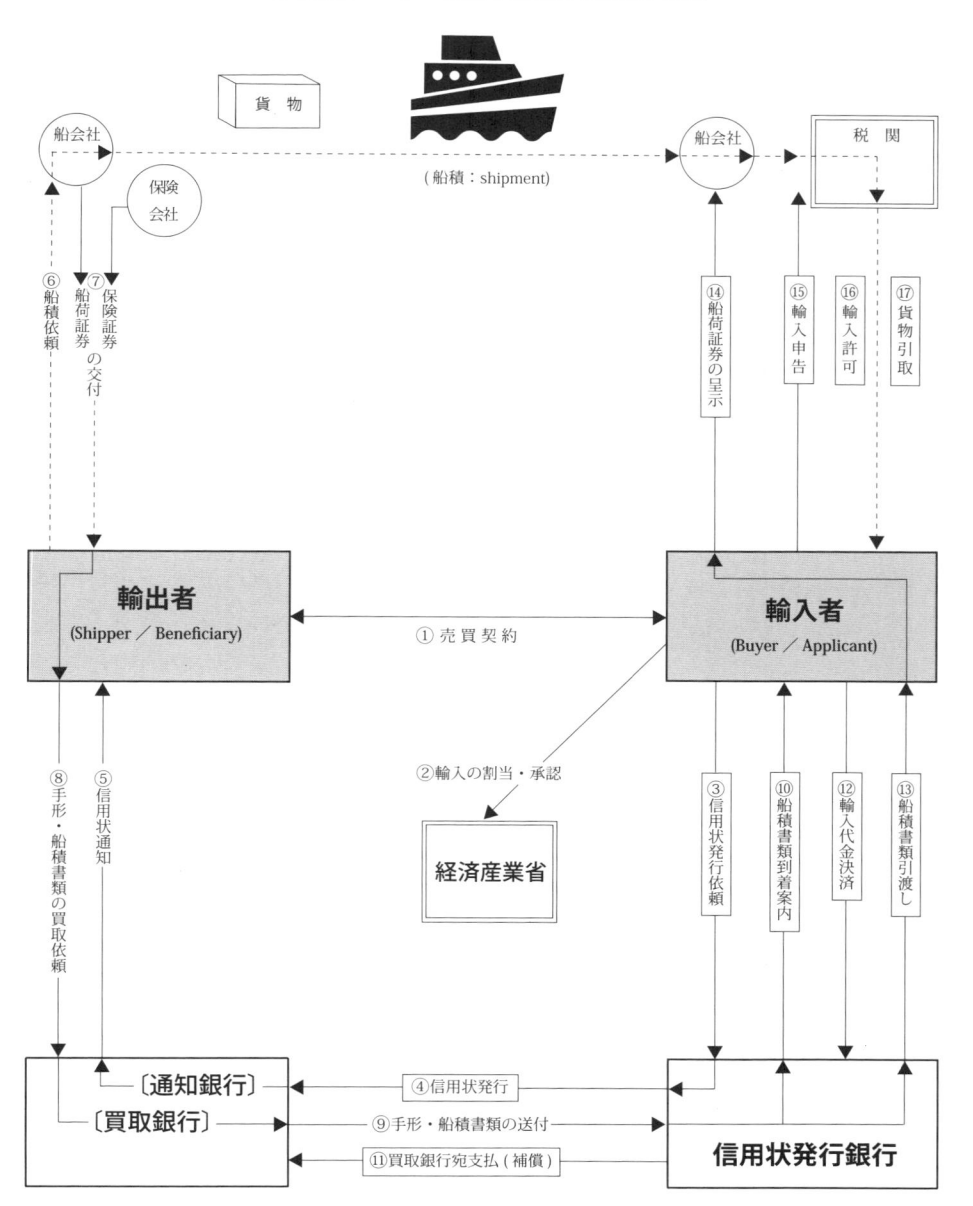

2−1 信用状取引の特質

●図表2−1　信用状付輸入取引の概略

信用状が引受により利用可能な場合は、受益者により振り出された為替手形を引き受け、かつ支払期日に支払うこと（Article2（定義）第9フレーズ）。詳しくは本章2-2を参照。

銀行は信用状で定められた書類の呈示のみで取引を行うものであり、契約の当事者ではない銀行が関わる信用状取引に、売買契約などから発生するクレームなどの問題が持ち込まれることは排除されなければならない。

【事 例】
例えば、売買契約書には商品の型式、外形寸法、質量などが記載されていたが、信用状にはそのようなことが記載されていない場合に、輸入された実際の商品の型式等が売買契約書と異なるという理由だけで、発行銀行は受益者に対するオナーの拒絶はできない。また、輸入者は、発行銀行に対して支払を拒絶することはできない。このような場合には、輸入者は輸出者との間で締結された売買契約により、直接折衝することとなる。輸入者としては売買契約違反として損害賠償を請求することも可能であるから、銀行が間に入って対応する必要はない。

なお、Article4 a（後半）には、「信用状に基づきオナーすること、買い取ることまたはその他の債務を履行することの銀行の約束は、発行依頼人と発行銀行または受益者との関係の結果として生じる発行依頼人の請求または抗弁には左右されない」と規定している。この意味は、独立抽象性の

チェック！

★独立抽象性の原則のポイント
輸入信用状は、売買契約（書）をもととして信用状発行依頼書により発行されるが、いったん、信用状が発行されると、その信用状に基づく取引は、売買契約とは切り離された別個の取引（信用状契約）となる。このため、信用状発行依頼人は売買契約違反を理由として支払拒絶をすることはできない。

原則から、発行依頼人が売買契約違反、マーケット・クレームなどを理由とした発行依頼人の抗弁（支払拒絶等）には銀行は左右されず、発行銀行がオナーする約束を履行するかどうかに無関係であるということである。もし、仮にそのような発行依頼人の抗弁を認めると、信用状取引における独立抽象性の原則が守られないことになる。

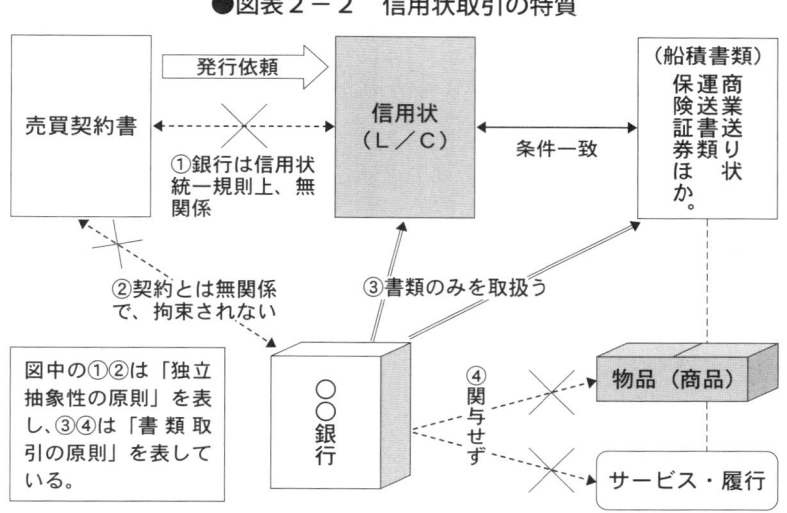

●図表2－2　信用状取引の特質

① 銀行は信用状統一規則上、無関係
② 契約とは無関係で、拘束されない
③ 書類のみを取扱う
④ 関与せず

図中の①②は「独立抽象性の原則」を表し、③④は「書類取引の原則」を表している。

2. 書類取引の原則

書類取引の原則は、UCP600において、「銀行は書類を取扱うものであり、当該書類に記載されている物品、サービスや契約の履行を扱うものではない」（Article5）と規定している。

これは、信用状で要求する書類の「充足した呈示」のみが信用状による給付の要件であり、信用状に記載されている物品、または貨物の運送・保険契約の履行のようなサービスなどとは銀行は無関係である（関知しな

い)との意味である。

したがって、実際の物品（商品）が信用状やインボイス（商業送り状）等に記載されたものと異なっていても、「充足した呈示」（注）があれば、発行銀行はオナーの義務を免れることはできない。

> (注)「充足した呈示」(complying presentation) とは、信用状条件、UCP600の適用条文および国際標準銀行実務（international standard banking practice）に合致した呈示をいう（Article2【定義】第5フレーズ）。

銀行が書類に記載された物品（商品または貨物）を、その都度現場で1個1個見て信用状どおりのものかどうかを点検したり、信用状条件どおりに船積が行われたかどうかを実地で点検したりしていては円滑な「信用状取引」はできない。

したがって、銀行は書類に記載されている物品そのものや、サービス（運送会社等の履行）にまでは関与せず、その書類だけを取扱うものとして、信用状取引の特質を生かして、円滑な取引ができるようにしている。

また、Article14 a【書類点検の標準】には、「銀行は、書類が外見上充足した呈示となっているとみられるか否かを、書類のみに基づいて決定するために、呈示を点検しなければならない」と規定しており、ここでも書類取引の原則を明確に示している。

このように「書類取引の原則」と先に説明した「独立抽象性の原則」とは、ともに売買契約・その他の契約（以下「売買契約等」という）や商品には直接関わらない銀行が、安心して信用状取引を行うことができる機能を相互に補完する密接不可分な関係となっている。

書類取引の原則の説明で、よく引用される事例として、「石炭ガラ輸出事件」という事例があるが、これは銀行と輸出者または輸入者とは「書類取引である」ということを悪用した犯罪である。発行依頼人および発行銀行は、信用状取引は「書類取引」であるとの真の意味を理解し、信用状の発行に際しては、発行依頼人が信用状の受益者となる輸出者の「信用状調

査」を十分行ったうえ、次の項目についても十分検討を加えるべきである。
　①発行依頼人と受益者との取引は「初回取引」か。
　②受益者は売買契約等の履行能力があり、取扱商品（物品の輸出）に精通した者か。
　③輸入する商品の市況はどうか、国内で売り繋ぎ済みとなっているか等。
　なお、Article34【書類の有効性に関する銀行の責任排除】において、「銀行は、書類に表示されている物品、サービスまたはその他の履行の記述、数量、品質、状況、包装、価値または存在、物品の運送人や保険会社の作為、不作為、履行などについては、なんらの義務も責任も負わない」と規定しており、この規定は、「書類取引の原則」を表すArticle5【書類と物品、サービスまたは履行】と密接に関係する銀行の免責規定となっている。

2-2 発行銀行の約束

信用状は、同じ信用状であっても輸入国サイドでは「輸入信用状」、輸出国サイドでは「輸出信用状」とも呼ばれている。この発行銀行の約束については、信用状の発行銀行として前節の「信用状取引の特質」とともに、理解しておくべき規定である。

1. オナー（honour）する義務

信用状で定められた書類が発行銀行に呈示され、かつその書類が「充足した呈示」（complying presentation）となることを条件として、次の場合には、オナー（honour）しなければならない（Article7 a）。

①信用状が発行銀行において一覧払、後日払または引受により利用可能であるとき。

②指定銀行が一覧払により利用可能であるが、その指定銀行が支払わないとき。

③指定銀行において後日払により利用可能であるが、その指定銀行が自行の後日払約束をしないとき、または自行の後日払約束をしたにもかかわらず、支払期日に支払わないとき。

④指定銀行において引受により利用可能であるが、その指定銀行が自行を支払人として振り出された為替手形の引受をしないとき、または、自行を支払人として振り出された為替手形の引受をしたにもかかわらず、支払期日に支払わないとき。

⑤指定銀行において買取により利用可能であるが、その指定銀行が買取をしないとき。

(1) オナー（honour）

Article2（第9フレーズ）には、信用状の利用方法別に次のとおり、オナーの意味を定義している。

①一覧払（sight payment）の場合には、一覧後に支払うこと

一覧払とは、支払期日の定めがなく、支払人に書類または手形が呈示され、支払人がそれを一覧したときに支払うという意味である。このため、発行銀行が接受した輸入書類が「充足した呈示」となっていれば、発行銀行はオナーしなければならない（Article15 a）。このことは、発行銀行はただちに（遅くとも書類の到着日後5銀行営業日以内に）オナーの手続（プロセス）に入らなければならないことを意味する。そして発行銀行が指定銀行（買取銀行など）に対してオナーすることを決定して、補償を実行したら、ただちに発行依頼人（輸入者）は、発行銀行に対する償還債務に基づいて決済しなければならない。

②後日払（deferred payment）の場合には、後日払を約束し、かつ支払期日に支払うこと

後日払とは、為替手形を要求せず、書類の呈示のみを要求する期限付の支払条件である。例えば、信用状に「支払は書類呈示後○日」、あるいは「支払は船積後○日」というような、信用状の定めに従って決定される期日に支払うことを約束し、期日に支払うことである。

③引受（acceptance）の場合には、受益者が振り出した期限付為替手形を引き受けて支払期日に支払うこと

引受の場合は、外国の銀行（発行銀行のコルレス銀行）が引受銀行となる場合と、発行銀行自身が引受銀行となる場合がある（詳細は本章2－4の13を参照）。

(2) 指定銀行

指定銀行（nominated bank）とは、信用状が買取、引受などにより、そこで利用可能な銀行をいう。また、どの銀行（any bank）でも利用できる

信用状の場合には、どの銀行も指定銀行となる（Article2）。

なお、このany bankとは、世界中のどの銀行（発行銀行を含む）でもよいとの意味ではあるが、いわゆるリストリクトのかかっていない信用状（a credit available with any bank：通称「open L/C」）において利用されるとの意味である。「信用状に利用可能な銀行を記載する方法」については、本章2－4の11を参照。

(3) 買取の意味

Article2は、「買取（negotiation）とは、指定銀行による「充足した呈示」に基づく為替手形（その指定銀行以外の銀行を支払人として振り出された為替手形）および/または書類の買入であって、その指定銀行に対する補償の弁済日である銀行営業日またはそれ以前に、受益者に資金を前払する方法によるもの、または、前払することを合意する方法によるものをいう」と定義している。

すなわち、買取とは、指定銀行以外の銀行を支払人として振り出された為替手形または書類を買い入れて、その買取資金を、①発行銀行からオナーを受ける前に受益者に資金を前払すること、または、②受益者に前払することを合意することである。したがって、補償を受けてからの資金の支払は買取とはならない。

これに対して「取立」は、発行銀行または補償銀行の入金確認後（「引

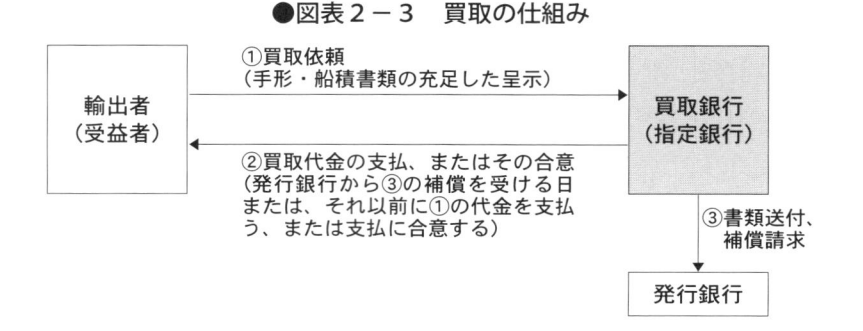

●図表2－3　買取の仕組み

```
                 ①買取依頼
                 （手形・船積書類の充足した呈示）
 ┌─────────┐ ─────────────────→ ┌─────────┐
 │ 輸出者   │                              │ 買取銀行 │
 │ (受益者) │                              │ (指定銀行)│
 │         │ ←─────────────────          │         │
 └─────────┘ ②買取代金の支払、またはその合意 └─────────┘
            （発行銀行から③の補償を受ける日         │
            または、それ以前に①の代金を支払        │ ③書類送付、
            う、または支払に合意する）              │   補償請求
                                                    ↓
                                              ┌─────────┐
                                              │ 発行銀行 │
                                              └─────────┘
```

受」の場合と、「後日払約束」の場合は、いずれも支払期日の入金確認後)に受益者に支払うことをいう。指定銀行が買取を行わない場合の書類の呈示方法は、後掲図表2－5を参照。

2. 取消不能の義務

いったん信用状を発行すれば、発行銀行はその時点から一方的には取り消すことのできない、オナーすべき義務を負うこととなる（Article7 b）。

3. 補償の約束

充足した呈示に対してオナーした、または買い取ったうえで、当該書類を発行銀行へ送付した指定銀行（買取銀行等）に対して、発行銀行は補償することを約束する（Article7 c）。

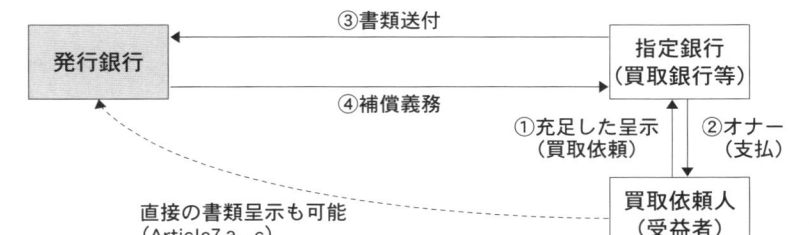

●図表2－4　発行銀行による補償の約束

そして、指定銀行に補償することの発行銀行の約束は、受益者に対する発行銀行の約束からは独立している（Article7 c）。これは、図表2－5のことを意味する。

●図表2－5　発行銀行の約束の意味

（発行銀行が約束を履行することの前提条件）

発行銀行の約束			
	①	指定された買取銀行	充足した呈示をオナーした、または買い取った指定銀行が、その書類を発行銀行へ送付すること（Article7c）。
	②	受益者	指定された書類が発行銀行に呈示され、かつ、その書類が充足していること（Article7a）。この呈示の方法は、自己の取引銀行を通してもよいし、受益者が直接発行銀行宛送付してもよい（Article6a,12c）。

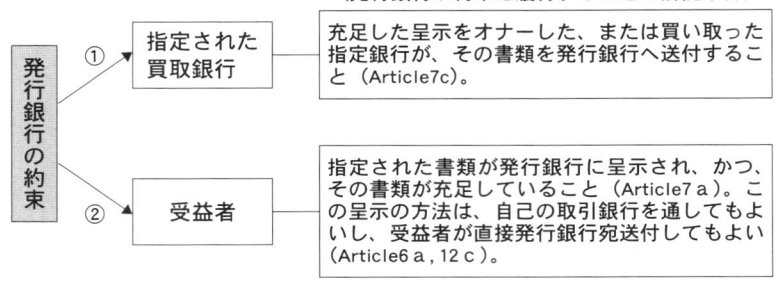

　図表2－5の①と②の約束は独立している。したがって、指定銀行が買取を行わない場合は、受益者としては、同図表の②の前提条件に従った書類の呈示方法がある。

チェック！

> **★発行銀行の約束のポイント**
> 　信用状発行銀行は、信用状を発行した時点で「充足した呈示」に対して、オナーすべき取消不能（撤回不能）の義務を負うこととなる（Article7b）。
> 　そして、発行銀行に信用状が要求する書類が到着し、書類にディスクレがなければ「充足した呈示」となり、呈示した銀行（買取銀行などの指定銀行）または受益者にオナーしなければならないこととなる（Article7a, 15a）。発行依頼人の支払の有無と発行銀行の約束との関係はない。

2-3 UCP600と信用状取引約定書の関係

信用状取引約定書には、信用状の発行依頼人と発行銀行との間に存在する信用状の発行から決済までの取引の法的性質と両者の権利・義務などが定められており、銀行が顧客（発行依頼人）との間で、輸入信用状取引を始める際に受け入れる書類である。本節では、UCP600と信用状取引約定書との関係について説明する。なお、下記項目の（　）内は信用状取引約定書の条文番号である。

1．危険負担（第6条）

『付属書類に記載された品名（貨物の明細）と付帯荷物の不一致、貨物の変質・劣化、船会社や保険会社などの信用不安、契約違反などについては、銀行は免責される。』

信用状取引約定書では、船会社などの信用リスクや不作為、または物品（商品・貨物）の変質などの物品固有のリスクなどを銀行の免責事項としているのに対して、UCP600 Article36【不可抗力】では、暴動、騒乱、戦争、テロ行為、ストライキなど、いわゆるカントリーリスクを銀行の免責事項としている点に違いがある。

2．信用状条件との相違対応（第10条）

『発行銀行が相当の注意をもって到着した書類を点検し、ディスクレがあると判断した場合には、発行銀行は発行依頼人に、そのディスクレを承諾するか否かの照会、通知を省略して、買取銀行に支払、引受等を拒絶することができる。』

発行銀行が発行依頼人に照会せずに拒絶することができるのは、発行銀行自身が「主たる債務者」となっているからである（Article7）。

しかし、実務的な慣行として、発行銀行は、ただちに拒絶することな

く、まず発行依頼人に諾否の照会（ディスクレを受け入れるかどうかの照会）を行って、その回答に従って取扱っている。その理由は、ディスクレがあっても、多くの場合、そのディスクレが受け入れられ、貨物が引き取られるからである。

この第10条の規定は、発行依頼人に照会をしたが、なんらかの事情で拒絶通告期限の5銀行営業日以内に回答を得られない（または得られそうにない）場合に適用され、発行銀行の判断で買取銀行に拒絶通告が行われることを想定している。

3．償還債務（第11条①）

『発行銀行が買取銀行に対して補償債務を履行（補償請求に対する支払の実行）した場合には、発行依頼人はただちに償還債務（輸入代金を支払う義務）を負う。』

発行銀行は、Article7【発行銀行の約束】により、買取銀行から充足した書類の呈示があれば、買取銀行の補償請求に対して支払に応じなければならないが、一方で、発行依頼人は信用状取引約定書第11条①により、発行銀行に対して償還債務（決済義務）を負うこととなる。

なお、発行銀行は、呈示が充足しないと決定した場合には、Article16 aにより支払の拒絶ができ、補償債務も免れることとなる。

4．償還債務（第11条②）

『荷物引取保証（L/G）や丙号T/Rなどにより、発行依頼人が書類到着前に荷物の引渡を受けている場合には、その後、到着した書類にディスクレがあっても、発行依頼人は発行銀行に対して償還債務を負担する。』

輸入者（発行依頼人）が、L/Gや丙号T/Rによっていったん荷物を引き取ってしまうと、その後に到着した書類に、たとえディスクレがあっても

支払拒絶ができず、決済しなければならない。その理由は、L/Gにより輸入者が貨物を引き取ってしまった後、発行銀行が書類の引取を拒絶すれば、船荷証券を書類送付銀行に返却しなければならなくなるが、一方ではL/Gの実行によって、発行銀行は船会社に対して船荷証券を提出することを約束しているので、書類送付銀行に対して当該船荷証券を返却することができなくなるからである。

また、丙号T/Rにおいては、輸入者が契約した荷物をいったん引き取ってしまった以上、信用状取引の目的を達成し、その信義則からもUCPの規定に基づいた支払拒絶はできないからである。

5. 信用状統一規則等の適用（第21条）

『この約定書に定めのない事項は信用状統一規則等に従う。』

例えば、UCP600や、URR725などのほかに、国際的な統一規則等が将来制定された場合は、それらの諸規則にも従う。

2-4 信用状発行依頼書の点検

　発行依頼人、発行銀行は、ともに「信用状取引＝書類取引」であることを念頭におきながら、UCPやisbp（international standard banking practice：国際標準銀行実務）にも則り、極力簡潔で矛盾のない正確な信用状の発行に努めるべきである。ここでは、信用状発行依頼書の点検（＝信用状の発行）に際し、UCP600とISBP681の規定上留意しておくべき事項を中心に説明する。

1. 信用状の発行

　信用状発行の法的性質は、発行依頼人を委任者とし、発行銀行を受任者とする委任契約であると解されるため、発行銀行は発行依頼書に記載された指図・内容を遵守して信用状を発行する義務がある。しかしながら、発行依頼書のとおりに信用状を発行しても過度の明細のある信用状ではディスクレの発生する率が高くなり、また、依頼書に不備や矛盾があれば、そのまま発行しても信用状としては機能しない。

　簡潔な信用状の発行は、①書類点検の処理を早め、②ディスクレ発生の抑制にもなる。さらに、③発行依頼人は、より早く到着書類を受け取ることが可能となり、その結果、④受益者も円滑に支払を受けることができることとなる。

2. ISBP681の活用と発行依頼書の不備防止

　ISBP681（International Standard Banking Practice for the Examination of Documents under Documentary Credits subject to UCP600：荷為替信用状に基づく書類点検に関する国際標準銀行実務）は、国際商業会議所（ICC）が制定したもので、681はICCの出版物番号を表している。このISBP681は信用状統一規則を補完するもので、ディスクレの削減に役立て

られることを目的としている。

　このISBP681には、信用状発行依頼にあたっての発行依頼人の心構えともいえる注意喚起の内容が、「Preliminary considerations」（事前検討事項）に5項目にわたって掲載されている。その要点（要約）は、後掲図表2－6のとおりである。

　特にNo.2の「発行銀行は発行依頼人によって、信用状条件を適切な方法で修正・補完することを授権されている」ことに留意し、発行銀行は信用状発行依頼書を点検して、依頼書に不備や曖昧な記述があれば発行依頼人に照会のうえ、修正を依頼する必要がある。

　重要なことは、輸入者である信用状発行依頼人と輸出者である受益者との間では、①事前の打ち合わせ、②信用状の基本知識、③お互いの注意深さである。また、この5項目を常に認識していれば、後日発生するかもしれないディスクレのかなりの部分を削減し、UCP600の本来の目的を達成することが可能となる。

チェック！

> **★isbpとISBPの違い**
>
> 　isbp（international standard banking practice）は国際標準銀行実務のことであるが、isbpとISBP681の違いは、前者が書類が信用状条件を充足しているかどうかを判断するために、銀行が常時使用している実務を含んだものを指しているのに対して、後者はICC（国際商業会議所）の出版物であるISBP681（ICC Publication No.681）に掲載されている185項目を指している。そのISBP681には多くの国際標準銀行実務が包含されている。
>
> 　例えば、inspection certificate（検査証明書）、certificate of analysis（分析証明書）、packing list and weight lists（梱包または重量明細書）などの取扱いに関する事項はISBP681に掲載されていない。これらの書類は、いずれも荷為替信用状取引において共通して使用される書類であるが、国によって取扱いは一様ではない（自由に取扱われているか、あるいは、各国固

有のルールなどに基づいて取扱われているか、様々であると考えられる)。そのため、ICCでは、過去に発生した実例に基づき、書類点検において共通する事項を集約したものをISBP681に掲載したと考えられる。

したがって、isbpのほうが、ISBP681に掲載された185項目よりも範囲が広い（UCP600コメンタリー）ことを意味していることに留意しなければならない。

●図表２－６　Preliminary considerations（事前検討事項）の要点

●No.1．信用状条件は、原因取引からは独立している。そのことは、たとえ、信用状にその原因取引が明記されていても、その取引とは関係がないことを意味している。
　→信用状取引の「独立抽象性」をうたっている。
　　無駄な費用と時間、そして、書類の点検における無用な争いを避けるために、信用状発行依頼人と受益者は、①どのような書類を必要とするのか、②それらの書類を誰によって発行（供給）してもらうのか、③それらの書類を呈示するための時間（タイム・スケジュール）について、双方が注意深く検討・考慮しなければならない。
　→発行依頼人・受益者双方が連絡を密にして、共通の理解・認識に立って、信用状発行のための準備を進めていかなければならないことをうたっている。

●No.2．信用状の発行依頼人は、信用状の発行・条件変更に係る指図が曖昧（不明瞭）であることについて、そのリスクを負う。発行銀行に対する信用状の発行または条件変更の依頼は、発行依頼人が発行銀行に対して、「信用状の利用を可能とするために、必要な方法、または、望ましい方法によって、条件を補充・強化する」ことを授権することである。ただし、上記のことについて、他に異なる明示がある場合を除く。

→信用状発行依頼書・条件変更依頼書の内容がそのまま信用状条件となるわけではないことをうたっている。

●No.3．信用状の発行依頼人は、本人がそのことについて十分知識をもち合わせている場合を除いて、UCPが予期せぬ結果をもたらすかもしれない方法によって信用状条件を定義しているArticle3, 14, 19, 20, 21, 23, 24, 28（i）, 30, 31のような条項を含んでいることについて認識すべきである。例えば、信用状が船荷証券の呈示を要求し、「積替禁止」の条項を含んでいるときに、その「積替禁止」を有効にするために、多くの場合、UCP600 Article20 cを排除しなければならない。

→Article3「解釈」、Article14「書類点検の標準」、Article19, 20, 21, 23, 24などの「各種運送書類の規定」、Article28 iの「保険書類における免責事項」、Article30「信用状金額などの許容範囲」、Article31「一部使用・一部船積」のような各条項に精通する必要があるとうたっている。

●No.4．信用状は、発行依頼人によって発行されなければならない書類や発行依頼人によってカウンターサイン（副署名）されなければならない書類の呈示を要求すべきではない。そのような条項を含んでいる信用状が発行された場合には、受益者は条件変更を求めるか、または、それらの条項に従い、そうすることができなかった（条件変更を求めなかった）リスクを負担するか、のいずれかにしなければならない。

→書類は、受益者によって作成され、または準備されるが、その中に発行依頼人により作成される書類を含めること、また、それらの書類に（例えば、インボイスなどに）その都度、発行依頼人による副署名を求めることは、時間の浪費であり、その必要性は低い。お互いの信頼関係が大切であるとうたっている。

●No.5．書類点検の段階において発生する多くの問題は、上記で検討したとおり、①原因取引、②信用状の発行依頼、③信用状の発行、の各段階

において、それぞれの詳細について十分注意を払っていれば、回避・解決することができる。

→売買契約などの原因取引から始まり、信用状の発行に至るまでの間の各段階において、あらかじめ十分にそれらの詳細について入念な点検を行っておけば、後日の書類点検において発生する問題は解消できるとうたっている。

チェック！

★信用状発行依頼書のよくある不備事例

- 通知銀行：国名、地域名、および支店名がなく、銀行名のみを記載している。
- 受益者の住所：通知銀行の所在国と異なる（通常は同一である）。
- 確認信用状、無確認信用状の区分の記載がない。
- 商品数量にaboutの付記がある場合の、単価・数量との間に矛盾がある。
- TRADE TERMS：要求書類（B/Lや保険証券）や運賃表示との間に矛盾がある。船積地・荷揚地がTRADE TERMSのそれと一致していない。
- B/L一部直送条件のある場合、beneficiary's certificate（ベネサート）の要求もれがある。
- 書類の呈示期間が船積期限から有効期限までの期間（実日数）よりも短い。
- 手数料（all banking charges）負担者区分の記載もれがある。
- 期限付手形（ユーザンス手形）振出の場合、割引料・引受手数料負担者区分の記載もれがある。
- T.T.リンバースメント（T.T. Reimbursement。略称「T.T.R.」）の可否表示もれがある。
- 明らかにミスタイプと思われる文字、語句、記述がある。

3. 簡潔な信用状発行依頼書の作成

　信用状取引は「書類取引」であるため、信用状発行依頼書の記載内容がポイントとなる。発行依頼人が発行依頼書を記載するにあたっては、信用状条件あるいは書類の要件を、可能な限り簡潔に記載することが重要である。

　このため、売買契約書や proforma invoice（見積送り状）などのコピーを信用状の不可欠な一部分として（as an integral part）、信用状に添付することは避けるべきである（Article4 b）。

　UCP500第5条では、「信用状または条件変更の中に、過度の明細を含めることは差し控えるべきである」との規定があったが、字数の多い長文の信用状は船積書類の些細なミスタイプや書類作成ミスによるディスクレを誘引したり、トラブルの元になるなど、信用状取引を阻害する要因となる。

　これらの阻害要因を排除する見地から、発行依頼人は信用状に過度の明細を入れることは控えるべきである。

4. 発行銀行による与信条件の確認

　信用状金額（下記(1)）、有効期限、手形期間、商品、「B/Lの一部輸入者宛直送条件」や「Air Waybillの荷受人を輸入者とする条件」の有無（下記(2)）などについて、発行依頼書の内容が自行の与信条件（承認済みの行内稟議書）に合っているかどうかを点検する。

(1) 発行依頼書の信用状金額に「about」などの語が付されている場合

　信用状金額に「about」または「approximately」の語が付されている場合には、Article30 a の規定により、それが言及する金額、数量または単価

の10％を超えない過不足が許容されることになるので、許容される上限額で手形が振り出される場合に備えて、信用状金額の110％の金額で行内稟議が済んでいる必要がある。また、「支払承諾勘定」も110％の金額で起票されなければならない。

発行依頼書に「XXX ％ more or less allowed」の表示がある場合も同様である。例えば、5％ more or less allowedの表示がある場合は、105％で稟議され、起票されなければならない。

> （例）信用状金額がabout 200千米ドルの場合、与信金額は220千ドル、
> 信用状金額が200千米ドル±5％の場合、与信金額は210千ドル、
> となり、それぞれ許容される上限が与信金額となる。

なお、金額・数量・単価のそれぞれにaboutやapproximatelyなどの語が付されている場合は、金額の10％、数量の10％、単価の10％の過不足を許容することになるが、例えば、数量にaboutなどの語が付されていても信用状金額にaboutなどの語が付されていなければ、金額の110％増減は認められないことに注意する必要がある。

aboutなどの語の付記は、化学原料や鉱産物の輸入などにおいて、信用状発行時点で輸入額や輸入量を確定できないようなときに用いられる。

(2) 「B/Lの全通または一部直送」条件や、「Air Waybillの荷受人を輸入者とする」条件のある場合

発行依頼書に「B/Lの全通または一部直送」条件を付ける旨の表示がある場合には、あらかじめ行内稟議で承認を得ていることを確認する。このような条件を認めたうえ、信用状を発行する場合は、beneficiary's certificate（信用状の受益者が発行依頼人にB/Lを直送したことの証明書：略称「ベネサート」）を要求書類に加えなければならない。その理由は船積書類のなかでも最も重要なB/L（有価証券）（注）が、信用状条件どおりに受益者から発行依頼人宛に直送されたかどうかを確かめるための証拠となるか

らである。

> （注）B/L（船荷証券）は、荷主（輸出者＝信用状の受益者）から貨物を受け取ったことを表す船会社の受取証であり、運送契約の証拠書類である。また、B/Lの所持人は、そのB/Lと引換えに貨物の引渡を請求することができる権利証券であり、その権利は裏書によって譲渡できる有価証券である。

① 「B/Lの全通または一部を受益者から発行依頼人へ直送すること」を信用状条件とする場合の留意点

発行銀行の事前承認が必要とされる理由は、以下のとおりである。

(イ) 有価証券であるB/L原本は通常3通発行されるが、発行依頼人（輸入者）は、そのうちの1通でも受益者（輸出者）から直接送付してもらえれば、そのB/L1通を船会社に呈示することによって貨物を引き取ることができる。

(ロ) B/L原本のうちの1通または全通を直送させることを認める条件を付した信用状を発行すると、上記(イ)によって、発行依頼人（輸入者）は輸入手形の決済前に発行銀行の承諾なしに（発行銀行の知らないうちに）、発行銀行の譲渡担保となっている貨物を受益者（輸出者）から送付を受けたB/Lによって引き取ることが可能となる。

●図表2－7　B/L一部直送ニーズと発行銀行の立場

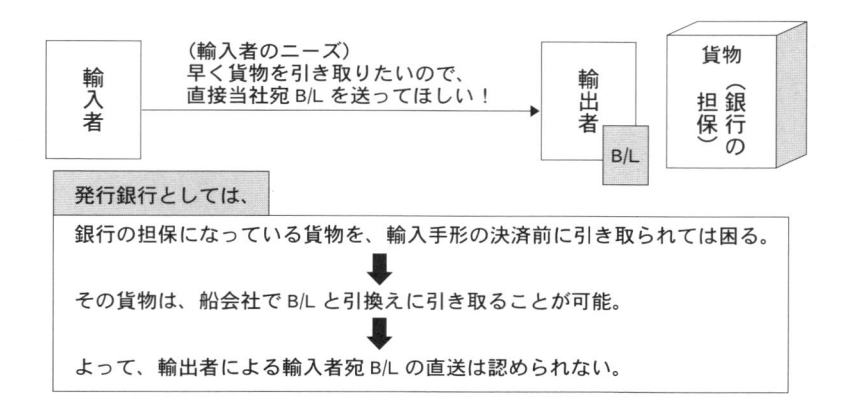

輸入者 →（輸入者のニーズ）早く貨物を引き取りたいので、直接当社宛B/Lを送ってほしい！→ 輸出者　B/L　　貨物（銀行の担保）

発行銀行としては、
銀行の担保になっている貨物を、輸入手形の決済前に引き取られては困る。
⬇
その貨物は、船会社でB/Lと引換えに引き取ることが可能。
よって、輸出者による輸入者宛B/Lの直送は認められない。

(ハ)発行銀行は、信用状取引約定書第3条に基づく貨物の譲渡担保権を確保する目的で、B/Lの全通呈示を条件としているが、この原則が崩れるため、事前の行内稟議により承認を得ておく必要がある。
② 「Air Waybillの荷受人を輸入者とすること」を信用状条件とする場合の留意点
　　発行銀行の事前承認が必要とされる理由は、以下のとおりである。
　　(イ)有価証券ではないAir Waybill（航空貨物運送状）の場合は、記載されている荷受人（consignee）が、荷受人本人であることを証明しさえすれば、Air Waybillを呈示しなくても、航空会社またはその代理店から貨物を引き取ることができる。
　　(ロ)通常、発行依頼人（輸入者）は、貨物が空港に到着次第、早期に貨物を引き取りたいときに「Air Waybillの荷受人を発行依頼人（輸入者）とすること」を条件とする信用状の発行を依頼することがある。
　　(ハ)上記(ロ)のような条件を認めて信用状を発行すると、発行依頼人（輸入者）は輸入手形の決済前に発行銀行の承諾なしに（発行銀行の知らないうちに）、発行銀行の譲渡担保となっている貨物を、(イ)の方法で引き取ることが可能となる。
　　発行銀行は、信用状取引約定書第3条に基づく貨物の譲渡担保権を確保する目的で、Air Waybillの荷受人を発行銀行としているが、この原則が崩れるため、上記(ロ)のような条件を付した信用状を発行する場合には事前の行内稟議により承認を得ておく必要がある。
③ サレンダード（surrendered）B/Lの呈示を信用状条件とする場合の留意点
　　上記①、②と同様、発行銀行の譲渡担保権を確保するための原則が崩れるため、事前の行内稟議により承認を得ておく必要がある。

チェック！

★サレンダードB/L
　サレンダードB/L（Surrendered B/L）とは、船会社がB/Lを発行後に輸出者が白地裏書をしたB/Lの全通を回収して、B/Lの原本の代わりに輸出者

に交付されるB/Lのコピーのことをいう。船会社は輸入地の船会社（輸出地の船会社代理店等）に対して、貨物が輸入地に到着次第、輸入者に引き渡すよう指示し、それにより輸入者に引き渡される。このため輸入者はB/Lがなくても貨物が輸入地に到着次第、貨物の引取が可能となる。

　信用状条件では、「SURRENDERED NON-NEGOTIABLE COPY OF B/L」等の文言を明示してサレンダードB/Lを要求し、輸出買取ではB/Lのコピーが呈示される。

　このB/Lが利用される理由は、①B/Lの輸入者宛直送を認める信用状の発行や、②L/G（荷物引取保証）を依頼される場合と同様に、輸入者が貨物到着次第、早期に引き取りたいためである。サレンダードB/Lを許容する信用状の発行銀行は、①や②と同様に担保貨物を解放することとなる与信リスクを負うので、事前に承認を得ておく必要がある。

5. UCP準拠文言

(1) UCP準拠文言の明示

　UCP600の規則を適用することの文言（いわゆる準拠文言）を明示する必要がある（Article1）。実際の準拠文言については、UCP600に改訂後はUCPのレイテスト・バージョン（Latest Version）、つまりUCPの最新版（UCP600）を適用するという明示方法をとっている銀行が多い。

　なお、世界の金融機関は、通常、ほとんどがSWIFTという通信手段を用いている。信用状の発行の際には、MT700というメッセージタイプが使われ、そこには信用状明細の項目ごとに書き込むTAG番号が定められている。このTAG番号の「40A」には次項で説明する取消不能信用状（irrevocable）であることを、また「40E」には準拠文言を記載することとなっている。コードによる選択方式でUCP600を適用するには、"UCP Latest Version"を選択する。

(2) UCP適用条文の修正または除外

前述のとおり、信用状にはUCP600の準拠文言を明示する必要があるが、UCP600の中の特定の条文が適用されないようにするには、個々の信用状にその旨を具体的に明示する必要がある（Article1）。

ただし、ISBP681（国際標準銀行実務）の序文に「UCP600の条文の適用を変更もしくは除外する信用状条項は、どれも国際標準銀行実務（isbp）にも影響を与えることがあり得ることに留意すべきである」とIntroduction（序文、第6フレーズ（注））に記述されているように、UCP600の適用条文の修正または除外は慎重に行う必要がある。

（注）第6フレーズの要約として、荷為替信用状のある条件に関して、UCP600の条項の適用を修正または除外すると、国際標準銀行実務に強い影響を与えることに留意するべきである。したがって、この出版物（ISBP681）に記述された実例を検討するときには、当事者は、UCP600に含まれている規則を、明示的に修正または除外する荷為替信用状のすべての条項を考慮しなければならない。この原則はこの出版物全体を通して、言外に意味していることであり、ある例が与えられていても、それらは単に、例示目的のためであり、包括的意味をもたせるものではない。

(3) ICCが示している「ある条文」を除外する信用状の例

ICC（国際商業会議所）は、「UCP600の『ある条文』を適用しない（除外する）」信用状が発行されている事例を紹介している。例えば、次のようなものがある。

①Article12【指定】のbを除外する信用状

「為替手形の引受銀行、または、後日払約束をする銀行を指定することにより、発行銀行は、指定銀行によって引き受けられた為替手形または、指定銀行によってなされた後日払約束を前払すること、または、買い入れることをその指定銀行に授権する」との条項。

②Article14【書類点検の標準】のf, k, lの条項を除外する信用状

f項は、「信用状が、運送書類、保険書類、商業送り状以外の書類を要

求している場合」に係る条項、k項は、「書類上に示された荷送人または送り主」に係る条項、l項は、「運送書類は、運送人、船舶所有者、船長または傭船者以外の当事者によって発行されることができる」との条項。

③Article16【ディスクレのある書類、権利放棄および通告】のc. iii. d)を除外する信用状

　一度限りの通告（single notice）への記載事項の1つ「その銀行が、先に呈示人から受領した指図に従って行為していること」との条項。

④Article28【保険書類および担保範囲】のi項を除外する信用状

　「保険書類は免責事項への言及を含むことができる」との条項。

⑤Article35【伝送および翻訳に関する銀行の責任排除】を除外する信用状

　上記のような信用状が発行されていることについて、ICC関係者は次のように述べている。「銀行がある条文を除外することを考慮しているならば、『X条、またはsub-article（項）を除外する・適用しない』などと簡単に信用状に記述すればよいという単純なものではない。しばしば、その除外項目の空白を埋め合わせるものを信用状に挿入することが必要となることに、銀行は留意しなければならない。

　同様に、ある条項を修正する場合は、発行銀行は、信用状の修正文言が十分説明的であることを保証しなければならない。その修正文言を解釈し、適用するときに、不明確さ（曖昧さ）が残されてはならないからである」（要約）（International Trade Products Newsletter No. 12 by Gary Collyer.）。

6．取消不能信用状

　信用状は、取消不能の旨の表示がなくても取消不能である（Article2第8フレーズ）。したがって、UCP600の下では、信用状とはすべて取消不

能信用状のことをいう。

しかし、トラブル防止の観点から「取消不能」であることを明確にするために、発行する信用状には、"irrevocable credit"（取消不能信用状）であることを明示する。

信用状をSWIFTで接受する通知銀行および受益者は、MT700のTAG「40A」がirrevocableと表示されていることを点検する。

7．信用状の確認の要否および譲渡可能か

信用状の確認（confirm）は必要か、譲渡可能信用状（transferable credit）とするのか否かをチェックする。

譲渡可能信用状を発行する場合には、依頼書に第２受益者（transferee）を特定する、例えば、"transferable to 第２受益者名 only"の依頼文言があるケースと、第２受益者は特定しない"transferable to anyone"の依頼文言があるケースがある。

信用状の譲渡を求められるケースは、主として、①第１受益者が輸入者（発行依頼人）の代理商（買付け代理人または買付け機関）である場合、その第１受益者が輸入者のために取引の相手方（輸出者＝第２受益者となる者）を探し、契約が成立したときに信用状を相手方に譲渡するという場合（図表２－８参照）、②通常、仕入先から商品を仕入れて、信用状に基づき輸出している輸出者が、輸入者から譲渡可能信用状を発行してもらい、仕入先に信用状を譲渡して、仕入先を第２受益者として信用状に基づき船積を行わせ、信用状による給付を受けさせる場合である。

①のケースの場合で信用状で第２受益者を特定してしまうと、複数の取引相手方（輸出者となる者）が見つかり、ほぼ同時期に複数の相手方と契約が成立した場合には、それら複数の相手方に信用状の譲渡ができなくなる。輸入者は、そのような事態を回避したい場合に第２受益者を特定せず、transferable to anyoneとする。

●図表2－8　信用状の譲渡のフロー（第1受益者が代理商の場合）

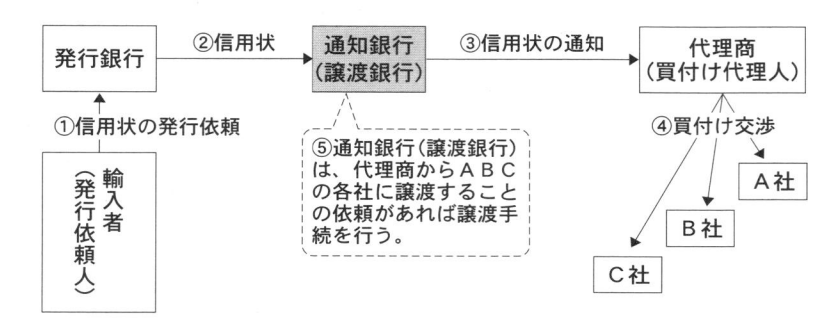

```
発行銀行 ──②信用状──→ 通知銀行      ──③信用状の通知──→ 代理商
  ↑                    （譲渡銀行）                        （買付け代理人）
①信用状の発行依頼        ┆                                    ④買付け交渉
  │                    ⑤通知銀行（譲渡銀行）                    ↓    ↘
輸入者                  は、代理商からＡＢＣ                   B社    A社
（発行依頼人）           の各社に譲渡すること                    ↓
                        の依頼があれば譲渡手                   C社
                        続を行う。
```

8.信用状の発行方法（通知方法）

信用状の発行方法には3通りある。
①MAIL（郵送）で信用状原本を発行。
②テストキー付きの電信で信用状原本を発行。
③プレ・アドバイス（信用状の発行予告）の発信と同時に、そのメール・コンファメーションを信用状原本として発行。

(1) MAIL（郵送）による発行

信用状原本に銀行の署名権限者が署名（サイン）して通知銀行宛に郵送する。

(2) テレトランスミッション（電信）による発行

信用状（または条件変更）をテストキー付きの電信で発行した場合には、それ自体が効力のある信用状（または条件変更）とみなされる。その場合、別途メール・コンファメーション（後続の郵便確認書）を送付しても通知銀行で無視されることとなっている（Article11 a）。テレトランスミッションとは、SWIFTやテレックスなどの電信手段を指す。

それでも信用状原本を電信で発行後にメール・コンファメーションを送付すると、通知銀行サイドでどちらも原本として扱われて二重発行となってしまうおそれがあるので、電信で原本を発行した場合には、別途メール・コンファメーションを送ってはならない。

(3) メール・コンファメーション付きのプレ・アドバイスによる発行

　信用状（または条件変更）の発行の予告（preliminary advice。以下「プレ・アドバイス」という）は、発行銀行が効力をもった信用状（または条件変更）を発行することを決定している場合にのみ送信できる。そして、発行銀行は、いったんプレ・アドバイスを送信すると、そのプレ・アドバイスと整合性のとれた条件により、効力をもった信用状（または条件変更）を遅滞なく発行すべき取消不能の義務を負う（Article11 b）。

　この場合、実務的にはプレ・アドバイスを送信後、メール・コンファメーションを信用状原本として通知銀行宛送付する方法をとる。

　以上のことから、発行銀行は、いったんプレ・アドバイスを送信すると、その直後に「発行依頼人の信用状態の悪化」や「単純な事務的ミス」などの理由で効力のある信用状の送付を取り止めるということができない。プレ・アドバイスの送信は、その時点で、与信行為である信用状を発行したことと同じ意味をもつことに留意する必要がある。

　また、電信にfull details to follow（または類似の趣旨文言）と記載している場合、およびメール・コンファメーションを信用状（または条件変更）の原本とする旨の記載があれば、それらは効力をもった信用状（または条件変更）とはみなされないので、発行銀行は上記のプレ・アドバイスと同様に、そのような電信と整合性のとれた条件により、効力をもった信用状（または条件変更）を遅滞なく発行する必要がある（Article11 a）。

● 図表2－9　プレ・アドバイスとして取扱う文言の例

> "Preliminary Advice"
> "full details to follow"（または類似の趣旨の文言）
> "メール・コンファメーションを信用状の原本とする旨の文言

⇩

> 通知銀行としては、電文上に上記のような記載があれば、信用状のプレ・アドバイスとして取扱う。

9. 通知銀行

　通知銀行欄には、銀行名、支店名、国名まで正確に記入されているか。世界中には同一の都市名、地名があるので、国名まで正しく記入されていないと受益者宛の信用状の通知が遅れることとなる。

(1) 通知銀行の選定方法

　輸出者は、通常、自社の取引銀行を通知銀行とする信用状の発行を輸入者に依頼するが、特に通知銀行の指定がない場合もある。輸入者は輸出者からの依頼に応じて信用状発行依頼書に通知銀行を記載し、発行銀行は発行依頼書に従って次のとおり取扱う（図表2－10参照）。

①通知銀行の指定がない場合は、原則として受益者の近くのコルレス銀行を通知銀行に選定する。

②通知銀行の指定がある場合で、指定された銀行がコルレス先の場合は、当該銀行を通知銀行とする。

③通知銀行の指定がある場合で、指定された銀行がコルレス先でない場合は、発行依頼人の了承を得て自行のコルレス先または在日他行を通知銀行として送り、そこから発行依頼人より指定を受けた銀行を経由して、信用状の通知を依頼する。このケースでは、発行銀行が通知す

る相手のコルレス銀行（通知銀行）宛の信用状に、「Advice Through（発行依頼人が指定した通知銀行）」と記載する。これは、「この信用状は、○○銀行○○支店を経由して受益者宛通知してください」という、信用状を発信する銀行のコルレス銀行に対する指図の意味である。

●図表２－10　第２通知銀行を経由して通知されるときのフロー

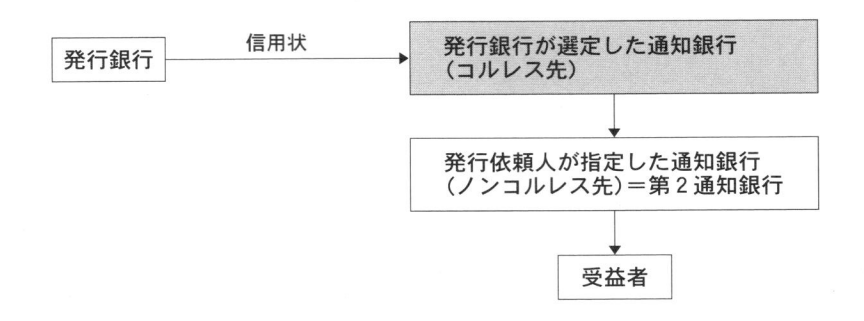

```
発行銀行 ──信用状──→ 発行銀行が選定した通知銀行
                      （コルレス先）
                            │
                            ↓
                   発行依頼人が指定した通知銀行
                   （ノンコルレス先）＝第２通知銀行
                            │
                            ↓
                          受益者
```

(2) 通知銀行自身が選定する第２通知銀行について

　通知銀行は、受益者に対して他行（これを「第２通知銀行」という）を経由（利用）して信用状および条件変更を通知することができる（Article9 c）。このケースは通知銀行自身が経由する銀行（第２通知銀行）を選定することとなり、上記③のケースとは異なる。

　いずれにしても、通知銀行と受益者の間にもう１つの通知銀行（第２通知銀行）が介在すると、受益者宛の通知がその分、遅れることとなるだけでなく、銀行に支払う費用も余分にかかる。このため、輸出者としては、極力、第２通知銀行を経由しなくても信用状の通知が可能となるよう、輸入者に依頼することが望ましい。

(3) 他の銀行に伝送した指図が実行されないときの免責規定

　Article37 b【指図された当事者の行為に関する銀行の責任排除】には、

「発行銀行または通知銀行は、自行が別の銀行へ伝送した指図が実行されないときは、たとえ自行が率先してその別の銀行を選定した場合であっても、なんの義務も責任も負わない」と規定している。

この規定は、前述「(1)通知銀行の選定方法」の、②のケースだけでなく、①や③の場合など、発行依頼人の指定に関係なく、自行が率先して他の銀行を通知銀行（第２通知銀行を含む）に選定した場合にも、それぞれ選定した銀行が通知を怠ったり、通知を遅延させた場合には、発行銀行または通知銀行は免責となる」との意味である。

しかし、無用なトラブルを回避するためにも、通知銀行の指定がない場合や、他行を経由して指定された銀行に通知する場合には、発行依頼人の了解を得て行うことが望ましい。また、選定するコルレス銀行の信用状態にも注意して、発行銀行として不適当な銀行を選定することのないように注意する必要がある。

10. 有効期限および呈示地

信用状には呈示のための有効期限（＝信用状の有効期限）を記載する。信用状に記載された利用可能な銀行の地が呈示地である（Article6 d）。この呈示地とは、書類を有効期限までに呈示しなければならない地（国名等）である。

この部分の信用状発行依頼書の記載フォームは、一般的に、「Date and place of expiry（信用状の有効期限／呈示場所）」となっている。通常、呈示のための有効期限は、輸出地または買取銀行においての呈示期限とされることが多いが、その場合、有効期限までに信用状に指定された利用可能な銀行に書類を呈示すればよいこととなる。

> (例) Date and place of expiry：August 12 20XX．In the country
> 　　　　　　　　　　　　of the beneficiary

> **★現地expiryについて**
>
> 　有効期限の欄に、"at our counter"またはそれと類似の文言の付記をされる場合がある。これは「現地expiry」（発行銀行で有効期限が到来する信用状）ともいわれ、書類は、そこに記載された有効期限までに信用状発行銀行に呈示する必要があるので、輸出者ならびに買取銀行は発行銀行までの送付に要する日数も考慮して、早めに買取依頼、書類の発送に努める必要がある。
>
> 　現地expiryは、発行銀行から荷物引取保証（L/G）を受けることができない輸入者が、書類を確定した時期までに早く引き取りたいというニーズで発生するなど、輸入者の事情で発生することが考えられるが、実務的に困難な側面もあるので、現地expiryは極力避けるべきである。

　よって、書類の呈示は、信用状の有効期限の欄に付記された書類の呈示地に、その有効期限までに行う必要がある。

11. 買取等の利用ができる銀行

　信用状には、買取等のために、そこで利用可能な銀行を記載するか、または任意の銀行（any bank）で利用可能なのかどうかを記載する（Article6 a）。

　そして、任意の銀行で買取可能な信用状の場合には、任意の銀行も特定の銀行と同様に指定銀行となる（Article2第12フレーズ）。

(1) リストリクト信用状とオープン信用状

①リストリクト信用状

　荷為替手形の買取を特定の銀行に限定した信用状のことをリストリクト信用状（Restricted L/C）という。リストリクト（restrict）とは、「限

定する・制限する」という意味である。

　Article7 c において、発行銀行は信用状条件を充足した書類を買い取った指定銀行がその書類を発行銀行に送付した場合に、その指定銀行にのみ補償することを約束している。したがって、リストリクト信用状の場合には、受益者は信用状に基づく補償が受けられる指定銀行（リストリクトされている銀行）に買取を依頼する必要がある。

　しかし、買取を指定された銀行は確認銀行でない限り、必ずしも買取を行う義務はない。指定銀行がなんらかの理由で買取をしない場合、あるいは、銀行の不可抗力による業務の中断で買取が不能となった場合には、受益者は発行銀行に書類を（取引銀行経由）直送して、「充足した呈示」を条件に発行銀行から支払（オナー）を受けることも可能である（Article7 a, 7 c, 6 a, 12 c, 36）。

　輸出サイドの事務処理をみると、図表２－11で、特定の銀行を指定してマークされている場合には、輸出者はその特定の銀行（リストリクト銀行）に買取の依頼をすべきであるが、もし、図表２－12の②のようにその特定の銀行と取引がなければ自社の取引銀行に買取を依頼する。そして、買取依頼を受けた銀行は指定銀行ではないので、直接発行銀行に書類を送付するとディスクレとなるから、リストリクトされている銀行に再買取（通称「再割」）を依頼する必要がある。

②オープン信用状

　任意の銀行（any bank）でも利用可能な（図表２－11ではANY BANKにマークがある場合）信用状をオープン信用状（Open L/C）という。この信用状では、受益者は、どの銀行に対しても買取の依頼ができる。そして、買取の依頼をした先の銀行が指定銀行となり、信用状に基づく補償を受けることができる。

●図表2-11　信用状に利用可能な銀行を記載する方法

Credit available with ☐ ANY BANK

特定の銀行を指定する場合には、その銀行名を記載する。その銀行をリストリクト銀行という。

いずれかをマーク

●図表2-12　輸出サイドの書類の流れ

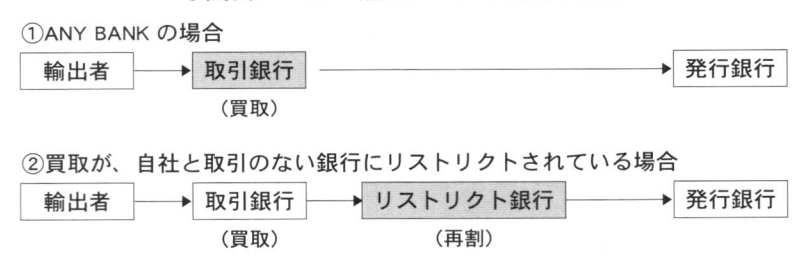

①ANY BANK の場合

輸出者 → 取引銀行（買取） ────────────→ 発行銀行

②買取が、自社と取引のない銀行にリストリクトされている場合

輸出者 → 取引銀行（買取） → リストリクト銀行（再割） → 発行銀行

※なお、輸出者がリストリクト銀行と取引があれば、当然のことながら、直接その銀行に買取依頼が可能である。
※上記①②のアミかけ部分が買取の指定銀行となる。

(2) **発行銀行が買取を通知銀行に限定する理由**

　発行銀行が信用状を特定の銀行（通知銀行）にリストリクトする理由は、通常、発行依頼人の指図によるものではなく、発行銀行自身が指定する銀行とのコルレス関係や、信用状発行後の事務処理の良さ等、発行銀行のポリシー（方針）によるものである。もし、発行依頼人から自行（発行銀行）のポリシーと異なるような「リストリクトの依頼」があり、発行銀行がその依頼に従わない場合には、発行依頼人の了解取付けが必要となる。

12. 信用状金額と単価、数量の間に矛盾はないか

　信用状の金額・数量・単価に「about」または「approximately」という

語、もしくは、「10％増額・増量などを許容」などの文言が付けられている場合には、金額・数量または単価のうち、aboutなどの語が付けられている箇所についてのみ10％以内の過不足（増減）が許容される（Article30）。

したがって、金額（数量）にaboutが付いていても、それにより自動的に数量（金額）にaboutが付いているものとはみなされないことに留意する必要がある。

> **（例）信用状発行依頼書：信用状金額US＄10,000、商品の単価US＄10、数量about 1,000 piecesの場合**
>
> この事例では、数量にaboutが付いているので、上限の1,100piecesで船積されるとインボイス金額はUS$11,000となり、このまま発行すればオーバー・ドローイング（over drawing：手形金額の超過振出）のディスクレとなる。したがって、金額にもaboutを付けるのか、それとも数量のaboutを削除するのかを発行依頼人に照会する必要がある。

13. 信用状の利用方法

(1) 信用状の利用方法

信用状は、一覧払、後日払、引受、または買取のいずれにより利用可能かを記載する必要がある（Article6 b）。一覧払、後日払、引受、買取のそれぞれの意味については、本章2－2を参照されたい。

上記の利用方法（支払条件）によって発行される信用状のことを、それぞれ一覧払信用状、後日払信用状、引受信用状、および買取信用状という。

また、各信用状により、次のとおり為替手形を要求する場合と要求しない場合がある。

①一覧払信用状……為替手形と船積書類の両方を要求する場合と、船積書類のみを要求する場合がある。

②後日払信用状……船積書類のみを要求する。

③引受信用状（下記(2)参照）……為替手形と船積書類の両方を要求する。

④買取信用状……為替手形と船積書類の両方を要求する場合と、船積書類のみを要求する場合がある。

(2) 引受信用状

手形の支払期限が「180 days after sight」等、受益者によって期限付手形が振り出され、かつ、信用状指定の支払人によってその手形が引き受けられることを条件とする信用状を「引受信用状」という。この引受信用状を利用したものは、アクセプタンス方式（引受方式）ともいわれており、期限付手形のユーザンス（usance：一定期間の支払猶予）の供与を受けるのは実質的に発行依頼人である。

引受方式には下記の2つの方式があるが、引受信用状を発行する場合には、行内稟議により「引受」の取扱いに係る承認を得ておく必要がある。

引受信用状の場合には、期限付手形の引受を指定された銀行は、発行銀行から手形の前払または買入が授権されている（Article12 b）。

しかし、引受信用状を輸出サイドからみると、受益者は、通常、期限付手形の買取を依頼する場合が多いが、受益者によっては、金利節約などを理由に名宛人（手形支払人）に期限付手形の割引（discount）は依頼せず、期日払を求める場合もある。そのようなケースはユーザンス金利（手形期間の金利）が受益者負担条件となっている場合に発生することが多い。

①外銀ユーザンス（外銀アクセプタンス方式）

輸出者が、発行銀行（自行）のコルレス銀行を名宛人（手形支払人）として振り出した期限付手形を、当該コルレス銀行に対して「引受」と「割引」を依頼する。手形支払人はこれに応じ、発行銀行は手形の期日

に手形支払人であるコルレス銀行に手形代金を支払う。

　一方、発行銀行（自行）は輸入者から当該手形の期日当日に手形代金の支払（決済）を受ける。この間、輸入者は名宛人（手形支払人）である外国銀行（外銀）から手形期間に相当するユーザンスの供与を受けることとなる。

　外銀ユーザンスの場合は、発行銀行は当該コルレス銀行に自行のクレジットライン（信用供与枠）があることが前提となり、その信用供与枠の範囲内での信用状の発行となる。このコルレス銀行が負う「手形引受のリスク」は発行銀行の信用いかんによることとなる。なお、この外銀ユーザンスは、「外銀アクセプタンス」ともいう。

②発行銀行を引受銀行とする方式

　輸出者が、発行銀行（自行）を名宛人として振り出した期限付手形を、書類到着後に発行銀行自身が引受を行い、手形期日に買取銀行に支払うと同時に、発行依頼人から支払（決済）を受ける。

14. 為替手形の支払人

　UCP600では、発行依頼人を支払人（drawee）とする為替手形の振出を条件として利用可能とする信用状を発行してはならないと規定している。（Article6 c）。その理由は、信用状の主たる債務者は発行依頼人ではないためである。

　なお、ISBP681 No.54には、「発行依頼人宛の為替手形の振出によって利用可能となる信用状は発行してはならないが、要求書類の１つとして発行依頼人宛に為替手形を振り出すことを条件とする信用状は発行してもよい」との記載がある。これは、中近東諸国などによっては輸入地の法令等により、発行銀行と発行依頼人との間において「発行依頼人宛の為替手形」を必要とすることがあり、その場合には、発行依頼人を支払人とする手形を要求書類の一部とすることも可能である。

チェック!

★為替手形支払人の選定

　信用状発行依頼書の為替手形の支払人（drawee）の欄は、「for 100% invoice value drawn on you or your correspondents」と印刷されている。このため、為替手形の支払人は発行銀行または発行銀行のコルレス銀行となるが、次に説明するように、為替手形の支払人は発行する信用状の補償方法や通貨などにより異なるので、発行銀行が最終決定することとなる。

　補償方法が送金（レミッタンス）方式（注１）の場合は、買取銀行の指図に基づいて発行銀行が支払うこととなるので、発行銀行を支払人とする。また、リンバースメント方式（注２）の場合には、発行銀行が決定した補償銀行を為替手形の支払人とする場合と、発行銀行を支払人とする場合がある（注３）。さらに、引受の場合は、引受銀行が支払人となるが、引受銀行を海外のコルレス銀行とするか、発行銀行とするかのいずれかである。

　そして、信用状の通貨が邦貨建の場合は決済が海外で行われることはなく、日本国内にある銀行の「買取銀行名義の円建預り金口座」に入金する方法をとるので、通常、発行銀行が支払人となる。

　なお、リンバースメント方式を選んだ場合には、補償授権書を信用状発行と同時に速やかに補償銀行宛送付する必要がある（本節の18を参照）。

（注１）送金（レミッタンス）方式：買取銀行から送られてくる船積書類の送付状（カバー・レター）に記載されている買取銀行の指図に基づいて、発行銀行が送金手段等によって支払う方法。

（注２）リンバースメント方式：買取銀行が、信用状面に発行銀行の指定した補償銀行（米ドルの場合はニューヨークなど米国にある銀行）宛、輸出手形代金を請求して補償を受ける方法。

（注３）発行銀行は、補償銀行を支払人とする一覧払手形を要求すべきではない（URR725第６条ｅ項最終パラグラフ）との規定があるので注意を要する。なお、期限付手形については、同URR725第６条ｅ項第１パラグラフおよび、第10条ｂ項に、その要件が規定されている。

15. T.T.リンバースメント（T.T. Reimbursement, T.T.R.）

もし、信用状にT.T.R.可否の明記がない場合にはT.T.R可能とみなされる（URR725 第10条ａ項）。このため、必ずT.T.R.可否についての明記をする。

16. TRADE TERMS（INCOTERMS）と要求書類の間に矛盾はないか

TRADE TERMSと運送書類のFreight欄表示、および保険証券要求の要否の間に矛盾がないか。また、TRADE TERMSの表示方法に間違いがないか、下表のように点検する。

●図表２－13　TRADE TERMSと要求書類の関係

	TRADE TERMS の表示	運送書類の運賃欄の表示	保険証券の要求
FOB	FOB 輸出港名	Freight Collect	不要
CFR	CFR 輸入港名	Freight Prepaid	不要
CIF	CIF 輸入港名	Freight Prepaid	必要
FCA	FCA 指定引渡地	Freight Collect	不要
CPT	CPT 指定仕向地	Freight Prepaid	不要
CIP	CIP 指定仕向地	Freight Prepaid	必要

例えば、CIF建の場合には、B/L等の運送書類の運賃欄は"Freight Prepaid"となり、保険証券を呈示条件とし、Invoice面の建値の表示をCIF（輸入港名。例えば、CIF Yokohama等）とした条件による信用状を発行する。

（注）INCOTERMS 2010では、輸出港を"named port of shipment"と、輸入港を"named port of destination"とそれぞれ表現している。これらは、B/L面の"port of loading","port of discharge"欄に、具体的な港名が、それぞれ表示されることになる。

また、指定引渡地を"named place of delivery"、指定仕向地を"named place of destination"と表現している。

17. 船積後の書類呈示期間

　UCP600には、運送書類の呈示を条件とする信用状には、「書類は船積後〇〇日以内に呈示しなければならない」という趣旨の、「船積後の書類呈示期間を明示すべき」との規定はない（UCP500第43条a項にはこの規定はあった）が、Article 14 cの規定を勘案して、信用状に「船積後の書類呈示期間」を定めるのが実務的であろう。発行依頼人が書類呈示期間の明示を求める理由は、輸出者に船積後１日でも早く書類を呈示させて、その結果として、早期に商品を引き取れるようにするためである。

　このためUCP600に改訂後においても、信用状発行依頼書に「船積後の書類呈示期間」を記入できるようにしている銀行が多い。

　信用状発行依頼書に書類呈示期間の記載があれば、下記例のように、原則「船積期限＋書類呈示期間＝信用状の有効期限」となるようにするのが適切である。その理由は、書類の呈示が、たとえ書類呈示期間内になされても、信用状有効期限を経過することはできないからである（Article 14 c）。

　例えば、下記のような前提では、有効期限を７月31日にする意味はない。なぜなら、船積期限当日の７月10日に船積された場合、12日後の７月22日までに書類の呈示をする必要があるので、７月23日から７月31日は無意味な期間となり、場合によっては信用状発行手数料も余分にかかることとなるからである。

> （例）船積期限：７月10日、書類呈示期間：船積後12日、
> 　　　信用状有効期限：７月22日

　なお、書類呈示期間の記載がなければ、運送書類の原本を含む書類の呈

示は船積後21暦日よりも遅れてはならず、かつ、信用状の有効期限よりも遅れてはならない（Article 14 c）。

次のケースは、いずれもディスクレとなる。

① 書類の呈示が船積後21日以内であっても、信用状の有効期限が過ぎている。

② 書類の呈示が船積後21日を過ぎているが、信用状の有効期限以内である。

また、複数の運送書類が呈示された場合には、そのうちの最も遅い船積日で条件を満たしているかを判定することとなっている（Article 31b）。

なお、中国等近隣諸国から日本への輸入の場合、中国等近隣諸国の船積港から日本の陸揚港までの航海日数は短い。そのため、船積後輸出者による速やかな船積書類の呈示が望まれるため、信用状の「書類呈示期間」は必要最短日数（例えば、5暦日以内など）とすることが理想である。それにもかかわらず、信用状条件を漫然と「船積後21暦日以内」とすると、日本において「貨物先着、書類未着」の状況が発生し、「荷物引取保証（補償）」などの手続を余儀なくされる場合がある。

18. リンバースメント方式の場合の速やかな補償授権書の送付

(1) 補償授権書の発行

発行銀行は、補償の方法をリンバースメント方式（本節の14参照）とする場合には、信用状にURR725に従うのか否かを記載することとなっており、それにもかかわらず、URR725に従うのか否かを記載していない場合には、発行銀行は補償授権書（Reimbursement Authorization）を補償銀行に速やかに送付する必要がある（Article 13 a, b）。

リンバースメント方式の場合、発行銀行はURR725の準拠文言を記載した信用状を発行し、その発行と同時に補償授権書を認証されたテレトランスミッションにより補償銀行宛通知することとなっている（URR725第1

条「URRの適用」、第6条「補償授権書の発行」）。

　通常、銀行は大部分、SWIFTを使って信用状および補償授権書を発行しており、電文フォーマットの該当箇所でURR725に従うか否か（準拠文言）の入力をしているので、準拠文言の記載もれは起こらないと考えられるが、通知にテレックスを使用する場合は、フォーマットにはなっていないので記載もれが起こりうる。また、URRの準拠文言を記載してこない銀行もあるため、Article13において補償に関するルールが明確にされた。

(2)　補償銀行と補償授権書

　発行銀行は、米ドルの場合、通常、ニューヨークにあるコルレス銀行のうち1行を補償銀行として選択し、リンバースメント方式の決済事務を集中的に委託している。この補償銀行は信用状条件とは無関係であり、信用状条件に拘束されるものではない（URR725第3条）。

　補償授権書には、信用状番号、通貨と金額、補償請求銀行、補償に係る費用の負担者などを記載することとなっており（URR725第6条）、補償請求銀行（買取銀行）から請求があった場合に、正確に支払手続ができるだけの情報があればよい。

　また、補償授権書自体には有効期限を記載することはできない（URR725第7条）。Article13 bで、「補償授権の効力は有効期限に左右されない」としているのは、信用状の有効期限直前に買取が行われて補償請求されると、補償銀行では信用状の有効期限を過ぎてから補償請求を受けることもありうるので、信用状の有効期限後でも補償を可能としなければならないからである。

　なお、補償銀行は買取銀行から補償請求を受けた場合には、補償を受けた日の翌日から3銀行営業日以内に支払う必要がある（URR725第11条）。

(3)　買取銀行が補償請求をしたがすぐに補償されなかった場合

　信用状に従った補償が、買取銀行の最初の請求時に補償銀行によりなさ

れなかった場合は、発行銀行は発生したコストおよび利息を負担することとなっている（Article13 b. iii.）。

　UCP600に明文規定はないが、買取銀行が補償銀行に補償請求をしたが補償の実行がなかった場合で、補償銀行に責めがあるときには同行宛利息等を請求することは可能であろう。しかし、補償銀行に明らかなミスがある場合を除いては、補償が実行されるまでの期間の利息、およびコストは本条文に従って発行銀行が負担すべきである。

　このため、発行銀行は買取銀行から無用な利息・コストの請求を受けることのないよう、信用状の発行と同時に速やかに補償授権書を補償銀行宛送付して、買取銀行からの補償請求に備えておく必要がある。

●図表２－14　リンバースメント方式の仕組み

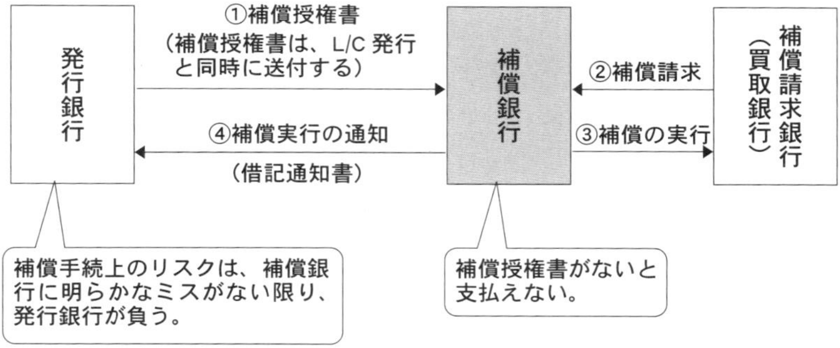

発行銀行　→①補償授権書（補償授権書は、L/C発行と同時に送付する）→　補償銀行　←②補償請求←　補償請求銀行（買取銀行）
　　　　　←④補償実行の通知（借記通知書）←　　　　　　　　　③補償の実行→

補償手続上のリスクは、補償銀行に明らかなミスがない限り、発行銀行が負う。

補償授権書がないと支払えない。

19. 発行銀行宛船積書類の送付方法

(1) 輸送中の書類紛失リスクは発行銀行が負担する

　指定銀行である買取銀行が、信用状条件を充足している船積書類を買い取っているか否かを問わず、発行銀行または確認銀行宛、信用状条件に従って送付し、その輸送中に書類を紛失した場合には、発行銀行が補償を行なわなければならない（Article35）。

(2) **書類送付方法**

　発行銀行は上述の紛失リスクを回避するため、B/L全通を呈示条件とする場合には2回（2便）に分けて2LOTSでの送付とする。一方、それ以外の場合（例えば、B/L一部直送条件や航空貨物運送状を呈示条件とする場合）、およびB/Lの全通が必要となる仲介貿易取引（本章2－6の2参照）の場合には1便（1LOT）での送付を原則とする。

　輸送中の書類紛失リスクは、UCP600 Article35【銀行の責任排除】、および信用状取引約定書第20条（事故等の責任）により、最終的には発行依頼人が負うこととなるので、書類を1便と2便に分けて送付するかどうかの指図は発行依頼人の指図に従って行うが、最終的には発行銀行が決定する。

　信用状を発行後、指定銀行において「充足した呈示」がなされた後、輸送途中で書類を紛失した場合には、①輸送途中で紛失したという事実を証明した郵便局・輸送業者などからの書類に加え、指定銀行の②送付方法が当初の信用状条件どおりに書類が発送されたこと、③呈示は有効期限内に行われたこと、の証明と「書類の写し」の送付を求めたうえ、発行銀行はオナー（honour）、もしくは指定銀行に補償を行うこととなる。そして、発行銀行が補償を行った場合は、発行依頼人は信用状取引約定書（第11条）に基づき「償還債務」を負担しなければならない。

2-5 信用状の条件変更

信用状の条件変更とは、信用状発行後、発行依頼人からの申出により、信用状金額の増額、船積期限や有効期限の延長、その他信用状内容の変更を行うことであるが、ここでは発行依頼人もしくは発行銀行が一方的に行えるものではないということを検証していく。

1. 条件変更（アメンド）の種類

輸入信用状の条件変更（amendment：略称「アメンド」）には様々なものがあるが、大きく分けると次のとおりとなる。

①信用状金額の変更……増額、減額、取消（キャンセル）
②信用状の有効期限、船積期限の変更（延長または短縮）
③その他の変更……無確認信用状から確認信用状への変更、商品の数量や単価の変更、仕向地・船積港などの変更

例えば、次のような文言を使用して、発行銀行は受益者宛の条件変更を発信する。

□ Amount increased by [増額する金額] making a total L/C amount of [増額後の金額] covering additional shipment of [増額に対応する物品の明細]
□ Expiry date of the credit extended to [延長後の期限] from [原信用状の有効期限]
□ Latest date for shipment extended to [延長後の船積期限] from [原信用状の船積期限]

そして、最後に"All other terms and conditions remain unchanged."（その他の信用状条件は不変である）旨の文言を付記する。

2. 条件変更を行う発行銀行としての留意点

(1) 当初の与信条件内の取扱いか

　　信用状の条件変更は、与信内容、与信条件の変更を伴う。例えば、信用状発行のための稟議書で与信金額をUS$30,000で承認を得ていたところ、後日、US$34,000にしたい旨の条件変更依頼書を受けた場合、そのまま取扱うと承認を得ている与信金額をオーバー（超過）する。

　　このため、条件変更の依頼書を受け付けて、それが「承認済みの与信条件内」の取扱いとならない場合には、条件変更をする理由を照会し、条件変更のための行内稟議を行い、承認を得ておかなければならない。

　　信用状金額の増額、信用状の有効期限延長、輸入商品の変更、その他発行銀行の債権保全に影響を及ぼす条件変更などの場合には、条件違反とならないように留意する必要がある。

(2) 原信用状の条件との間に不備・矛盾が生じないか

　　条件変更をすることで、原信用状の条件との間に不備・矛盾が生じないようにする。

　例) (イ)信用状金額の増額または減額の場合、変更後の信用状金額に誤りはないか（making a new total amount of XXXXXXの部分）。

　　　(ロ)発行時に信用状金額がaboutなどの金額増減許容がある場合、条件変更後もこの許容が適用されるので、条件変更の際に引続き同様の許容をするかどうかを確認して条件変更の手続をする必要がある。

　　　　船積期限のみを延長する場合、延長後の船積期限は信用状の有効期限内であるか。また、船積後の書類呈示期間との整合性にも留意する必要がある。

3. 条件変更の合意取り付け

　信用状の条件変更・取消を行うには、Article38（譲渡可能信用状）に規定されている場合を除いて、発行銀行、確認銀行（もしあれば）、および受益者の合意が必要である（Article10 a）。しかし、現実には邦銀（本邦の銀行）は、慣習上すべての条件変更に受益者の合意を取り付けていない（注）。

　なお、譲渡可能信用状を除くとしているのは、Article38 f で複数の第2受益者があるときに、すべての第2受益者の合意が必ずしも必要ではないとの規定があるからである。

>　（注）合意取り付けは通知銀行の義務ではないが（Article10 c）、邦銀は、慣習上、一般に「受益者にとって有利とみられる条件変更」については、下記の(1)(2)の記述にあるように、「受益者にとって一般に不利とみられる条件変更」を除き、その都度、受益者の合意を取り付けなくても、当該条件変更を充足した呈示がなされることが多いためである（本書第3章3－4の5，6を参照）。

(1) 受益者の合意（ベネコン）の取り付け

　受益者に一般的に不利とみられる条件変更を行う場合には、受益者の合意（beneficiary's consent：略称「ベネコン」）を取り付けるようにする。なお、受益者に有利か不利かの判別が難しいときにも合意を取り付けるようにする。

　なお、発行依頼人と受益者の間で直接「受益者の合意取り付けを条件とすることの事前打ち合わせ」があれば、合意取り付けがより早く確実にできるので、条件変更の受付時に、内容によっては依頼人に対し、受益者との直接事前打ち合わせを依頼する。

(2) 受益者に不利とみられる条件変更とは

　信用状の取消、信用状金額の減額、有効期限・船積期限の短縮、物品（商品）の変更（グレード変更などを含む）、商品の減量、商品単価の引き下げ、建値の変更、要求書類の追加、tenor（手形期限）の延長、信用状通貨の変更、その他受益者にとって信用状条件の強化（信用状条件が制限的）となる条件変更である。

4．条件変更の諾否の通報

　受益者は、条件変更を通知してきた通知銀行に諾否の通報をすべきである（Article10 c）。

　通知銀行は、受益者から諾否の通報があった場合には、必ず発行銀行にその通報を行う必要がある（Article10 d）。

5．条件変更の発効時期

　条件変更は、発行した時点で発行銀行が取消不能の義務を負うが、発行した時点で条件変更が成立（発効）するものではない。輸入者および発行銀行は、条件変更の発効時期は、条件変更または船積書類に係る受益者の取扱いいかんによることに留意する必要がある。

　発効時期に関するUCP600（Article10 b，c）のポイントは、次のとおりである。

(イ)原信用状の条件は、条件変更を通知した通知銀行に、受益者がその条件変更の承諾を伝達するまでは、受益者にとって引続き有効である。

(ロ)受益者から条件変更の承諾の通報がないが、その条件変更の条件を満たす船積書類の呈示があるとき、その呈示は、条件変更の承諾の通報とみなされる。

(ハ)受益者から条件変更の承諾の通報がなく、その条件変更の条件を満た

さない船積書類の呈示があるとき、その呈示は、未だ条件変更を承諾していないとみなされる。

以上を事例を用いて説明する。

【事　例】
　発行銀行は発行依頼人Ａ社の依頼で、輸出者Ｋ社を受益者とする信用状の有効期限の延長の条件変更を通知銀行宛発信した。通知銀行は、この条件変更をＫ社に通知した。

　この事例での条件変更の成否は、次のとおりとなる。

① 通知銀行および発行銀行は、Ｋ社から条件変更の承諾の通報を受けない限り、条件変更は成立しない・・・上記(イ)

② しかし、発行銀行は条件変更の合意（承諾）の通報を受けていなくても、その条件変更の条件を満たす船積書類を接受した場合には、その書類の接受（呈示）が受益者による条件変更の承諾の通報とみなされる・・・上記(ロ)

③ 発行銀行は、条件変更を満たさない書類を接受し、かつ、その時点で条件変更の合意（承諾）の通報も受けていない場合、その条件変更は未だ承諾されていないとみなされる・・・上記(ハ)

●図表2－15　条件変更の成否の見分け方

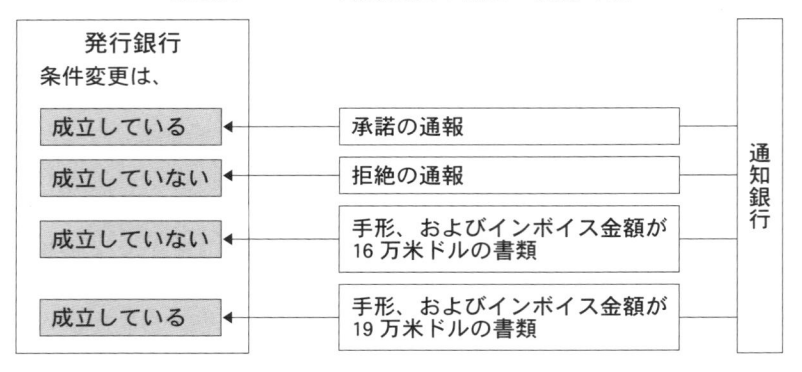

発行銀行 条件変更は、		通知銀行
成立している ←	承諾の通報	
成立していない ←	拒絶の通報	
成立していない ←	手形、およびインボイス金額が16万米ドルの書類	
成立している ←	手形、およびインボイス金額が19万米ドルの書類	

6. 発行銀行における条件変更が成立したかどうかの見分け方

　UCP600（Article10c）では、通知銀行から受益者に条件変更の通知があった場合には、受益者は通知銀行に諾否を通報すべきであるとしているが、（通知銀行を通して）諾否の通報がなかった場合には、呈示された船積書類が、条件変更を満たしているか否かが成否判別の決め手となる。

　例えば、原信用状の金額が16万米ドルで、その後3万米ドルの増額の条件変更を行った場合の条件変更の成否の見分け方は、図表2－15のとおり行う。ただし、「一部船積が禁止されていること」を条件とする。

7. 条件変更のための輸入者の留意点

　以上のことから、輸入者、発行銀行は、条件変更の諾否の通報を受けるまで、または船積書類を接受する（呈示を受ける）までは、条件変更が成立したかどうかわからないこととなる。

　条件変更を行うと受益者にどのような影響を及ぼすか、受益者側の事情も考えて、輸入者は事前に輸出者（受益者）との間で条件変更の合意が得

られるよう折衝しておくことが肝要である。そして、受益者にとって不利となる条件変更を行う場合には、確実に「ベネコン」を取り付けられるようにする必要がある。

8．一定時間内に拒絶されなければ自動成立するという条件変更

「この条件変更が一定時間内に受益者により拒絶されなければ、自動的に条件変更の効力が生じるものとする」趣旨の条件変更の定めは無視される（Article10 f）。したがって、このような発行依頼人の一方的な条件変更の依頼があった場合には、拒絶する必要がある。

2-6 仲介貿易のための信用状発行

仲介貿易は、売主・買主とも海外にいるため、クレームが発生すると解決に時間がかかる。売り・買いとも信用状で決済を行う場合には、双方の信用状の間に整合性があることを確認することなど留意すべきことが多い。

1. 仲介貿易のリスク・問題点

仲介貿易取引は、日本の企業がA国の売主から物品を買って、B国の買主に売却する取引で、かつ、貨物は日本を経由せずA国からB国に移動する取引である。つまり、日本の居住者が仲介者となって、海外の売主と買主の双方と売買契約を締結して行われる取引で、かつ、貨物は外国相互間で移動する取引のことをいう（外為法第25条第1項2号）。

●図表2－16　信用状に基づく仲介貿易の仕組み

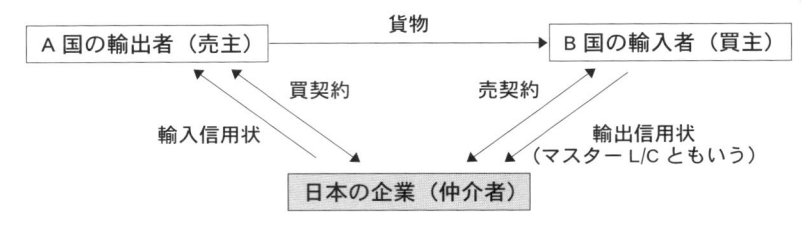

```
A国の輸出者（売主） ──貨物──→ B国の輸入者（買主）
        ↖  買契約      売契約  ↗
    輸入信用状              輸出信用状
                         （マスターL/Cともいう）
              日本の企業（仲介者）
```

この仲介貿易のリスク・問題点は、信用リスク等、個別の輸出入取引のリスクがあるほかに、特に、①売主と買主の間に直接の契約がなく、かつ、物品は日本の企業（仲介者）を経由しないので商品クレームを受けやすいこと、さらに、②売主・買主とも海外にいるのでクレームが発生すると、その解決に時間がかかることである。

このため、仲介貿易を行う企業や、それを取扱う銀行には留意すべき点が多く存在する。

2．仲介貿易を行う仲介者（企業）の留意点

仲介貿易を行う仲介者は、次のことに留意する必要がある。

①海外の双方の取引先の信用力を事前に調査する……買主の支払能力はもちろん、マーケット・クレームや、些細なディスクレを理由とした支払拒絶等をするような買主ではないか、売主の契約履行能力に問題はないか、契約成立後に一方的な契約破棄等を起こすような先ではないかをチェックする。

②売り・買い双方の国のカントリーリスクに問題がないかをチェックする。

③売り・買いとも信用状で取引する場合には、双方の信用状の間に整合性があるかを点検する……そのためにも、売契約と買契約の内容に食い違いが起こらないようにする。

④接受した信用状と契約書の内容が一致しているかを点検して、ディスクレが発生しないようにする。

⑤原則、買主からの信用状を受け取ってから、その信用状をもとにして売主宛の信用状発行の依頼を行う……その理由は、売主宛の信用状を先に発行すると支払が先行するおそれがあること、および、売り・買い双方の信用状の間に不整合が生じるおそれがあり、これらを防ぐためである。

⑥発行する（売主宛の）信用状の有効期限は、輸入国（前掲図表2－16ではB国）の信用状の有効期限との間に余裕をもたせる……例えば、輸入国の信用状の有効期限が9月30日であれば、発行する信用状は9月10日などと早めに設定する。なぜなら、輸出国（A国）から書類が送られてきても、それに含まれているB/Lは輸入国（B国）へ送付する書類に添付するので、輸入国の信用状の有効期限に間に合わなければディスクレとなるからである。このため、輸出地（A国）からの書

類送付日数を考慮して信用状の有効期限を決める。
⑦A国の買取銀行からの書類送付方法は1便（1LOT）にする……発行銀行が、B/Lの一部または全通を売主から買主に直送することを認める場合以外は、買取銀行からの書類の送付方法は、2回（2便）に分けずに1便（1LOT）で送付されるようにする。その理由は、B/Lの全通を輸入国へ送る書類に添付するからである。
⑧売り・買い双方の信用状の内容は異なる部分もある……売り・買い双方の信用状の間に不整合があってはならないので、商品名や船積期限などは双方の信用状で同一となる。しかし、発行依頼人名（applicant）や受益者名は同一とはならないので、輸出信用状からそのままの内容を転記することはできない。また、通常は仲介者がマージンを得るために商品単価も異なる。

3．取引銀行の留意点

　仲介貿易は、貨物が外国相互間で移動するために、担保になっている当該貨物を差し押さえることは容易ではない。このため、取扱う銀行は次の点に注意する必要がある。
①取引先の「仲介者としての対応」に問題がないこと。
②取引先の信用状態や、売主・買主双方の信用状態、カントリーリスク、商品の市況・市場性などについて注意すること。
③輸入国（B国）へ送付する書類にディスクレが発生した場合には、原則、ケーブル・ネゴ扱いとするなど慎重に対応すること。
④原則、輸入国（B国）からの代金の受取は、当該仲介貿易の決済代金として輸出国（A国）への支払に充当すること。

第3章
信用状の通知

3-1 信用状の接受と通知

ここでは、輸出信用状の通知の説明に先立ち、受益者と発行依頼人との間の事前打ち合わせ、信用状の基本知識、そして受益者・発行依頼人双方の注意深さが重要であることを強調したい。

1. Preliminary considerations（事前検討事項）

受益者と発行依頼人（物品輸入者など）は、①どのような書類を必要とするのか、②それらの書類を誰によって発行（供給）してもらうのか、③それらの書類を呈示するための時間（タイム・スケジュール）について、双方が注意深く検討・考慮しなければならない（ISBP681 Preliminary considerations No.1）。

信用状は、発行依頼人によって発行されなければならない書類や発行依頼人によってカウンターサイン（副署名）されなければならない書類の呈示を要求すべきではない。そのような条項を含んでいる信用状が発行された場合には、受益者は、条件変更を求めるか、または、それらの条項に従い、そうすることができなかった（条件変更を求めなかった）リスクを負担するか、のいずれかにしなければならない（ISPB681 Preliminary considerations No.4）。

なお、ISBP681のPreliminary considerations（No.1からNo.5まで）については、本書第2章2－4を参照。

2. 輸出地における「信用状の接受」「信用状の通知」

発行銀行は、輸入者（発行依頼人）の依頼で発行した信用状または条件変更（以下「信用状」という）を輸出者（信用状の受益者。以下「受益者」という）所在国のコルレス銀行を通知銀行に選び、「受益者」に対する

「信用状」の通知を依頼する。発行銀行から「信用状」を接受した通知銀行は、自行が「信用状」の外見上の真正性に満足していること、およびその通知が、「信用状」の条件を正確に反映していることを表して、「受益者」に通知する（Article9 b, c）。

(1) 信用状の接受と通知

通知銀行が、（通知銀行からみれば）コルレス銀行である発行銀行が発行する「信用状」を受領することを「信用状の接受」という。信用状の接受後、発行銀行の指図に基づき、通知銀行はAdvice of Credit（カバー・レターまたは通知書。以下「通知書」という）を作成して、信用状を添付のうえ、受益者に交付する。この行為を「信用状の通知」という。

(2) 通知銀行の善管注意義務

①通知銀行の善管注意義務とは

通知銀行は、発行銀行に対し「善良な管理者の注意義務」（善管注意義

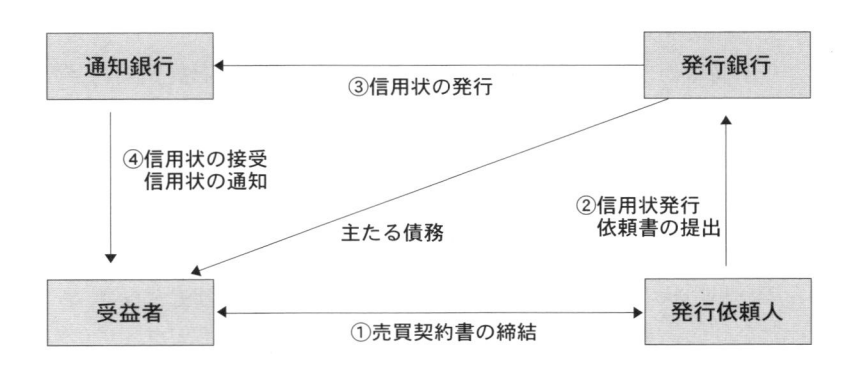

●図表3－1　信用状の接受と通知

```
┌──────┐   ③信用状の発行   ┌──────┐
│ 通知銀行 │◄─────────────│ 発行銀行 │
└──────┘                   └──────┘
    │                          ▲
④信用状の接受                  │
  信用状の通知                  ②信用状発行
    │         主たる債務          依頼書の提出
    ▼                          │
┌──────┐   ①売買契約書の締結  ┌──────┐
│  受益者  │◄─────────────│発行依頼人│
└──────┘                   └──────┘
```

務）を負う。通知銀行の善管注意義務とは、例えば、発行銀行はコルレス銀行かどうか、信用状の外見上の真正性に満足しているかどうか、効力をもった原本かどうか、停止条件付文言の有無、電信手段によって接受した場合はavoiding duplication等の注意喚起文言の有無等に注意する（Article 9, 11）。

②通知銀行の通知方法

　通知銀行の受益者宛の通知方法は、信用状に通知方法の指図がなく、通知銀行と受益者との間で特に取決めがない限り、原則として、信用状に記載された受益者の住所宛に郵送する。ただし、通知銀行と受益者との間で特に信用状の受渡方法を決めている場合はそれに従う。信用状に記載された受益者の住所に郵送後、その住所が見当たらない等の理由で、通知銀行に信用状が返送された場合は、発行銀行に照会しその指図に従う。また、「同名他社」の存在など、真の受益者の判定に迷うときも、発行銀行へ直ちに照会しその指図に従う。信用状の受益者は、輸出代金の回収を確実にし、また集荷・生産に備えて、信用状の到着を心待ちにしている。したがって、信用状の期限あるいは船積期限が間近に迫っているような場合、受益者から前もって信用状の接受の照会を受けているような場合は、迅速に対応しなければならない。

③受益者の信用状点検

　受益者は、受領した信用状について、信用状の内容と売買契約との内容が一致しているかどうか、信用状の内容に不備はないか、不明・曖昧な条件がないか、「充足した呈示」を指定銀行にできるかどうかを点検する。信用状の内容を点検後、もし疑問点があれば、発行依頼人に問い合わせ、また信用状条件に不備があれば、発行依頼人に対して発行銀行からの「信用状の条件変更」を依頼する。信用状の内容または解釈等については、書類を呈示する予定の取引銀行に相談することも可能である。

　通知銀行の受益者宛通知書には、通常、次のような文言をみることができる。

「信用状の内容に関して、解釈、判断を要する事項につきましては、直接バイヤー宛ご確認いただくか、書類をお持込のお取引銀行にお問い合わせください。」

　「信用状の受領時には、関係売買契約書との相違がないことをご確認ください。もし相違点がある場合には、ただちに条件変更の手続をおとりください。信用状の内容に関する疑問点は直接バイヤーにお問い合わせいただくか、または買取にお持ちになる取引銀行にご相談ください。」

○Please check the credit terms carefully. In the event that you do not agree with the terms and conditions or if you feel unable to comply with any of the terms and conditions, please arrange an amendment of the credit through your contracting party（the applicant of the credit）.

○We strongly recommend that the L/C should be carefully checked against the export contract to prevent possible problems.

○Please check the terms and conditions of this credit immediately and note that we are unable to make any changes without the issuing bank's authority. Accordingly, should any of its terms/ conditions be unacceptable to you, please contact the applicant direct, requesting an amendment to be advised to us without delay.

3-2 信用状の接受

信用状の接受手段には、SWIFT、Direct Telex、および郵便によるものがあるが、現状はSWIFTによるものがほとんどである。Direct TelexによるものはSWIFTに代替され、郵便による信用状は、輸送途上の紛失リスク・偽造リスクも包含するので利用度は低い。

1. 信用状を接受するための手段

(1) SWIFT

発行銀行は信用状を発行すると、通常、SWIFTという通信手段におけるメッセージ・タイプ（MT700, MT710, MT707等：注）を使用して、受益者所在地のコルレス銀行（通知銀行）に対して受益者宛の通知を依頼する。

（注）MT700はIssue of a Documentary Creditを、MT710はAdvice of a Third Bank's Documentary Creditを、MT707はAmendment of a Documentary Creditをそれぞれ表す。

(2) Telex

Direct Telex（以下「Telex」という）による信用状は、発行銀行・通知銀行双方にとって、Test Keyの付与と照合の手間を要するので、「Telex」による信用状は利用されなくなりつつあり、現状ほとんどSWIFTに代替されている。

(3) 郵便

郵便手段による信用状の発行も、発行銀行から受益者宛の郵送に日数を要するだけでなく、郵送途中の紛失等の懸念から敬遠されつつある。通知銀行においても信用状の発行者署名の照合等（真正性の確認）の手間、さらには、偽造信用状の接受リスクがある。このような理由から、本邦の通

知銀行は、現状、SWIFTによる信用状接受が主流となっている。

2. 接受時における信用状の効力に関する留意点

　UCP600にテレトランスミッションの定義はないが、一般的に「SWIFT、Telex、電報、ファクシミリ電送等」の通信手段をいう。信用状の発行・接受は、現状、SWIFTによるものが主流となっている。
　Article11aの第1文の要旨は、次のとおりである。
　「信用状または条件変更の認証されたテレトランスミッションは、効力をもつ信用状または条件変更とみなされ、後続のメール・コンファーメーション（郵便確認書：mail confirmation）は無視される。」
　通知銀行は、テレトランスミッションによる信用状を接受した場合、文言中にFull details to follow（または類似の趣旨文言）の記載がないことを点検する。当該文言がない場合は、当該テレトランスミッションが効力のある信用状となる。通知銀行は、後続のメール・コンファーメーションを接受しても無視し、受益者に通知しないのが通例である。
　Article11aの第2文の要旨は、次のとおりである。
　「テレトランスミッションが、full details to follow（または類似の趣旨文言）を記載した場合、またはメール・コンファーメーションが効力をもった信用状または条件変更とすることを記載している場合には、そのテレトランスミッションは、効力をもった信用状または条件変更とはみなされない。発行銀行はそのテレトランスミッションと不整合でない（not inconsistent with）条件により、効力をもった信用状または条件変更を発行しなければならない。」
　通知銀行が、full details to follow（または類似の趣旨文言）と記載したもの、またはメール・コンファーメーションが効力をもつ信用状・条件変更 とするテレトランスミッションを接受した場合は、通知銀行は、単なる情報（information only）として受益者に送付する。通知銀行は、その

後、効力のある信用状を接受した場合は、当該信用状の通知前に、テレトランスミッションの内容とメール・コンファーメーションとに不整合がないことを点検しなければならない。通知銀行は、メール・コンファーメーションとテレトランスミッションとの内容に不整合を発見した場合は、発行銀行にSWIFTなどのテレトランスミッションで照会しなければならない。

受益者は、通知銀行から入手したテレトランスミッションによる信用状の中にfull details to follow等の文言を認めたときは、その信用状・条件変更には効力がないことに留意しなければならない。そして、後続する効力のある信用状（通常はメール・コンファーメーション）の到着を待つことになる。

3．プレ・アドバイス信用状

Article11ｂの要旨は、次のとおりである。

「信用状または条件変更の発行予告（プレ・アドバイス／preliminary advice）は、発行銀行が効力のもった信用状または条件変更を発行する用意がある場合のみ送付できる。プレ・アドバイスを送付する発行銀行は、プレ・アドバイスと不整合のない効力をもった取消不能（撤回不能）の信用状または条件変更を遅滞なく発行する義務を負う。」

通知銀行は、preliminary adviceによる信用状（以下「プレ・アドバイス」という）を受益者に通知後、一定期間（郵送期間を勘案した期間）を経過しても、信用状の原本を接受しない場合は、発行銀行に対して原本未着の旨を照会する。通知銀行がプレ・アドバイスを受益者に通知後、発行銀行からプレ・アドバイスの取消依頼を受けた場合は、Article10ａ【条件変更】の適用を受け、受益者の合意が必要となる。受益者から通知銀行に対してプレ・アドバイスの取消依頼を受けた場合も、通知銀行は、Article10ａの適用を受け、発行銀行の合意が必要となる。通知銀行は、発行

3－2　信用状の接受

銀行から効力をもった信用状を接受した場合は、プレ・アドバイスと不整合のないことを点検した後、信用状原本として受益者に通知する。

受益者は、通知銀行からプレ・アドバイス接受の連絡を受けた後、一定期間経過しても、通知銀行から信用状・条件変更の原本接受の連絡がない場合は、通知銀行に対して到着の照会を行う。通知銀行のプレ・アドバイス通知書には、通常、次のような文言がある。

We advise you that we received a teletransmission from the above issuing bank regarding in substance as shown on the attached sheet. We will deliver

●図表３－２　プレ・アドバイスの例

```
MT 705
40A：PRELIMINARY ADVICE OF IRREVOCABLE CREDIT
32B：JPY10,000,000.（信用状金額）
50：ABC（発行依頼人）
59：XYZ（受益者）
20：ILC 1234（信用状番号）
31D：09/06/30 IN JAPAN（有効期限）
41A：AVAILABLE WITH ANY BANK BY NEGOTIATION（信用
     状の利用可能性と場所）
45A：MICROSCOPE（物品の概略）
72：FULL DETAILS TO FOLLOW, PLS NOTE WE CONFIRM
    THE AUTHENTICITY OF THE SIGNATURE(S) APPEAR-
    ING ON THE MAIL CONFIRMATION SENT BY DHL NO.
    456789（受信銀行（通知銀行）への情報）
上例は、真正性のある信用状原本をDHL便456789で送付することをコミットしている。
```

to you the operative credit instrument when received to which this letter must be attached. Please note that this letter is solely an advice and conveys no engagement on our part.（上記発行銀行から、添付物を内容とするテレトランスミッションを接受したことをお伝えします。有効な原本を接受次第、貴社にお渡ししますので、必ず本テレトランスミッションに添付してください。この書信は単なるアドバイスであり当方になんらの約束をもたらすものでないことにご留意ください。）

3-3 信用状の通知

信用状の通知銀行には、信用状の外見上の真正性、UCP600の関連条文等の正しい理解が必要であり、受益者は、信用状の記載内容と通知銀行の通知書記載文言にも注意を払う。ここでは、輸出信用状の通知についてみていく。

1. 信用状の定義

信用状とは、いかなる名称（注１）が付され、または表示がなされているかを問わず、irrevocable（注２）であり、「充足した呈示」（注３）をオナー（honour）することの発行銀行の確約となる取決めをいう（Article2第8フレーズ）。

(注１)「いかなる名称」とは、単にCreditの名称・表示であっても、Documentary CreditやCommercial Creditの名称・表示であっても、Standby Creditの名称・表示であっても、それらはすべて信用状であり、取消不能であることを意味している。

(注２) Irrevocable（取消不能・撤回不能）であることは、SWIFTのメッセージ・タイプ（MT700のTAG 40A：Form of Documentary Credit）にIrrevocableと表示されることによって確認される。

(注３)「充足した呈示」(complying presentation)とは、Article2、第５フレーズに次のように定義されている。「信用状条件、この規則の適用条文および国際標準銀行実務（international standard banking practice）に合致した呈示をいう。」

2. 通知銀行の通知内容

Article9 a 【信用状および条件変更の通知】の後半の要旨は、次のとおりである。

「確認銀行ではない通知銀行は、オナーまたは買取を約束することなく信用状および条件変更を通知する。」

通知銀行が指定銀行の場合であっても、受益者による「充足した呈示」に対して、通知銀行が確認を加えていない限り、通知銀行はオナーまたは買取に応じる義務はない。このことに関して、通知銀行の通知書には、通常、次のような文言をみることができる。

○Please note that this advice is solely an advice and conveys no engagement by us.（この通知書は単なるアドバイスであり、当方はなんらの約束をするものではありません。）

○Please note that this is merely an advice on our part.（これは当方による単なるアドバイスです。）

○This advice conveys no engagement or obligation on our part.（このアドバイスは当方になんの約束も義務も、もたらすものではありません。）

3. 信用状または条件変更の外見上の真正性

　Article9 bの要旨は、次のとおりである。

　「通知銀行（第2通知銀行を含む、本章3－3の10参照）は、信用状または条件変更を通知することにより、信用状または条件変更の外見上の真正性（apparent authenticity）に自行が満足していること、およびその通知が、受領された信用状または条件変更の条件を正確に反映していることを表す。」

(1) Article9 bの前半

　通知銀行は、信用状の外見上の真正性（apparent authenticity）に自行が満足していることを表明することが要求されるが、SWIFTによる受信（MT700等）の場合はauthenticated message（認証されたメッセージ）によってその真正性を容易に確認することができる。通知銀行は、信用状の内容に自行の与信（発行銀行による期限付手形の引受依頼、または確認（confirmation）付加の依頼など）に係る項目がないかどうかを点検のう

え、問題がなければ速やかに信用状を受益者に交付する。その際、通知銀行は通知手数料を、(信用状条件により受益者負担となっている場合)受益者から徴収する。

(2) Article9 b の後半

通知銀行は、受益者への通知が、受領された信用状または条件変更の条件を正確に反映していることを表すことを要求されている。受益者は、信用状・条件変更を受領したときは、通知銀行の通知文言を点検し、次のようなUCP600適用文言があることを確認する。

○ The Uniform Customs and Practice for Documentary Credit, 2007 Revision, ICC Publication No. 600 shall apply to the Credit concerned.
○ Except so far as otherwise expressly stated, this advice is subject to the "Uniform Customs and Practice for Documentary Credits"(2007 Revision) International Chamber of Commerce Publication No. 600.
○ Unless otherwise expressly stipulated in the Credit, this credit is subject to Uniform Customs and Practice for Documentary Credits (2007 Revision) International Chamber of Commerce, Publication No. 600.

上記のような文言があれば、通知銀行は、Article9 b により、接受した信用状の内容について、その真正性に満足していることを表していることになる。

UCP600適用文言を記載するだけでなく、信用状通知時に次のようなauthenticated 文言のある通知書を受領すれば、受益者はより安心できる。

"At the request of the Issuing bank , and without any engagement or responsibility on our part, we are pleased to inform you that we have received the following authenticated teletransmission as per attached sheet."(発行銀行の依頼により、そして当方にはなんらの約束あるいは責任をもつことなく添付のとおり、次の真正性のあるテレトランスミッションを接受したことをお知らせます。)

"We have pleasure in advising you that we have received the authenticated teletransmission dated 接受日 from ABC Bank regarding the issuance of the captioned credit as per attached photo-copy."（ABC銀行から添付コピーのとおり、信用状発行に関する○月○日付の真正性のあるテレトランスミッションを接受したことをお知らせします。）

4. 通知銀行が信用状の通知を選択しない場合

　通知銀行が信用状または条件変更を通知するよう依頼を受けたが、通知をしないことを選択した場合は、通知銀行は、発行銀行（第2通知銀行の場合は、第1通知銀行を含む）から信用状、条件変更または通知が受領された銀行に対し、その旨を遅滞なく通報しなければならない（Article9 e）。

　通知銀行が通知をしない選択をする場合の例は、以下のとおりである。
①信用状・条件変更・通知書の外見上の真正性に通知銀行（第2通知銀

●図表3－3　信用状の通知

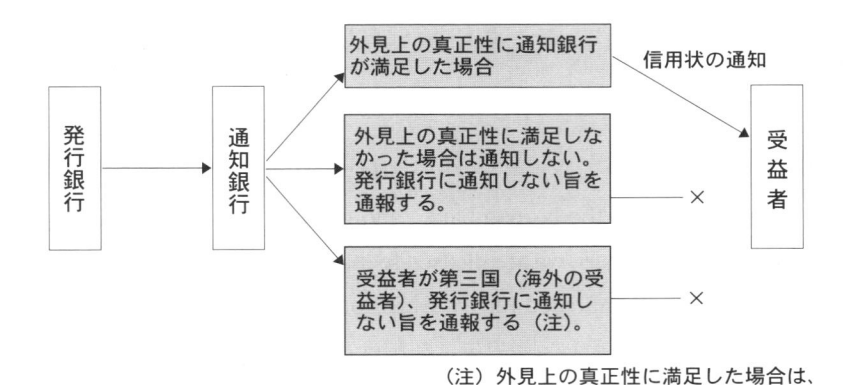

（注）外見上の真正性に満足した場合は、UCPのルール上は可能

行を含む）が満足できない場合
②本邦外（第三国所在）の受益者宛の信用状を接受した場合

　第三国所在受益者宛の信用状を通知することは、UCPルール上は可能であるが、本邦の銀行は一般的に通知しない場合が多い。受益者への郵送中のリスク等があること、通知手数料徴収の困難などがその理由として挙げられる。

5. 通知銀行が信用状の通知を選択した場合

　通知銀行が信用状の通知を選択した場合は、委任契約に基づく発行銀行の「受任者として善管注意義務」を求められるので、発行銀行の指図に基づいて、正確、かつ、迅速に信用状の通知を行わなければならない。受益者から信用状の内容等に関して、発行銀行への照会依頼があった場合は、原則として、通知銀行はこれに応じる義務はないが、受益者との取引関係上、その照会依頼に妥当性があると判断したときは、発行銀行にその依頼を取り次ぎ（内容を伝達し）、回答を求めることがある。例えば、信用状の文言の一部にmutilation（電文の途中切れ・欠落）がある場合、または、文字化け（garbled）が発生している場合などは、通知銀行の協力が必要となる。このような場合は、受益者の書類呈示前に、これら（mutilation, garbledなど）を解決したほうがよいと判断されるからである。

6. 通知銀行が信用状の外見上の真正性に満足できない場合

　通知銀行が信用状または条件変更を通知するよう依頼を受けたが、それらの外見上の真正性に自行が満足できない場合は、同行は発行銀行に対し遅滞なくその旨を通報しなければならない。それにもかかわらず通知銀行または第2通知銀行がその信用状または条件変更を通知することを選択した場合は、同行または第2通知銀行は、その信用状、条件変更またはその

通知の外見上の真正性に自行が満足していないことを通報しなければならない（Article9 f ）。

(1) 発行銀行への通報
　本条項の前半では、通知銀行がテレトランスミッションによるunauthenticated message（認証されていないメッセージ）を受信したとき、または、郵便信用状の署名照合ができない信用状・条件変更を接受したときなど、いずれも外見上の真正性に自行（通知銀行）が満足できないときに、発行銀行に遅滞なく通報しなければならないと規定している。

(2) 受益者または第２通知銀行への通報
　本条項の後半では、上述(1)の状況にあるにもかかわらず、（第１）通知銀行または第２通知銀行が、外見上の真正性に自行が満足できない信用状・条件変更等を受益者に通知することを選択した場合は、明確にその旨を受益者または第２通知銀行に通報しなければならないと規定している。

　通知銀行が信用状・条件変更等の外見上の真正性に同行が満足していない場合は、通常、受益者に対して"information only"等のタイトルを付して通報する（信用状の通知書のタイトルは付されない）。Informationとは単なる情報であることを意味し、unauthenticated message、または署名照合のできない文章等が添付され、その内容を受益者に知らせるにすぎない。

(3) information only等、外見上の真正性に通知銀行が満足していない文言
　受益者は、次のような文言があるものを受領した場合は、"information only"（外見上の真正性が、通知銀行によって満足されていない単なるメッセージ）であることを認識しなければならない。

〇 As this message has been received by an unauthenticated cable, we are entirely not responsible for the authenticity or correctness thereof.（本メ

ッセージは認証されていない電信により受け取ったので、真正性または正確性については、当方に全く責任がありません。）
○ We are not in a position to authenticate the signature of this credit.（当方は、本信用状の署名が本物であることを証明する立場にありません。）
○ We are unable to confirm the authenticity of this credit.（当方は、本信用状の真正性を確認できません。）

さらに、受益者に対するサービスの一環として、上記文言に続けて次の文言が付してあることが多い。
○ When authenticated, we will advise you the credit.（真正性を確認後、本信用状を通知します。）

7. 信用状通知に関するその他のUCP600関連条文

Article34【書類の有効性に関する銀行の責任排除】、Article35【伝送および翻訳に関する銀行の責任排除】、Article36【不可抗力】、およびArticle37【指図された当事者の行為に関する銀行の責任排除】の条文・条項の一部が信用状の通知業務に適用される。

(1) 配達業者の誠意、作為・不作為、不可抗力など

通知銀行が、信用状・条件変更等を受益者に送付するために、配達業者を利用して、信用状・条件変更等を引き渡した後は、配達業者の誠意、作為、不作為、履行または地位などについては、通知銀行に責任はない。例えば、信用状・条件変更等の受益者宛輸送中に発生する（かもしれない）配達業者の誠意（注）、作為・不作為（紛失など）、支払能力・履行、または地位（評判など）については通知銀行に責任はない（Article34後半部分）。また、Article36により、例えば、配達業者などの従業員が起こすストライキなど、不可抗力により発生する業務中断についても、通知銀行に責任はない。

（注）配達業者の「誠意」とは、例えば、適切に（時間を厳守して配達し）、忠実に（送り人の指示どおり）、料金（妥当なコスト）も妥当で、また依頼人の記入ミスなどで受取人の住所が存在しない場合でも、配達業者の真摯な対応で、誠心誠意をもって依頼人に照会し対応するようなことをいう。

(2) **伝送および翻訳に関する銀行の責任排除**

通知銀行は、信用状に記載された要件に従って、もしくは信用状にそのような指図がないため、通知銀行が率先して配達業者を選任した場合であっても、信用状通知書（信用状・条件変更・通知書等）の配達遅延、輸送中の紛失に責任はない（Article35 第1文）。

通知銀行は、信用状・条件変更等の文言に損傷（mutilation）、文字化け（garbled）、その他の過誤（other errors）がある信用状・条件変更等を受益者に通知することに責任はない（Article35 第1文）。

通知銀行は、専門用語の翻訳または解釈における過誤についてはなんらの義務も責任も負わず、信用状・条件変更等を翻訳せずに受益者にそのまま通知することができる（Article35 第3文）。

通知銀行の通知書には、通常、本条に係る次のような文例（英文、和文）が記載されているので、受益者は留意する必要がある。

○ Please note in case where we have received messages by teletransmission, we assume no responsibility for any errors and/or omissions in the transmission and /or translation of the teletransmission, and we reserve the right to make such corrections as may be found necessary.

○ In case of the message received by teletransmission, we assume no responsibility for any errors and/or omissions in the transmission and/or translation of the teletransmission, and we reserve the right to make such corrections as may be found necessary.

○ We are unable to accept any responsibility for errors and/or omissions in the transmission or translation of the cable, or for any amendment which

may be necessary upon receipt of the mail advice of the credit.
○ 通知銀行は、メッセージの損傷（mutilation）、脱落（omission）および翻訳等に責任はなく、受益者になんの約束（engagement）もなく信用状を通知します。

(3) 通知書文言の点検

受益者は、通知銀行から信用状・条件変更等を受領した場合、通知銀行の通知書に記載された次のような文言に留意する。

「信用状の内容につきご点検ください。条件変更が必要と思われるときは、発行依頼人を通じてアメンドをご手配ください。」

「信用状の内容に関する疑問点は直接発行依頼人にお問い合わせいただくか、または買取にお持ちになる取引銀行にご相談ください。」

○ We strongly recommend that the L/C should be carefully checked against the export contract to prevent possible problems.（信用状と輸出契約書とを注意深く点検することをお勧めします。その点検により起こりうる可能性のある問題点を事前に防止することができます。）

(4) 信用状・条件変更等に記載された専門用語

通知銀行は、前述のとおり、信用状・条件変更等に記載された専門用語の翻訳または解釈における過誤について責任を負わないので、受益者がそれらの項目に疑問がある場合、または信用状・条件変更等に曖昧な文言や受け入れ難い文言を見つけたときは、受益者は発行依頼人に直接照会し、発行依頼人は発行銀行に対して信用状・条件変更等の条件変更の依頼を行う。

(5) 指図された当事者の行為に関する銀行の責任排除

Article37 c には、次のような条項がある。「信用状・条件変更は、受益者への通知が通知銀行または第2通知銀行によって通知手数料などを受領す

ることを条件とする旨の規定をすべきではない。」そのため、通知銀行・第2通知銀行は、通知手数料などを受益者から事前に受領することを条件として、信用状・条件変更の通知をしてはならないことに留意しなければならない。これは、信用状に銀行関係手数料は「受益者負担であり、信用状の通知は、受益者からの通知手数料の事前受領を条件とする」のような条件が付された場合に起こりうる現象である。このような条件が付された場合、通知銀行は、受益者から事前に通知手数料の受領を条件としてはならない。受益者が通知手数料の支払を拒絶した場合は、Article37 c（第1文）により発行銀行に請求することになる。

8. 信用状の有効性に関して条件が付されている場合

受益者は、信用状・条件変更等の中に「信用状の有効性」に条件が付されていないことを点検する。例えば、次のような条件が付されている場合は、信用状の有効性に問題があり、または解釈に困難を伴うことがあるので、受益者は指定銀行（取引銀行）に対応を相談する。必要に応じて発行依頼人に対して条件変更の依頼を行う。

①受益者の取引銀行によりPerformance Bondが発行された後、信用状が有効になる。
②輸入地の当局ライセンス（中央銀行のライセンス等）を入手した後、信用状が有効になる。
③UCP600のある条文を適用しないとの文言（いわゆるexclusion clause）のある信用状。

9. 信用状の引受および後日払約束

(1) 引受信用状

接受した信用状に、通知銀行が為替手形の支払人に指定されることがあ

る。この為替手形は、受益者振出の期限付為替手形の引受を通知銀行が行うというもので、引受銀行となる通知銀行は、通常、発行銀行に対して、引受に係る与信枠（credit line）があることが前提となる。そのような状況下で通知される信用状を、通常「引受信用状」という。

　通知銀行は、信用状通知時に信用状の点検を行い、引受枠の有無および、発行銀行所在地域のカントリーリスク等を審査した後、問題がなければ受益者に信用状を通知する。万一、問題がある（引受に係る与信枠がない、または与信枠を超えている、新たなカントリーリスクが発生した等の理由が発生した）場合は、信用状のコピーをinformation onlyとして受益者に送付する一方、ただちに行内稟議のうえ、承認が得られれば、受益者に改めて信用状を通知する。逆に、引受できない理由が発生した場合は、発行銀行自身を引受人に変更するよう連絡のうえ、速やかな対応を発行銀行に求める。

　通知銀行が「引受信用状」を受益者に通知した後、受益者が引受銀行に対して「充足した呈示」を行った場合であっても、その時点において発行銀行の信用状態に重大な異変、または発行銀行所在国および周辺地域のカントリーリスクが発生したときは、その「引受信用状」に確認（confirm）が加えられていない限り、引受銀行は手形の引受を拒絶できる。そのような事態が発生した場合は、為替手形の名宛人（引受人）を発行銀行に変更して、発行銀行に引受を依頼する（Article7 a. iv.を参照）。

　引受銀行となった場合は、（わが国手形法上の）支払期日に支払義務を負い、発行銀行に対する「引受与信」が発生するが、引受銀行が買取を行った場合であっても、「外国向為替手形取引約定書」第15条（買戻債務）の適用を受け、自行（引受銀行）が買い取った為替手形について、後日、信用状発行銀行の倒産等の事由で発行銀行からの補償が受けられなかった場合は、買取依頼人に対してその為替手形の買戻を請求できる。その根拠は、同条②に「なお、信用状条件により貴行が引受人または支払人となっている外国向為替手形についても同様とします」の約定による。

受益者は、上述のような状況が発生することに懸念を抱く場合には、事前に「引受」と「確認」の両方を備えた信用状の発行を発行依頼人に依頼することが望まれる（確認信用状については、本章3－5を参照）。

(2) 後日払約束信用状

後日払約束信用状は、期限付為替手形の振出を要件とせず、信用状条件に従った特定の支払期日（例えば、90 days after the date of shipmentなど）に発行銀行によって支払われる信用状で、発行銀行が通知銀行（指定銀行）に対し後日払約束を授権、または依頼する信用状をいう。欧州の一部の国々には、為替手形の引受に高額印紙税が課されることを回避するために、期限付為替手形の振出を要件としない信用状を発行する慣習がある。この為替手形の振出を伴わない期限付きの信用状を、「後日払約束信用状」という。発行銀行が指定銀行において利用可能な後日払約束信用状を発行するときは、通常、当該指定銀行に対して、受益者への後日払の約束（deferred payment undertaking）を依頼するが、前述の「為替手形の引受」と同様に、コルレス契約に基づく与信枠の関係などから、必ずしも指定銀行が後日払の約束をするとは限らない。

後日払約束信用状を接受して通知する銀行は、発行銀行から通知銀行（指定銀行）に対して、明確な「後日払約束」の依頼文言（指図）がない限り、通知銀行（指定銀行）は後日払約束を行う必要はない。

発行銀行から通知銀行（指定銀行）に対し、明確な「後日払約束」の依頼文言（指図）がある場合は、引受信用状と同様の与信審査を行う。発行銀行から明確な指図があり、かつ、コルレス契約に基づいて、この「後日払約束」を応諾する場合は、信用状原本に添付する「通知書」にその旨を明示して受益者に通知するが、「後日払約束」を応諾しない場合は、通知銀行は通知書に"We are not prepared to incur a deferred payment undertaking."などの文言を記載し、受益者に対して、後日払約束を行う意思のないことを明示する必要がある（Article7 a. ⅲ.）。通知銀行は、発行銀行

に対しても、後日払約束を行わない旨を通告する。現状、本邦の銀行では、この「後日払約束」を明示して、信用状を通知しているケースは少ないようである。

後日、受益者から後日払約束をした銀行（指定銀行）に対して、「充足した呈示」がなされた場合であっても、発行銀行の信用状態に重大な異変、発行銀行所在国および周辺地域にカントリーリスクが発生したときは、後日払約束信用状に確認が加えられていない限り、指定銀行が後日払約束信用状による買取を行っていても、支払期日に発行銀行から補償が受けられないときは、前述の「引受」の場合と同様に、「外国向為替手形取引約定書」第15条（買戻債務）が適用される。受益者は上述のような状況が発生することに懸念を抱く場合には、事前に「後日払約束・確認信用状」の発行を発行依頼人に依頼することが望まれる。

10. 第2通知銀行のサービスを利用した信用状の通知

Article9 c および d に、通知銀行が他行のサービスを利用する条項がある。これらは、UCP600で新設された条項である。通知銀行以外の他行のサービスを利用する場合（Article9 c）の要旨は、次のとおりである。

「通知銀行は、受益者に信用状および条件変更を通知するために、他行（第2通知銀行）のサービスを利用することができる。第2通知銀行は、信用状または条件変更を通知することにより、第2通知銀行が受領した通知の外見上の真正性に自行が満足し、その通知が、受領した信用状または条件変更の条件を正確に反映していることを表す。」

(1) 通知銀行に関する新しい概念

UCP600は、通知銀行に関して新しい概念を導入した（以下「第1通知銀行」と「第2通知銀行」という）。

「第1通知銀行」は、「第2通知銀行」に、信用状の通知を依頼すること

ができる。発行銀行が「第1通知銀行」に対し、「第2通知銀行」経由、受益者に信用状の通知を依頼する文言を付した場合は、「第1通知銀行」はそれに従う。Article9 c には、「第1通知銀行」の用語はないが、本邦の銀行は、便宜上、通知銀行を「第1通知銀行」と「第2通知銀行」に区別して使用している場合が多い。

(2) 第2通知銀行の義務と責任

「第1通知銀行」から信用状・条件変更等の通知依頼を受けた「第2通知銀行」は、「第1通知銀行」と同じ義務・責任を負う。「第2通知銀行」は受益者に対して、信用状の外見上の真正性に自行が満足し、その通知が受領した信用状または条件変更の条件を正確に反映していることを表す。

① 「第2通知銀行」は、信用状・条件変更等の真正性や内容等に疑義があるとみられる場合は、「第1通知銀行」に照会する。

② 受益者は、信用状・条件変更等を入手した場合で、「第1通知銀行」および「第2通知銀行」双方の通知書が存在するときは、「第1通知銀行」の通知書だけでなく「第2通知銀行」の通知書をも点検し、「第1通知銀行」および「第2通知銀行」の通知書のいずれにもUCP600準拠文言があることを確認する。特に、「第2通知銀行」の通知書には、「第2通知銀行」（second advising bank）の立場で信用状を通知する次のような文言があることを点検する。

○ We advise you that we have received a teletransmission/an airmail message from the advising bank as per attached sheet. Notwithstanding any description to the contrary in this advice of the credit , this advice has been made by our bank as a second advising bank.（当方は、添付物を第1通知銀行からテレトランスミッションまたは郵便によるメッセージを受信しました。この信用状の通知と異なるなんらかの記述があっても、本アドバイスは第2通知銀行として行いました。）

⑶ **同一銀行の利用**

　Article9 d の要旨は、次のとおりである。

　「発行銀行が、受益者に信用状条件の変更を通知するために、通知銀行または第2通知銀行のサービスを利用するときは、その条件変更を通知するために、同じ銀行を使用しなければならない。」

　発行銀行は信用状を受益者に通知する際に、「第1通知銀行」または「第2通知銀行」のサービスを利用したときは、条件変更を通知する際にも同じ銀行（「第1通知銀行」または「第2通知銀行」）を利用しなければならない。

3-4 信用状の条件変更

受益者は信用状の記載内容を点検し、売買契約等と異なる条件がある場合は、ただちに発行依頼人に「条件変更」を依頼する。それを怠り、「充足した呈示」が不可能となるディスクレを発生させると、発行銀行によりオナーされない。ここでは、信用状の条件変更についてみていく。

1. 取消不能信用状（irrevocable credit）

信用状とはいかなる名称が付され、または表示がなされているかを問わず、取消不能、撤回不能（irrevocable）であり、「充足した呈示」をオナー（honour）することの発行銀行の確約となる取決めをいう（Article 2 第8フレーズ）。

(1) 条件変更

Article 38【譲渡可能信用状】に特段の定めのある場合を除き、信用状は、発行銀行、もしあれば確認銀行、および受益者の合意なしには条件変更することができず、取消することもできない（Article 10 a）。

譲渡可能信用状においては、複数の受益者に信用状を譲渡することができるとの規定がある（Article 38 b, d, e, f,）。

条件変更の通知を接受した場合の、通知銀行の行動（事務処理）は、本章3－1「輸出信用状の通知」とほぼ同じ取扱いであり、受益者の対応もほぼ同じである。

(2) 取消不能（撤回不能）の発生時点

UCP600においては、信用状を発行したときの発行銀行の「取消不能義務」の発生時点（Article 7 b）と、条件変更を発行したときの「取消不能義務」の発生時点（Article 10 b）とで、つじつまを合わせている。すなわ

ち、発行銀行は「信用状を発行した時点で、オナーすべき取消不能（撤回不能）の義務を負う」のであり、「発行銀行は、自行が条件変更を発行した時点で、取消不能（撤回不能）の義務を負う」のである。

2. 条件変更に関する留意項目

通知銀行は、発行銀行から条件変更を接受した場合、委任契約における受任者の立場から善管注意義務を負い、受益者にその条件変更をただちに通知する（Article10 b）。
①受益者は、通知銀行から条件変更の通知を受領した場合、発行銀行の条件変更日から信用状は条件変更されたことに留意する。
②確認信用状の場合は、確認銀行が発行銀行の条件変更に確認を加えて、それを受益者に通知した時点から取消不能（撤回不能）の義務を負う。

3. 条件変更の合意

Article10 a の要旨は、次のとおりである。
「Article38に特段の定めのある場合を除き、信用状は、発行銀行、もしあれば確認銀行、および受益者の合意なしには、条件変更することができず、取消をすることもできない。」
換言すれば、信用状がいったん発行されると、発行銀行・確認銀行・受益者全員の合意がなければ、信用状の条件変更・取消は有効とはならない（Article38の譲渡可能信用状に特段の定めがある場合を除く）。

4. 発行銀行から信用状の条件変更を接受した通知銀行

Article10 d の要旨は、次のとおりである。

「条件変更を通知する銀行（第２通知銀行）は、受益者から条件変更の承諾または拒絶の通知を受けた場合は、発行銀行（第１通知銀行）宛に条件変更の承諾または拒絶を通報すべきである。第２通知銀行から通報を受けた第１通知銀行は、発行銀行に条件変更の承諾・拒絶を通報する。」

　発行銀行から信用状の条件変更を接受した通知銀行は、原則として、受益者に対し条件変更の承諾または拒絶の意思を求める必要がある。信用状は取消不能（撤回不能）であり、その条件変更は受益者の合意（承諾）を前提としているからである。しかし、すべての条件変更に受益者の合意（承諾）を得るのは現実的ではない。実務面においては、一般に、「受益者にとって不利と言われる条件変更」について、通知銀行は、受益者の合意（承諾）を求めているからである。

　ただし、発行銀行から条件変更成立に受益者の承諾取得（consent）が必要である旨の明確な指図がある場合は、発行銀行の受任者として、通知銀行は必ずその指図に従わなければならない。

5．条件変更の承諾と拒絶

　通知銀行は、信用状の原条件の拡大または緩和（例えば、船積期限を３

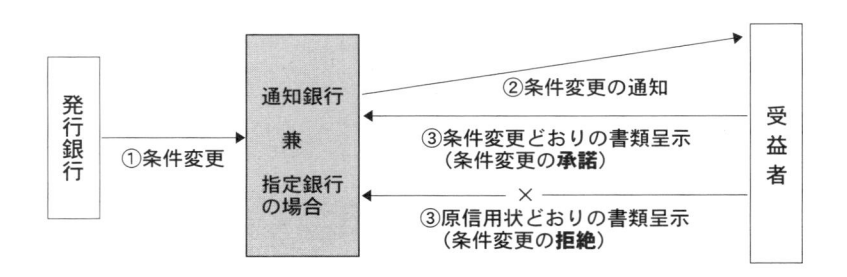

●図表３－４　条件変更の承諾と拒絶

月末までから4月末までに延長する。4月中の船積指定を4月－6月の任意の期間に船積可能とする。検査証明書を不要とする。等)、そのほか、受益者にとって一般に有利といわれる条件変更は、受益者の承諾を取得しないのが通例である。一般に受益者に有利といわれる条件変更とは、例えば、信用状金額の増額、有効期限の延長等であり、通常、通知銀行は受益者に対して条件変更の承諾あるいは拒絶の意思確認を求めていない。

しかし、受益者にとって、その条件変更が有利であるか不利であるかは、個別の事情もあり、一概にいえるものでもない。後日、書類の呈示の段階で、原信用状と未承諾の条件変更を充足した呈示があった場合は、受益者による当該条件変更の承諾の通報とみなされ、その時点で信用状は条件変更されるが、原信用状の条件のみに沿った呈示を行ってきた場合は、当該条件変更は拒絶されたものとみなされるからである（Article10 c）。

6. 受益者にとって不利といわれる条件変更を接受した場合

通知銀行は、信用状の原条件が認められなくなる条件の改定・追加・制限等や、受益者にとって一般に不利といわれる条件変更を接受した場合は、後日のトラブル発生を防ぐためにも、受益者から条件変更承諾書（consent letter：コンセント・レター）を取り付けるのが通例である。

受益者にとって不利な条件変更かどうかを通知銀行が判断する立場にはないので、次のような場合には受益者の意思を確認すべきである。

(1) 信用状の取消の場合

受益者が信用状の取消を承諾する場合は、信用状原本およびすべての条件変更原本を回収する。通知銀行は信用状および通知書を回収し、通常、発行銀行宛に、「信用状金額の全額を使用済」、あるいは「信用状金額の未使用残高」を通報する。ただし、発行銀行から求められていない場合は、残高通報の義務はない。

(2) 信用状の原条件が認められない条件変更を接受した場合

　例えば、「(原信用状には要求されていない) 検査証明書を新たに必要とする」、「船積時期を３月積指定から４月積指定、または５月積指定に変更する」などの条件変更は、原信用状条件が認められなくなることを意味するので、通常、受益者の承諾を得るようにすべきである。

(3) 受益者にとって一般に不利といわれる条件変更の内容

　受益者にとって一般に不利といわれる条件変更とは、金額の減額、有効期限・船積期限の短縮、呈示期間の短縮、tenorの変更（一覧払為替手形を期限付為替手形に変更する）などである。

(4) 受益者名および住所の変更の場合

　受益者に照会した結果、単純なミスタイプであると判定された場合は、修正書（revision）として受益者に通知するが、明らかに受益者名・住所が相違するような場合は、原則として、発行銀行に照会し、その指図に従う（商号変更・地番変更などで、原受益者の同一性が確認できる場合もある）。

(5) 「条件変更には受益者の承諾が必要」との条件付指図

　発行銀行から、条件変更成立には受益者の承諾取得が条件である旨の指図がある場合は、通知銀行は、通常、次のような文言付きの「条件変更通知書」を添付して、受益者に対して当該条件変更を通知する。

【文例】
　「添付の条件変更、取消通知書は受益者の承諾が得られて初めて有効になります。貴社がこの条件変更、取消に承諾される場合には、下欄にご署名のうえ、<u>お取引銀行でサイン照合後（注）</u>、当行にお持ちください。なお、取消を承諾される場合は、信用状原本とすべての条件変更（もしあれば）もご

一緒にお持ちください。」
（注）通知銀行が取引銀行と同じ場合は下線部分を省略する。

　受益者が条件変更承諾書を通知銀行に手交した時点で、発行銀行の条件変更が有効となる。条件変更が承諾されなかった場合は、通知銀行はただちにその旨を発行銀行に通報する。いずれの場合も、通知銀行は受益者の条件変更の承諾または拒絶の回答の内容を発行銀行に通報する。

　受益者が信用状の取消に合意（承諾）する場合は、通知銀行に「取消に合意（承諾）する」ことを通報し、信用状原本およびすべての条件変更の原本を通知銀行に提出（返却）する。

　受益者が信用状金額の減額を承諾する場合は、通知銀行に対して当該条件変更（減額）を承諾することを通報し、信用状原本を通知銀行に提出する。通知銀行は信用状の通知書の裏書欄に減額裏書を行い、減額裏書後の信用状を受益者に返却する。

　通知銀行は、受益者から条件変更を拒絶する旨の通告を受けた場合は発行銀行にその旨を通報する。また、一定期間を経過しても受益者から拒絶するのか、承諾するのか、いずれの回答もない場合は、通知銀行は受益者に対して督促を行い、受益者の意思確認を行い、受益者から回答を得られない場合は、その旨を発行銀行に通報して、その指図に従う。

7．受益者から条件変更の承諾または拒絶を受けた場合の通知銀行の対応

　受益者は信用状の条件変更の通知を受けた場合、当該条件変更の承諾または拒絶の意思を通知銀行にすべきであり、その通知を受けた通知銀行は、発行銀行にその結果を通報すべきである。ただし、受益者は書類呈示日まで条件変更の承諾または拒絶の意思表示をしない場合がある（Article10 c）。

　通知銀行は受益者から条件変更の承諾または拒絶の意思表示があれば、発行銀行にその旨を通報する。本邦の銀行では、次のような文例の条件変更通

知書を、条件変更に添付のうえ、受益者宛に送付して注意を喚起している。
○「アメンドの内容につきご点検願います。上記の条件変更を承諾されるか、拒絶されるか、いずれかを当行宛ご回答ください。受領・承諾書には、お取引銀行の署名/印鑑照合をお取付け願います。なお、この条件変更を拒絶される場合は本条件変更通知書に英文理由を添えてご返送ください。」
○ Please inform us either you accept or reject the above-mentioned amendment. If you reject the above-mentioned amendment, please return this advice to us immediately with your signed statement stating reason for your non-acceptance. The verification of your signature by your bank is required.

8．受益者から通知銀行に条件変更の一部承諾がある場合の対応

　Article10eの要旨は、次のとおりである。
　「条件変更の一部承諾は、容認されない。それは、条件変更の拒絶通報とみなされる。」
　通知銀行が1項目（one item）以上、複数の条件変更を発行銀行から接受し、その条件変更を受益者に通知し、受益者から条件変更の一部を承諾し、残りの条件変更を拒絶する通報を受けることがある。そのような場合は、接受した条件変更のすべては、発行銀行に対する拒絶通報とみなされ、条件変更は成立しないことになる。つまり、条件変更の一部承諾は認められない。
　通知銀行は受益者からそのような一部承諾を受けた場合、受益者に条件変更はすべて拒絶されたことになると説明し、当該条件変更と通知書を回収する。なお、UCP600には規定がないが、トラブル回避の観点から、通知銀行は発行銀行に対して、当該条件変更は受益者により拒絶された旨を通報しておくことが望ましい。
　受益者は複数の条件変更の一部承諾は認められないことに留意し、一部承諾を望む場合は、発行依頼人に対して条件変更の一部を承諾する用意が

あることを連絡し、発行依頼人から改めて承諾の意思がある条件変更部分に限定した条件変更の発行（打電）を、発行銀行宛に依頼すべきである。

9. 一定の条件がある条件変更

　Article10 f の要旨は、次のとおりである。
　「条件変更は、一定時間内に受益者により拒絶される場合を除き、効力を生じるものとする趣旨の条件変更の定めは無視される。」
　UCP600で新設された条文で、例えば、発行銀行から「条件変更はX月X日までに拒絶通報が発行銀行に到着しない場合は、その条件変更は有効となる」等の条件変更をしてはならないことをいっている。従前、このような一定条件を付した条件変更が多く出回ったので、このような条件変更は（irrevocable L/Cの本旨にも反することから）無視されると規定した。
　万一、このような条件付条件変更を接受した通知銀行の対応は、受益者に対して情報（information only）として連絡するにとどめ、発行銀行に対して次の趣旨で通報を行う。
　「Article10 f により、このようなtime limit付きの条件変更は無効であり、通知銀行は単なる情報として（受益者に）伝達した。」
　受益者は通知銀行からこのような条件付きの条件変更をinformation onlyとして受領した場合は、当該条件変更の依頼の理由・背景等を発行依頼人に対して照会し、「time limitの文言を削除することを依頼するか」、または「単に無視するか」のいずれかを選択すればよい。
　なお、「本信用状を取消する。Ｘ月Ｙ日までに回答を受理しない場合は、本信用状は取消されたものとみなす」等の条件変更は無効であり、原信用状は引続き、（有効期限到来までは）有効ではある。このような条件変更を接受する背景には、発行依頼人の信用状態が悪化している場合などの特別な事情があることが考えられ、発行銀行は自行の発行した信用状を取消したいとの意図が働いていることも考えられる。いずれにしても、信用状が

「取消不能（irrevocable）」である以上は、受益者、もしあれば確認銀行の合意（承諾）がなければ取り消すことはできない。

10. 受益者から条件変更の合意（承諾）を取得する場合

Article10 c の要旨は、次のとおりである。
「原信用状（または以前に承諾済みの条件変更を含んだ信用状）の条件は、当該条件変更を通知した通知銀行に受益者がその条件変更の承諾を伝達するまでは、受益者にとって引続き有効である。受益者は条件変更の承諾または拒絶の通報を通知銀行にすべきであるが、受益者がこの通報をしない場合は、その信用状およびまだ承諾されていない条件変更を充足した呈示は、受益者によるその条件変更の承諾の通報とみなされる。その時点（原信用状条件と条件変更を充足した呈示をした時点）で、信用状は条件変更される。」

受益者はこの Article10 c により、条件変更の承諾または拒絶の通報を通知銀行にすべきである。しかし、受益者が指定銀行に対して書類を呈示する前に、受益者が当該条件変更について、その承諾または拒絶のいずれの通告をもしなかった場合は、当該条件変更は有効にならない。

条件変更について、なんの通告もしなかった受益者が当該条件変更を充足した書類を指定銀行に呈示した場合は、当該条件変更について承諾が通告されたものとみなされ、その時点で条件変更は承諾されたことになる。当該条件変更を充足しない、原信用状条件、および、すでに承諾済みの他の条件変更（もしあれば）を充足する書類を指定銀行に呈示した場合は、当該条件変更は拒絶の通告とみなされ、その時点で条件変更は拒絶されたことになる。

通知銀行は発行銀行から条件変更について、受益者の承諾取得が条件である等の指図がない限り、受益者に対して、条件変更の承諾または拒絶に関する照会をする必要はない。ただし、本邦の通知銀行は受益者にとって

一般に不利といわれる条件変更については、受益者の承諾書（consent letter）を求めているのが通例である（慣習となっている）。このような行為は、特に通知銀行が指定銀行となっている場合に、指定銀行が事前に当該

> 【事例】信用状の条件変更
>
> 　受益者が以下のような「条件変更」を接受したとき、どのように行動するか（なお、原信用状には「一部船積を禁止する」との条項がある）。
> ＜条件変更の内容＞
> 　船積数量を1,000個から1,200個に増量する。それに伴い、信用状金額を10,000米ドルから、12,000米ドルに増額する。船積期限と有効期限は不変である。
> ＜受益者の行動＞
> ①受益者は上記内容の条件変更を承諾する旨を通知銀行へ伝達し、その後、1,200個と12,000米ドルを表示した送り状（インボイス）と、船積期限内を示す運送書類およびその他の要求書類を整えて、有効期限までに、指定銀行へ「充足した呈示」を行った。
> ⇒上述の「条件変更」は承諾されたことになる。なお、この場合、受益者は、通知銀行への「承諾の伝達」を省略して、「充足した呈示」を行ってもよい。いわば、「行動で示す条件変更の承諾」である。
> ②受益者は上述内容の条件変更への承諾・不承諾のいずれの通告をも通知銀行に伝達せずに、原信用状条件に沿った、1,000個と10,000米ドルを表示した送り状（インボイス）と、船積期限内を示す運送書類およびその他の要求書類を整えて、有効期限までに指定銀行へ「充足した呈示」を行った。
> ⇒上述の「条件変更」は受益者によって拒絶された（承諾されなかった）ことになる。背景として、物品の増産・集荷が期限までに間に合わなかったことなどが考えられる。取消不能信用状である以上、受益者は、原信用状条件により書類を整えて「充足した呈示」とすることができる。

条件変更が承諾（あるいは拒絶）されていることを知ることができるならば、書類呈示時に無用なトラブルを回避できるとの願望などがあるためと考えられる。

11. 信用状確認銀行の条件変更への確認付与

　Article10b後半の要旨は、次のとおりである。
　「確認銀行は、自行の確認の効力を条件変更に及ぼすことができ、自行が条件変更を通知した時点で取消不能（撤回不能）の義務を負う。しかしながら、確認銀行は、自行の確認の効力を条件変更に及ぼすことなく条件変更を通知することを選択することができ、その場合には、発行銀行に遅滞なく通報しなければならず、また自行の通知により受益者に通報しなければならない。」
　例えば、信用状金額が10万米ドルで発行され、確認銀行は確認を行った。その信用状は使用されない状態で、後日、発行銀行は５万米ドルの金額増額の信用状条件変更（信用状金額は計15万米ドル）を行ったが、確認銀行は金額増額分５万米ドルの条件変更に対し確認を行わない決定を行った。この場合、確認銀行は５万米ドル増加の条件変更に対し確認を行わない通報を発行銀行に遅滞なく行い、同時に受益者にその旨を通報しなければならない。
　後日、確認銀行は、受益者から15万米ドルの「充足した呈示」に対し、10万米ドルまでwithout recourseで買取またはオナーしなければならないが、条件変更の金額増額分５万米ドルに対し買取またはオナーの義務はない。
　すなわち、確認銀行は受益者に対し10万米ドルまでwithout recourseで買い取り、残りの５万米ドルはwith recourseで買い取ることができる。または、受益者に対し10万米ドルまでwithout recourseで買い取り、残りの５万米ドルは後日、発行銀行のオナー資金入金確認後、受益者勘定に入金する。

3-5 信用状の確認

確認とは、「充足した呈示」をオナーすること、または買い取ることの確認銀行の確約であって、発行銀行の確約に付加されたものをいう。ここでは、確認の重要性をみていく。

1. 信用状確認の必要性

　信用状の定義は「充足した呈示をオナー（honour）する発行銀行の確約となる取決め」である（Article2 第8フレーズ）。発行銀行が国際的に有名であり、資力も信用もある場合は、受益者は発行銀行のオナーの約束（Article7）にほとんど懸念はもたない。

　一方、発行銀行の信用状態に不安がある場合は、受益者は発行銀行のオナーの約束に懸念をもつ（いわゆるクレジットリスクの発生）。また、発行銀行の信用度が高く、オナーの約束にも懸念がない場合であっても、発行銀行所在国および周辺地域にカントリーリスクがあるときは、物品を船積後、指定銀行に荷為替手形の買取を、または、発行銀行にオナーを依頼しても、その信用状はなんの役にも立たない単なる書面にすぎなくなる可能性がある。

　そのような状況が発生したときに、受益者は発行銀行所在国以外でカントリーリスクのない国に所在する別の銀行（信用度の高い銀行）に対して、信用状の「確認の付加」を望む。その場合、受益者は発行依頼人に対し発行銀行とは別個の独立した確認銀行のオナーの約束を必要とする旨を伝える。具体的には、カントリーリスクおよび発行銀行破綻の懸念（クレジットリスク）を払拭するために、受益者が発行銀行のオナーの約束から独立した発行銀行とは別個の「確認銀行のオナーの約束」を求めていることを伝える。そのような状況下における有効な手段として生まれたのが、確認銀行の信用力を借りて信用状によるオナーをより確実にするための

「信用状の確認」である。

2.信用状の確認の意味

「確認とは、充足した呈示をオナーすること、または買い取ることの確認銀行の確約（definite undertaking）であって、発行銀行の確約に付加されたものをいう。」「確認銀行とは、発行銀行の授権または依頼に基づき自行の確認を付加する銀行をいう。」とそれぞれ規定されている（Article2 第6、第7フレーズ）。

受益者が確認信用状を入手すれば、発行銀行の約束と確認銀行の約束を同時、かつ、別個に得ることになる。確認銀行は、充足した書類の呈示を条件に、他の指定銀行が買取またはオナーを行わない場合も含めて、発行銀行とは別個の独立した確認銀行の取消不能（撤回不能）の買取またはオナーの約束（undertaking）を受益者に対して行う。このとき、確認銀行は発行銀行に対して「コルレス与信」を発生させることになる。

受益者は通知銀行（取引銀行）による信用状の確認を望むことが一般的であり、「通知銀行による確認」を発行依頼人に依頼する。確認信用状を入手すれば、受益者は確認銀行に充足した呈示さえすれば、確認銀行は受益者に対して、遡求義務を免除して（without recourse）買取またはオナーを行うので、受益者は安心して船積ができる。

3.信用状の確認、確認銀行および確認信用状

受益者は売買契約を締結するときに、発行依頼人に対して確認信用状の必要性の有無を決定する。受益者が確認の必要性を決定したときは、受益者は発行依頼人に対して、「確認付加の依頼文言付き」の信用状の発行を発行銀行に対して依頼する（通常、通知銀行に対する確認付加依頼が多い）。これを応諾した発行銀行は、信用状に"with adding your confirmation"

の文言を記載することになる。

　信用状に確認を加えた銀行を「確認銀行」、確認が付加された信用状を「確認信用状」といい、通知銀行は発行銀行の依頼により信用状に確認した旨を通知書に明示し、書類の呈示は自行（確認銀行）に限定（リストリクト）させる旨の文言を記載のうえ、「確認信用状」として受益者に通知するのが通例である。

○ As requested by the Issuing Bank, we hereby add our confirmation to the Credit in accordance with the stipulations under UCP600 Article8.（発行銀行の依頼によりUCP600第8条に規定された信用状の確認を行う。）

○ At the request of the Issuing Bank, we confirm the credit and undertake as the Confirming Bank stipulated under UCP600 Article8.（発行銀行の依頼により信用状を確認し、UCP600第8条に記載された確認銀行として責務を負います。）

　なお、本邦では、発行銀行が通知銀行に確認を依頼することが多いが、欧米諸国の中には、受益者所在国以外の第三国の銀行に確認を依頼することがある。

　通知銀行が信用状通知書に確認した旨の表示をしていない信用状を「無確認信用状」という。UCP600に無確認信用状の用語はないが、Article8 dに次の要旨の規定がある。

　「（通知）銀行が信用状に確認を加えることを発行銀行により授権され、または依頼されたが、確認を加える用意のない場合は、発行銀行に遅滞なく通報しなければならないが、確認を加えることなく信用状を受益者に通知することができる。」

　この規定によった信用状が無確認信用状である。

4. 確認依頼文言のある信用状を接受した場合の点検

　確認を依頼された銀行（本邦では通知銀行が多い）の主な点検項目を説

明する。

(1) 確認依頼文言のある信用状を接受した場合の点検

①UCP600に準拠した信用状であること。

②自行がコルレス銀行から接受した信用状であること(他行接受の信用状ではないこと)。

③発行銀行とのコルレス契約で「確認に関する取決め」(確認枠)があること。

④発行銀行において有効期限が到来する(いわゆる現地expiry)信用状ではないこと。

⑤信用状条件に不明瞭な点(信用状文言の損傷(mutilation)、文字化け(garbled)および"avoiding duplication"などの文言)がないこと。

⑥リンバース文言に不備がないこと。

⑦停止条件(注)、解除条件などの文言がないこと。

(注)例えば、受益者の取引銀行によるperformance bond(履行保証)の発行により、当該信用状が有効となるような条件付文言のある信用状など。

(2) 信用状の確認の決定

上記(1)を点検後、自行の審査手続に従って、信用状を確認するかどうかの決定を行う。当該決定に時間を要する場合は、無確認信用状(確認の諾否は追って通知する旨を記載のうえ)として通知する。

(3) リストリクト文言

確認銀行となる場合は、信用状の通知書に確認付加の文言と確認銀行に書類呈示を義務づけるリストリクト文言を記載する。

(4) 確認手数料

確認手数料は、原則として発行銀行(依頼人)の負担である。ただし、

信用状条件によって、確認手数料は受益者負担である旨の指図がある場合は、受益者に請求するが、その手数料が取り立てられないとき、または、買取代り金から差し引かれることができないときは、発行銀行は、引続き確認手数料の支払責任を負う（Article37 c）。

(5) 「充足した呈示」の確認

受益者は確認信用状を入手した場合、信用状の内容を点検して、「充足した呈示」が可能となるかどうかを確かめることが肝要である。確認信用状を入手しても、「充足した呈示」ができないような場合は、せっかく信用状の確認を取り付けても無意味となり、後日、ディスクレが発生した場合には、確認信用状の効力はなくなることにも留意しておかなければならない。

また、受益者は確認信用状の記載内容を事前に十分点検し、信用状条件に少しでも疑義があれば、船積前に発行依頼人に対して、信用状条件の変更を求める。そして、当該信用状の条件変更を受領した場合は、当該条件変更（通知書）にも確認が付与されていることを確かめることも肝要である。

5. 受益者の確認依頼があった場合の確認

(1) 確認銀行による確認付加の指図

信用状条件として、受益者から確認の依頼があった場合に、通知銀行が確認付加を行ってほしい旨の指図（注）を受ける場合がある。

（注）例えば、信用状に "You may add confirmation, if requested by the beneficiary"（受益者から依頼があれば、確認を付加することができる）などの文言がみられる場合である。

これは、受益者が発行銀行のオナーの約束のみで満足する場合は、実現されない（確認は付加されない）。受益者は確認手数料の節約になる。通

知銀行は受益者からの確認付加の依頼が文書であった時点で、当該信用状の確認の可否を検討する。

(2) 受益者による確認付加の依頼

信用状を受領した受益者は、信用状は無確認信用状であるが、信用状に"You may add confirmation, if requested by the beneficiary"等の文言があれば、通知銀行に対して、確認の要請をするかどうかの検討を行う。確認を依頼する場合は通知銀行に確認付加の要請をする。

6. 信用状取引と外国向為替手形取引約定書

(1) 信用状取引

信用状付輸出取引においては、外国向為替手形取引約定書第15条（買戻債務）に「買取後、同条各号に定める事由が１つでも生じた場合には、貴行（買取銀行）から通知、催告等がなくても当然手形面記載の金額の買戻債務を負担し、ただちに弁済する。信用状条件により貴行が支払人（支払銀行）または引受人（引受銀行）となっている外国向為替手形についても同様とする」趣旨の約定文言がある。

すなわち、後日、発行銀行の倒産、発行銀行所在国および周辺地域のカントリーリスクなどを理由として、発行銀行から補償が受けられなかった場合には、買取銀行は買取依頼人に対し手形の買戻を請求する。この規定は、一覧払、後日払、引受または買取のいずれかにより利用可能な信用状で、買取銀行が発行銀行から補償が受けられなかったすべての場合に適用される。買取銀行が確認銀行となっている信用状でない限り、買取依頼人に手形の買戻を請求することができる。

(2) 外国向為替手形取引約定書

外国向為替手形取引約定書には確認信用状に係る約定文言はないが、同

約定書第21条に「この約定に定めのない事項については、国際商業会議所制定の『荷為替信用状に関する統一規則および慣例』の定めに従う」の文言がある。受益者は、確認信用状を入手することにより、Article8 a. ii.【確認銀行の約束】の「確認銀行において買取により利用可能である場合は、確認銀行は遡求義務を免除して（without recourse）買い取らなければならない」の適用を受ける。受益者は、確認信用状に基づき「充足した呈示」を行うことにより、発行銀行の倒産や、発行銀行所在国および周辺地域のカントリーリスクなどの事由で発行銀行から補償を受けられなかった場合であっても、買取銀行（確認銀行）は買取依頼人に対して、手形の買戻を請求することはできない。

(3) ディスクレを発見した場合

確認銀行が受益者から、確認信用状に基づく買取またはオナーの依頼を受けた場合であっても、「充足した呈示」ではない、すなわち書類にディスクレを発見したときは、ただちに、買取またはオナーの依頼人に対して、自行の確認義務がなくなったことを通告することが必要となる。

7. サイレント・コンファメーション（silent confirmation）

Article2 第7フレーズの「確認銀行の定義」は、次のとおりである。

「発行銀行の授権または依頼に基づき自行の確認を付加する銀行をいう。」

すなわち、「発行銀行の授権または依頼に基づき」の条件が付いていることが前提となる。したがって、UCP600では発行銀行によって授権・依頼されていない信用状に通知銀行が確認を加えることはできない。それにもかかわらず、通知銀行が受益者からサイレント・コンファメーションの依頼を受けることがある。サイレント・コンファメーションについて、以下に説明する。

(1) **サイレント・コンファメーションとは**
　発行銀行の授権または依頼に基づかない信用状に対して、受益者から通知銀行等に対しUCP600に規定のないサイレント・コンファメーション（silent confirmation）の依頼を受けることがある。このサイレント・コンファメーションとは、発行銀行から確認を加えることを授権または依頼されていないにもかかわらず、通知銀行等の特定の銀行が受益者から信用状の確認を依頼されて確認を加えることをいう。サイレント・コンファメーションは、受益者とサイレント・コンファメーションを行う銀行との間の特別契約となる。

(2) **サイレント・コンファメーションの目的**
　サイレント・コンファメーションの目的は、受益者が発行依頼人または発行銀行に信用状の確認依頼の事実を知られることなく、特定の銀行（本邦では、通知銀行であり、かつ受益者の取引銀行）から信用状の確認と同じ効果（発行銀行以外の第三の銀行に、独立したオナー（約束））を求めることにある。

(3) **サイレント・コンファメーション依頼を受ける銀行**
　サイレント・コンファメーション依頼を受ける銀行は、受益者に対しUCP600外のビジネスであることを説明し、受益者との間で、サイレント・コンファメーションに関する契約を取り交わし、サイレント・コンファメーションを行う銀行の責任範囲を明確にしている。受益者とサイレント・コンファメーションを行う銀行との間の特約がなされたのであり、当該銀行は「充足した呈示」に対し償還請求権を放棄して取消不能（撤回不能）の約束をすることになる。

(4) **銀行の通知書**
　サイレント・コンファメーションを行った銀行の通知書には、発行銀行

の依頼でないことを明確にする。

　通知書には、受益者の依頼による確認である文言（例）が記載される。

　金融機関の中には、サイレント・コンファメーション銀行と受益者間の特別契約を特定したい場合、受益者の依頼書日付を付することもある。

○ As requested by the beneficiary, we hereby add our confirmation to the credit in accordance with the stipulations under Article8. Our confirmation is subject to your application dated XXX.（受益者申込書の日付）

○ At your request, we hereby add our confirmation to the credit in accordance with the stipulations under Article8. Our confirmation is subject to your request dated XXX.（受益者依頼書の日付）

8.「銀行の異なる国に所在する支店」の解釈

　「銀行の異なる国に所在する支店は、別個の銀行（separate banks）と解される」との規定は、信用状の確認において意味をなしてくる。発行銀行と通知銀行が同じ銀行（本店と支店、あるいは支店間）であり、それぞれが別の国に所在する場合に、受益者は発行銀行自体の信用に心配をもたない場合であっても、発行銀行所在国のカントリーリスクに懸念をもてば、発行依頼人を通じ発行銀行に対して、信用状通知銀行の「確認付加」依頼を行うことができる（Article3 第5フレーズ）。

　受益者は発行銀行所在国のカントリーリスクに懸念をもつ場合で、発行銀行と通知銀行が同じ銀行であっても、発行銀行所在国と確認銀行所在国が異なるときに、このArticle3（第5フレーズ）を根拠に、「確認付加」を求めることができるが、本邦の銀行の中には、本支店間、国外の支店間、あるいは親銀行と子銀行間での信用状の確認を行わないことを方針としているところが多い。

9. 確認銀行の約束

(1) 確認銀行の確認発生時点と約束の独立

Article8 b の要旨は、次のとおりである。

「確認銀行には、信用状に自行の確認を加えた時点でオナーすべき、または買い取るべき取消不能（撤回不能）の義務が発生する。」

Article8 c の要旨は、次のとおりである。

「確認銀行は、充足した呈示をオナーした、または買い取った他の指定銀行であって、かつ書類を確認銀行へ送付した指定銀行に補償することを約束する。他の指定銀行に補償することの確認銀行の約束は、受益者に対する確認銀行の約束からは独立している。」

本邦の通知銀行が確認銀行となっている場合、例えば、受益者が「充足した呈示」を指定銀行（買取銀行）に行った場合は、当該指定銀行は、本邦の確認銀行に再買取（「再割扱い」）のため書類を呈示することになる。その場合は、確認銀行は（発行銀行と同様に）、「充足した呈示」に対して補償することを約束する。引受により利用可能な信用状の場合の補償は、指定銀行が支払期日前に受益者に前払または買入をしたかどうかに関わらず、支払期日に弁済期が到来する。

「確認銀行の受益者に対する約束」は、上記の「確認銀行の指定銀行に対する補償の約束」からは独立している。これは、なんらかの理由で、指定銀行が買取またはオナーを行わない場合は、受益者は直接（通常は、自社の取引銀行を経由して）確認銀行にオナーを求めることも可能であることを意味する。

なお、確認銀行において買取により利用可能の場合は、確認銀行は、遡求義務を免除して（without recourse）買い取らなければならない（Article8 a. ii.）。

(2) 確認銀行の自由裁量

　発行銀行から信用状に確認付加を授権・依頼された（通知）銀行が、確認を行わないことを決定した場合は、当該（通知）銀行は発行銀行に遅滞なく、その旨を通報しなければならないが、当該（通知）銀行は確認を加えることなく信用状を通知することができる。

　信用状の確認付加の決定は、授権または依頼された銀行の自由裁量であるが、確認を加えないことを決定した場合は、その旨を発行銀行に遅滞なく通報しなければならない。

　UCP600の規定上は、通知銀行が受益者に対して、信用状に確認を加えないとの意思表示（通報）を必要としないが、本邦の銀行の中には、受益者への信用状通知書に、次のような文例の「無確認の表示」をすることがある。

○ With reference to the subject credit, we regret to inform you（受益者）that we are unable to add our confirmation to this credit.（本信用状に関し、当行は確認を付加できないことを、貴社にお知らせします。）

(3) 確認信用状の条件変更

　Article10 bの要旨は、次のとおりである。

　「発行銀行の条件変更に対し、確認銀行は自行の確認の効力を条件変更に及ぼすことができ、確認銀行が条件変更を通知した時点で取消不能（撤回不能）の義務を負う。しかしながら、確認銀行は自行の確認の効力を条件変更に及ぼすことなく条件変更を通知することができる。その場合は、発行銀行に遅滞なくその旨を通報し、また、確認銀行の送付状等により、受益者にもその旨を通報しなければならない。」

　発行銀行から「信用状の条件変更」や「信用状の取消」を受けた場合で、確認銀行が存在するときは、受益者の合意（承諾）だけでなく、必ず確認銀行の合意も必要となるので留意しなければならない。

　確認信用状の条件変更に確認付加が行われない場合は、確認銀行は発行

銀行にその旨を通報するだけでなく、受益者にも通報しなければならない。確認銀行の条件変更通知書には、必ず、条件変更に確認は付加されていない旨を記載して、受益者に通報しなければならない。

(4) 確認銀行の引受確約および後日払い約束のオナーの確約

　発行銀行が通知銀行を指定銀行に指名して、引受信用状あるいは後日払約束信用状に確認を依頼することがある。引受信用状または後日払約束信用状に対して、信用状の確認を行う確認銀行は、発行銀行の受益者に対する約束からは独立した別個のオナーまたは買取の約束をすることになる。この場合、確認銀行は遡求義務を免除して（without recourse）買い取らなければならないことになる。

3-6 信用状の譲渡

譲渡可能信用状が接受されたあとの譲渡が行われる取引の背景や、第1受益者と第2受益者の留意点および、Article38の各条項と譲渡依頼書の点検項目を説明する。

1. 譲渡可能信用状とは

(1) 譲渡の可能性

原因契約（売買契約等）に基づき、発行依頼人が発行銀行に信用状の発行を依頼する場合、発行依頼人は、通常、受益者を特定し、当該受益者以外の第三者が売買契約等を履行することは考えていない。

しかし、なんらかの事情で、発行依頼人が受益者に対して、受益者以外の第三者に信用状の受益者としての地位を与えることがある。そのような場合、発行銀行は譲渡可能信用状（transferable credit）を発行する。それは、当初の受益者による輸出の実行（売買契約等の履行）を変更して、第三者に輸出を代替させる可能性を示している。

Article38 a の要旨は、次のとおりである。

「銀行は、その銀行により明示的に同意された範囲および方式によることを除き、信用状の譲渡手続を行う義務はない。」

Article38 b の第1文の要旨は、次のとおりである。

「譲渡可能信用状とは、その信用状が譲渡可能であることを明確に記載している信用状である。」

通常、信用状の譲渡は認めていないことが多く、信用状の受益者を第三者（第2受益者）に譲渡できるのは、信用状に譲渡可能（transferable）と特に明示されている場合に限定される。

受益者は信用状を受領した際に、その信用状が"transferable credit"と表示されている場合に限って受益者（第1受益者）から第三者（第2受益

者)に譲渡できることに留意する必要がある。なお、"transferable"以外の"divisible""assignable""transmissible"などの用語が信用状に表示されていても、それは譲渡可能信用状を示すものではないので留意すべきである。

(2) 譲渡銀行

譲渡銀行（譲渡を実行できる銀行）とは、信用状の譲渡手続を行う指定銀行をいい、任意の銀行で利用可能な信用状の場合には、譲渡手続を行うことを発行銀行によって明確に授権され、かつ、その信用状の譲渡を行う銀行である。

(3) 第2受益者

第2受益者から後続する他の受益者に譲渡はできないが、第2受益者から第1受益者への譲渡（「戻し譲渡」ともいう）は可能である（Article38 d第2文）。

第2受益者は、信用状の譲渡を受けた部分について、かつ、当該譲渡の

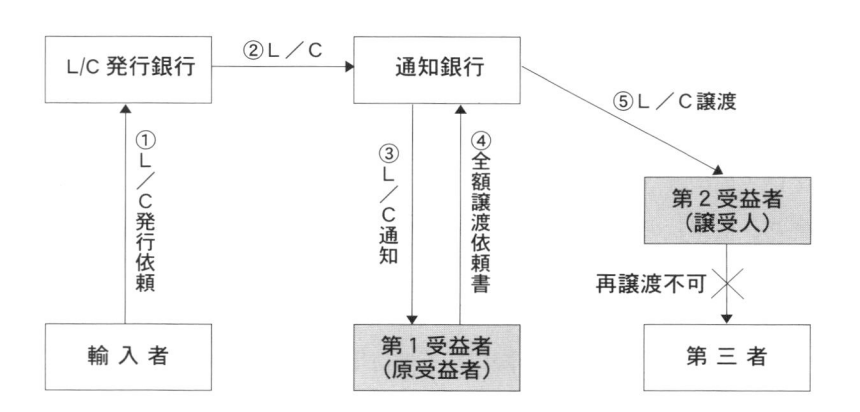

●図表3－5　信用状の譲渡（全額譲渡の場合）

ときまでになされた条件変更を含めた信用状に基づいて、第1受益者と同一の権利を取得し、自己の名義で船積を行い、自己を受益者とする譲渡信用状に基づき、譲渡銀行に対して買取またはオナーを求めることができる。

譲渡には「全部譲渡：total transferまたはfull transfer」と「一部（分割）譲渡：partial transfer」とがあり、第2受益者から第1受益者への再譲渡（戻し譲渡）を除き、譲渡は1回限りである。

信用状条件で一部（分割）船積が禁止されている場合には一部（分割）譲渡はできない（Article38 d, Article31 a）

譲渡銀行は、発行銀行へ譲渡した事実を通報する義務はない。

2. 第1受益者および第2受益者の留意点

信用状の第1受益者は、第2受益者に、直接信用状を譲渡することはできない。すなわち、信用状を直接手交することは、「譲渡」とはならないとの意味である。

信用状の譲渡を行いたい受益者は、譲渡可能信用状（transferable credit）であることを確認した後、以下の項目に留意し、信用状の通知銀行（＝発行銀行によって譲渡の実行を指定された指定銀行、指定銀行が自己の取引銀行以外でもよい）に譲渡の依頼を行わなければならない。

①UCP600に準拠した信用状であり、譲渡可能信用状であること。
②発行銀行が通知銀行のコルレス銀行であること。
③譲渡依頼を行う回数は、1回限りである。譲渡可能信用状を第2受益者から後続する第三者へ再譲渡することはできない。
④譲渡金額が信用状の未使用残高を超えないこと。
⑤発行銀行において有効期限が到来する（いわゆる現地expiryの）信用状ではないこと。
⑥任意の銀行で利用可能な信用状の場合で、かつ、譲渡可能（transfer-

able）の表示がある場合は、発行銀行が信用状を発行したときに譲渡銀行をあらかじめ指定しているはずであるから、当該指定銀行へ譲渡の依頼をすること。

⑦他行接受の信用状ではないこと。

⑧信用状が一部船積を禁止していない場合に限り、複数の第2受益者への分割譲渡を行うことができる。ただし、物品（商品）の数量と単価の記載がある信用状の分割譲渡を行う際は、譲渡金額と数量・単価との比率に矛盾がないかどうかに注意すること。

⑨通知銀行が確認を付加した信用状を譲渡することは、譲渡可能（transferable）の表示がある限り可能であること。

⑩回転信用状（revolving credit）を譲渡することは可能である。ただし、未使用残高（回転の条件が累積型か非累積型によって残高が違ってくる）などに留意しなければならないので、譲渡銀行に事前に照会することが望ましいこと。

⑪UCP600の規定上、他国（第三国）にいる者への譲渡は可能ではあるが、現状、本邦の銀行は、方針（第三国への譲渡手続の煩雑さなどを理由とした銀行のポリシー）により受け付けていないことがあるので、他国（第三国）への譲渡を予定する場合は事前に照会することが望ましいこと。

⑫第1受益者が第2受益者に信用状を譲渡後、その譲渡を取り消したい場合は、第2受益者はその取消に合意する必要があること。

3. 信用状の譲渡が利用される場合

　信用状の譲渡は、その信用状が譲受人（transferee）に譲渡された時点で、信用状を利用する権利が、譲受人（第2受益者）に移転する。売買契約が小口で、受益者も分散されている場合に、輸入者が個別に信用状の発行を取引銀行に依頼するのは、費用と手間がかかり効率的ではないので、

これらの手間を省くために、信用状の譲渡が発生するといわれている。以下に信用状の譲渡が発生する典型的なケースを挙げる。

(1) 輸入者が売買契約成立前に「在日代理店（人）」を決める場合

売買契約成立前に、輸入者（発行依頼人）が発行銀行に対し、在日代理店（人）を受益者として（一括してまとまった金額の）、譲渡可能信用状の発行依頼をする。受益者は発行依頼人との契約条件や依頼人の要望に沿った相手（supplierなど）を探し、相手が実際の輸出者（第2受益者）となり得る場合は、当該相手との売買契約締結時に、第1受益者として契約金額に相当する金額の信用状を実際の輸出者となる者を信用状の第2受益者として譲渡する手続をとる。発行依頼人（輸入者）は希望する物品（商品）を適切な時期に、有利な条件で輸入することが可能となり、第1受益者にとっては一定の手数料を得ることもできる。第2受益者にとっては輸出取引の確実性を早期に把握できる利点がある（図表3—6参照）。

●図表3—6　輸入者が売買契約成立前に「在日代理店（人）」を決める場合

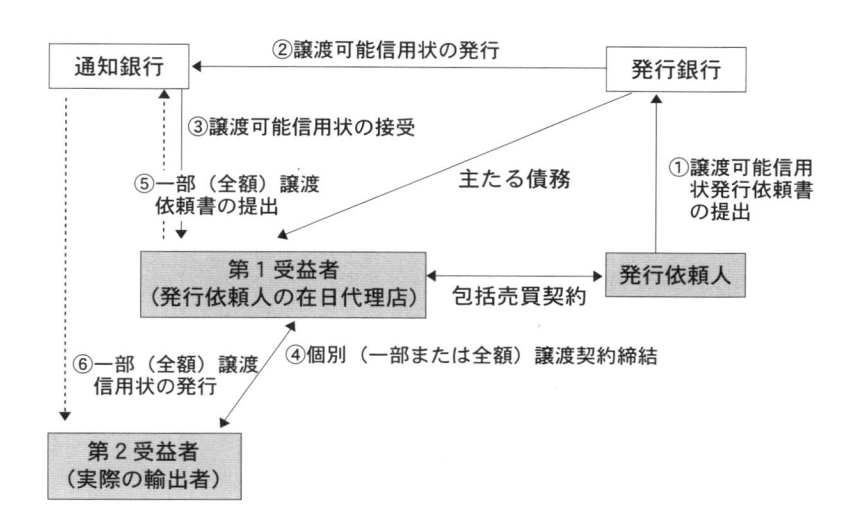

(2) 輸出信用状の第1受益者が発行依頼人（輸入者）の買付機関の場合

信用状の受益者は、直接の輸出者ではなく、輸入者の買付機関の役目を担う。発行依頼人のために物品の供給者（supplier）となる輸出者を探し出し、物品供給の契約が成立した時点で、買付機関である受益者（第1受益者）が物品の供給者（＝実際の輸出者）となる者を第2受益者として信用状を譲渡して、一定の手数料を得る（図表3－7参照）。

●図表3－7　輸出信用状の第1受益者が発行依頼人（輸入者）の買付機関の場合

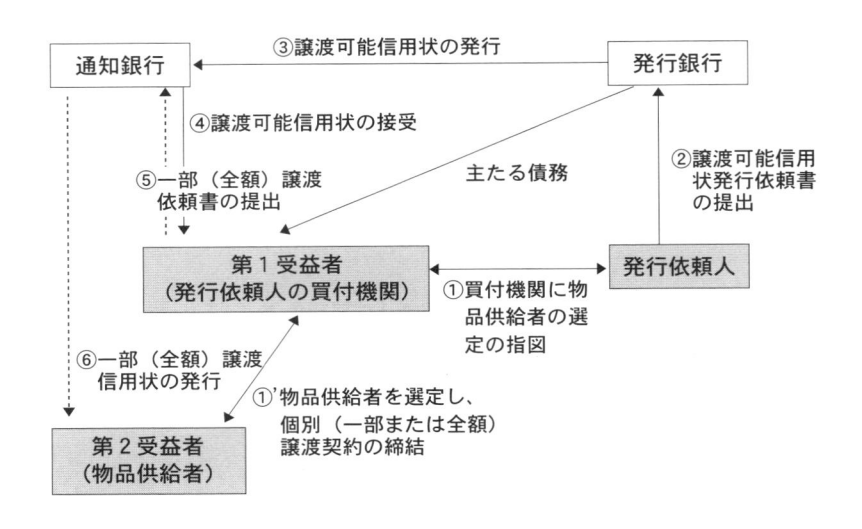

```
           ③譲渡可能信用状の発行
通知銀行 ←─────────────────── 発行銀行
   ↑
   │ ④譲渡可能信用状の接受
   │
   │ ⑤一部（全額）譲渡        主たる債務      ②譲渡可能信用
   │   依頼書の提出                           状発行依頼書
   │                                          の提出
   ↓
第1受益者
（発行依頼人の買付機関） ←─── 発行依頼人
                    ①買付機関に物
                    品供給者の選
                    定の指図
   │ ⑥一部（全額）譲渡
   │   信用状の発行
   ↓   ①'物品供給者を選定し、
        個別（一部または全額）
        譲渡契約の締結
第2受益者
（物品供給者）
```

(3) 商業上の権利を確保したい場合

外資系の買付機関の場合は、外資系会社の在日支社（店）を受益者（第1受益者）とする譲渡可能信用状を発行し、第1受益者は、実際の輸出者となる者を第2受益者として信用状を譲渡することがある。取扱商品の商権の確保ができるなどのメリットがある。

(4) 受益者の信用力に問題がある場合

信用状の受益者が、国内の輸出商品納入者（supplier）から物品を購入して、船積をする場合、受益者は納入者に仕入代金を支払わなければならない。しかし、受益者の信用力に問題がある場合、または納入者のほうが受益者より、資力などにおいて優位にあるような場合は、納入者はより確実な決済方法を望むであろう。このような状況下では、原受益者（第１受益者）は信用状を納入者に対して譲渡することを考慮するであろう。受益者は納入者から一定の手数料を受け取ることで、受益者および納入者双方の意図が合うことになる。

4. Article38【譲渡可能信用状】の要点

(1) Article38 a の要旨

「銀行により明示的に同意された範囲および方式によることを除き、銀行は信用状の譲渡手続を行う義務を負わない。」

信用状の譲渡については、その譲渡銀行によって定められた手続に従って行う。譲渡を行う銀行が、譲渡の依頼を拒絶する場合とは、①譲渡を行う銀行が定めた譲渡手数料を支払わない場合、②原受益者の本人確認ができない場合、③譲渡銀行制定の譲渡依頼書を提出しない場合などである。

(2) Article38 b 第１文の要旨

「信用状に"transferable credit"の文言が明確に記載されてない限り、信用状を譲渡することはできない。」

譲渡可能信用状（transferable credit）は、受益者（第１受益者）の依頼により、信用状の全部または一部が、別の受益者（第２受益者）に利用できるようにすることができるものである。信用状にUCP600適用文言があり、"transferable credit"の文言が明確に記載されていることを条件に、譲渡を実行する銀行（通常、通知銀行）は受益者からの信用状譲渡の依頼を

受けることができる。

(3) Article38 b 第 2 文の要旨

「譲渡銀行は信用状の譲渡手続を行う指定銀行をいい、信用状条件が任意の銀行で利用可能な信用状（a credit available with any bank）の場合には、譲渡手続を行うことを発行銀行により明確に授権された銀行で、かつ、その信用状の譲渡手続を行う銀行をいう。発行銀行は譲渡銀行になることができる。」

信用状条件が任意の銀行で利用可能な信用状（a credit available with any bank）において、信用状の譲渡を希望する受益者は、あらかじめ、発行依頼人を通して、発行銀行から通知銀行を譲渡の実行できる指定銀行にするとの条件変更を行ったほうが無難である。

その理由は、通知銀行と譲渡銀行とが異なる場合において、受益者が分割譲渡を依頼するときは、受益者は原信用状とそれに付随するすべての「条件変更」を譲渡銀行に提出しなければならないことになるが、譲渡銀行が通知銀行と異なる場合には、そのこと自体（すべての条件変更を提出すること）が現実的ではないことに加えて、譲渡を実行する銀行においても困難を伴い、譲渡の依頼に対応できないケースが発生することもありうるからである。

(4) Article38 b 第 3 文の要旨

「譲渡された信用状（transferred credit）とは、譲渡銀行によって第 2 受益者に利用できるようにされた信用状をいう。」

第 1 受益者の依頼により譲渡手続を行う銀行が譲渡銀行であり、譲渡された信用状は第 2 受益者だけが利用することのできる信用状である。

(5) Article38 c の要旨

「譲渡に関して発生したすべての手数料は、原則として第 1 受益者が負

担する。」

　ただし、譲渡のときに、別段の合意があれば第2受益者が負担することもある。譲渡に関する手数料とは、譲渡銀行の譲渡手数料のほか、第2受益者宛の通知手数料、郵送料、電信料等があるが、これらはすべて、譲渡手続の依頼人である原受益者（第1受益者）が、原則負担する。これらの手数料を第2受益者に負担させることも可能である。「別段の合意」とは、信用状にその旨の記載（譲渡関係の手数料は、第2受益者の負担とするなどの記載）がある場合、または譲渡の依頼時に、第2受益者が当該手数料の支払に同意する場合である。

　譲渡銀行は譲渡に関するすべての手数料の支払を受けるまでは、譲渡に応じる義務はない。

(6) Article38 d の要旨

「信用状条件に一部使用または一部船積が許容されていることを条件に、信用状は、その一部が、1よりも多い（複数の）第2受益者に譲渡できる。譲渡された信用状は、第2受益者によって後続する他の受益者に譲渡されることはできない。ただし、第1受益者は、後続する受益者とは解されないので、第2受益者から第1受益者へ信用状を譲渡することは可能である。」

　例えば、分割譲渡の場合、A社（第1受益者）からB社（第2受益者）へ、また、A社（第1受益者）からC社（第2受益者）へ、という複数の第2受益者への譲渡は可能であるが、B社（第2受益者）からさらにD社へ、C社（第2受益者）からさらにE社へという譲渡はできない（この例におけるD社とE社は、Article38 d における「後続する受益者」(subsequent beneficiary) である）。ただし、B社（第2受益者）からA社（第1受益者）へ、あるいは、C社（第2受益者）からA社（第1受益者）への譲渡（「戻し譲渡」ともいう）は可能である。第2受益者がその信用状を他の者にさらに再譲渡したいと望むならば、いったん譲渡銀行において戻

し譲渡の手続をした後に第１受益者が他の者（新たに第２受益者になる者）に譲渡することになる。ただし、そのような譲渡を譲渡銀行が受諾するかどうかは、銀行の裁量となるので、事前に譲渡銀行に相談することが望ましい。

(7) Article38 e の要旨

「譲渡依頼人（第１受益者）は、譲渡銀行（通常、通知銀行）に対して、第２受益者への譲渡依頼を行う際に、条件変更の「第２受益者への通知」の可否（条件変更を第２受益者にそのまま通知するのか、または通知しないのか）、およびどのような条件の下に第２受益者に条件変更を通知されることができるかを譲渡銀行に示さなければならない。」

本項は、第１受益者が譲渡銀行に対して、譲渡を依頼するときには、譲渡実行後に到着する条件変更を、譲渡銀行が第２受益者に通知してよいかどうか、どのような条件の下に条件変更を通知することができるかを譲渡銀行に、あらかじめ明確に指図しなければならないことをいっている。第１受益者は譲渡実行後の条件変更について、第２受益者に通知するかどうかを選択することができ、その選択は譲渡を依頼する際に、前もって譲渡銀行に明確に示す必要がある。

(8) Article38 f の要旨

「信用状が複数の第２受益者に譲渡された場合、１またはそれよりも多い第２受益者（one or more second beneficiary）による条件変更の拒絶は、その他の第２受益者による条件変更の承諾を無効にするものではなく、譲渡された信用状は、その他の第２受益者に関してはそのように条件変更される。条件変更を拒絶した第２受益者にとっては、譲渡された信用状は、引続き条件変更されないままである。」

例えば、原信用状の条件は「一部船積を許容する」であったが、その後、第２受益者（ＡとＢ）が「一部船積を禁止する」との条件変更を、譲

渡銀行から同時に接受した。Aはこの条件変更を拒絶し、Bはこの条件変更を承諾した。

　このケースでは、Aに対する「一部船積を禁止する」の条件変更は、Aは拒絶したので、条件変更前の原信用状条件どおりに、一部船積をすることができるが、一方、Bに対する「一部船積を禁止する」との条件変更は、Bが承諾したことにより、条件変更は成立し（有効となり）、以後、Bは一部船積をすることはできないことになる。このように、Aの条件変更拒絶の結果は、Bの条件変更承諾の結果に影響を与えない。

(9)　Article38 g（第1文）の要旨

　「譲渡された信用状は、もしあれば確認（confirmation）を含め、その信用状条件を正確に反映しなければならない。ただし、次の事項は除く。
　①信用状金額
　②信用状に記載された単価
　③有効期限
　④呈示期間、または
　⑤最終船積日または船積のために与えられた期間
　上記①から⑤までのうちの1つまたは全部が縮減され、または短縮されることができる。」

　譲渡される信用状は、これら①から⑤までの事項を除けば、原信用状条件と同じであることが条件である。

チェック！

> ★**信用状金額と単価の縮減**
> 　第1受益者が、発行依頼人のために物品の買付をする場合、当該物品の仕入価格（買入値段）は、売値を下回るのが通例である。そのようなときに、信用状金額と単価をそのまま第2受益者に譲渡したのでは、第1受益者の利益部分が確保できない。そこで、譲渡する信用状に記載される金額と単価に

ついては、それぞれ縮減できる。

★**信用状の有効期限、呈示期間、最終船積日または船積のために与えられた期間の短縮**

　第１受益者が差額（第１受益者のインボイス金額と第２受益者のインボイス金額との差額（後述のArticle38ｈ参照）について、信用状に基づく請求を行うには、多少の日数の猶予が必要となる。このため、信用状の有効期限、呈示期間を短縮することができる。また、信用状の有効期限を短縮する場合は、必然的に船積期限も短縮せざるを得ない状況が発生する。

⑽　Article38ｇ（第２文）の要旨

「付保されなければならない保険担保（insurance cover）の割合は、信用状またはこれらの条文に規定された担保金額にするために増加されることができる。」

　保険担保範囲の金額（最低付保金額）は、Article28 f. ii.に（要求された保険担保の記載が信用状にない場合は、最低で物品のCIF価額またはCIP価額の110％でなければならないと）規定されている。譲渡信用状の金額または単価が減額（縮減）されれば、第２受益者のインボイスに表示されるCIF価額またはCIP価額は増額せざるを得ない。そうしないと、信用状が要求する最低付保金額の条件を満たすことができない。第２受益者にとっては、保険料の支払が増えるなどの要因となるが、付保率を増加させなければならない。

　例えば、原信用状条件が、CIF建US$100,000（付保金額US$ 110,000：最低付保率110％）の場合で、原受益者（第１受益者）が第２受益者に対して、(US$20,000減額して) US$80,000の譲渡をした場合には、第２受益者が付保する金額はUS$88,000ではなく、最低付保率を125％に上昇させて、US$110,000の付保金額をカバーしなければならないことになる（US$ 110,000/US$88,000＝1.25⇒125％）。

⑾　Article38 g（第3文）の要旨

「第1受益者の名称は、発行依頼人の名称と差し替えられることができる。」

譲渡実行前の原信用状の原受益者（第1受益者）の名称は、発行依頼人の名称と差し替えることができる。これは、譲渡する信用状面に現れる発行依頼人の名称を原受益者（第1受益者）の名称に差し替えることができることを意味している。

⑿　Article38 g（第4文）の要旨

発行依頼人の名称が、送り状以外の書類に現れていることが信用状により特に要求されている場合は、譲渡された信用状にこの要件を反映させなければならない。

⒀　Article38 h の要旨

「信用状の第1受益者は、信用状金額を超えない金額の範囲内で、同受益者（第1受益者）自身の送り状、および、もしあれば為替手形を、第2受益者のものと差し替える権利をもち、かつ、この差替時に、第1受益者は、自身の送り状と第2受益者の送り状との間にもし差額があれば、信用状に基づきその差額を利用できる。」

信用状の金額や単価を減額（縮減）して譲渡した場合は、第2受益者の作成するインボイス金額と第1受益者が当初金額（信用状金額の範囲内）と単価に基づいて作成したインボイス金額との間に差額が生じる。この差額は、第1受益者が信用状に基づき領収書（請求書）等を作成し、買取銀行等（通常は譲渡銀行）にその差額を請求する。

原受益者は、原受益者（第1受益者）の送り状（インボイス）を、第2受益者の送り状（インボイス）と差し替えることにより、物品のサプライヤー（実際の売主である第2受益者）の名称を伏せることができ、その後の第2受益者と買主の直接取引を防ぐことができる。

送り状の差替を伴う信用状の譲渡は、欧米諸国の一部に行われているが、本邦ではこのような慣習は定着していない。したがって、譲渡可能信用状に基づいて送り状の差替を伴う行為を望む第１受益者は、事前に譲渡銀行（取引銀行）に相談（打診）することが望ましい。

⑭　**Article38 i の要旨**

　「第１受益者が自身の送り状（もしあれば為替手形）を呈示すべきことになっている場合で、最初の請求時（譲渡銀行が、送り状の差替を要求するとき）にそれをしないとき、または第１受益者によって呈示された送り状が、第２受益者によってなされた呈示には存在しなかったディスクレを創出（create）した場合であって、第１受益者が最初の請求時にそのディスクレを修正しないときには、譲渡銀行は第２受益者から受領した書類を、そのまま第１受益者に対する更なる責任を負うことなく、発行銀行に呈示する権利をもつ。」

　第１受益者が作成した送り状にディスクレがあったとき、第１受益者が、譲渡銀行の最初の請求時（差替の要求時）までに当該ディスクレを修正していないときは、譲渡銀行は第２受益者から受領したままの書類を、第１受益者に対する責任を負うことなく、発行銀行に呈示できる。

⑮　**Article38 j の要旨**

　「第１受益者は、自身の譲渡依頼の中に信用状が譲渡されてきた場所において、信用状の有効期限を含めた日までに、第２受益者を対象としてオナーまたは買取が行われるべきであることを示すことができる。このことはArticle38 h に従った第１受益者の権利に不利益を及ぼさない。」

⑯　**Article38 k の要旨**

　「第２受益者による呈示、または、第２受益者のための呈示は譲渡銀行に対して行われなければならない。」

第2受益者の書類を買い取った銀行が、直接発行銀行へ書類を呈示すると、第1受益者の「送り状差替による差額請求」の権利（注）を損なわせるので、第2受益者による呈示は、必ず、譲渡銀行へ呈示されなければならない。

（注）第1受益者の送り状金額と第2受益者の送り状金額との差額は、第1受益者の利益を表す。

5．譲渡依頼書の点検

譲渡銀行の主な点検項目は、以下のとおりである。

(1) 譲渡依頼書の呈示

呈示を受ける譲渡依頼書は、全額譲渡（total transferまたはfull transfer）と一部譲渡（partial transfer）の2種類がある。信用状の譲渡実行後に、譲渡銀行（通知銀行）が接受するかもしれない条件変更に関して、譲渡依頼書に記載される一般的な文例を紹介する。

全額譲渡の依頼書には、通常、「すべての条件変更は、依頼人（第1受益者）の同意なしで、譲受人（第2受益者）に直接通知されるべきである。」（"All amendments are to be advised direct to the transferee without any consent of or notice to me/us."）旨の文言がある場合と依頼書に「すべての条件変更は、その都度、依頼人（第1受益者）の指図による」との趣旨の文言を記載したものもあるので、注意を要する。

(2) 分割譲渡依頼書

分割譲渡依頼書には、例えば「すべての条件変更は、譲渡依頼人（第1受益者）に通知すべきである。第1受益者が、当該条件変更を譲受人（第2受益者）に通知すべきか否かについては、その都度、譲渡銀行に指図する。その指図が遅延した場合、失念した場合は、そのことによって生じる

どのような結果についても、譲渡依頼人が責任を負う」("The transferee shall have the right as beneficiary thereof, (up to the amount aforesaid), indicating amendments made thereto up to this date. However, it is understood that any amendment hereafter made are to be advised to me/us and I/we shall at time indicate to you whether or not they are also to be advised to the transferee, and thereby I/we agree to indemnify you for any consequences as may arise from any delay/and/or omission in my/our said indication.")旨の文言がある場合が多い。この場合は、分割譲渡される信用状の条件変更は、第1受益者に通知された後、その都度、第1受益者の指図を求めなければならない。特に、「金額の増額」・「期限の延長」の条件変更については、第1受益者がその都度、譲渡銀行に対して指図することが多い。

(3) 信用状の受益者

　信用状の譲渡を行う場合において、信用状の受益者は、譲渡銀行の取引先である必要はない。取引先でない場合には、譲渡銀行は譲渡依頼書の署名照合を行うことができないので、受益者の取引銀行にその署名照合の確認を依頼することになる。

3-7 代り金の譲渡

Article39は「代り金の譲渡（Assignment of Proceeds）」を規定している。ここでは、信用状の譲渡とはどのような点で異なるのか、および、代り金の譲渡の主たる目的や留意点をみていく。

1. 代り金の譲渡の性格

代り金の譲渡は、信用状の譲渡とは異なり、各国の法令（準拠法）により取り扱われる。この「代り金の譲渡」は、受益者が指定銀行に対して、「充足した呈示」を行うことで、将来受け取るべき代り金の権利を他人に譲渡することができる。これは、指名債権譲渡の一種であるが、受益者が「充足した呈示」を行うまでは、未確定、未実現の債権である。

2. 代り金の譲渡の主たる目的

信用状にassignableの文言は不要で、受益者の所在国で適用できる法律に従って、代り金の譲渡が行われる。主たる目的は、①受益者が輸出地の取引銀行への債務弁済に際し、または②受益者が輸出商品の供給者（supplier）への代金支払に際し、それぞれ相手方当事者に、一種の「支払担保手段」の提供として信用状の「代り金の譲渡」の取引が発生する。本邦では輸出信用状取引に「代り金の譲渡」は利用されていないようだが、欧米諸国の一部で利用されている。

3. 代り金の譲渡の留意点

以下に、欧州諸国において発生する事例を紹介し、これに対する本邦の発行銀行の留意点を述べる。

本邦の銀行が、欧州諸国所在の受益者宛に信用状を発行後に、通知銀行（指定銀行）から、受益者と「代り金譲渡契約」を締結するため、発行銀行に対して事前承諾を求めてくることがある。これは、輸出地である欧州諸国の通知銀行（指定銀行）が、受益者を譲渡人（the assignor）、メーカーなどの物品供給者を譲受人（the assignee）とする「代り金譲渡契約」を締結する場合に、通知銀行（指定銀行）が当該契約の締結事実を、受益者（譲渡人）および物品供給者などの譲受人に書面で通知することが多いため、発行銀行にもその内容をSWIFTで通知し、発行銀行の承諾を求めてくるというものである。

　前述のとおり、代り金譲渡契約は、輸出地の準拠法の定めに従い、輸出地の通知銀行（指定銀行）と受益者（譲渡人）および物品供給者などの譲受人との間で行う取引であるので、本邦の発行銀行は、その承諾（諾否）を通知銀行に与える立場にはないことに留意すべきである。

第4章
信用状付書類の買取

4-1 信用状付書類の買取

　ここでは、主に輸出サイドにおいて行われる、「信用状付書類の買取」について、UCP600およびISBP681と、船積書類（商業送り状・運送書類・保険書類など）の関わりを中心に説明する。なお、紙面の関係で、「流通性のない海上運送状」「傭船契約船荷証券」「道路、鉄道または内陸水路の運送書類」「クーリエ受領書、郵便受領書または郵送証明書」の解説は省略した。

1. 信用状付書類の買取

　信用状付書類の買取とは、一般的には、発行された信用状に基づき、輸出者（受益者）の依頼により、受益者の取引銀行が輸出代金を支払うことをいうが、UCP600においては、「買取とは、指定銀行による、充足した呈示に基づく為替手形（その指定銀行以外の銀行を支払人として振出された為替手形）および/または書類の買入であって、その指定銀行に対する補償の弁済日である銀行営業日、またはそれ以前に受益者に資金を前払する方法によるもの、または前払することの合意によるものをいう（Article2第11フレーズ）」と規定された。

　買取銀行は、発行銀行が信用状に基づいた支払をする前に、受益者からの荷為替手形を買い取り、発行銀行に当該荷為替手形を送付して、資金を回収することとなる。買取銀行にとっては、資金の立替となり、商業手形の割引と同様に、銀行の受益者に対する与信行為（与信取引）となる。ちなみに荷為替手形とは、為替手形に船荷証券などの船積書類を添付したものをいう。

2. 買取銀行（指定銀行）による与信行為

　信用状付書類の買取であっても、買取後、ディスクレにより発行銀行か

ら支払拒絶を受けるおそれがあり、また、発行銀行所在国および周辺地域のカントリーリスクの発生により代金回収が不可能となることも考えられる。したがって、銀行の与信行為（与信審査）にあたっては、以下の点に特に留意する必要がある。

(1) 受益者（買取依頼人）の荷為替手形買戻能力に問題がないこと

受益者の信用調査を行い、必要に応じて担保の徴収など保全措置をとるのは、国内与信取引と同様である。

信用状付書類の買取に際しては、与信取引の基本約定書である「銀行取引約定書」に加えて、買取依頼人より「外国向為替手形取引約定書」の差入れを受ける。この約定書は、主として、①「信用状付外国向荷為替手形の買取」、②「信用状なし外国向荷為替手形の買取」、③「クリーンビルの買取」を適用範囲としている。本約定書は、22ヵ条と保証条項から構成されている。

(2) 発行銀行所在国および周辺地域にカントリーリスクがないこと

発行銀行所在国および周辺地域に戦争・内乱・外貨事情の悪化等のカン

●図表4－1　輸出手形買取に際しての与信判断

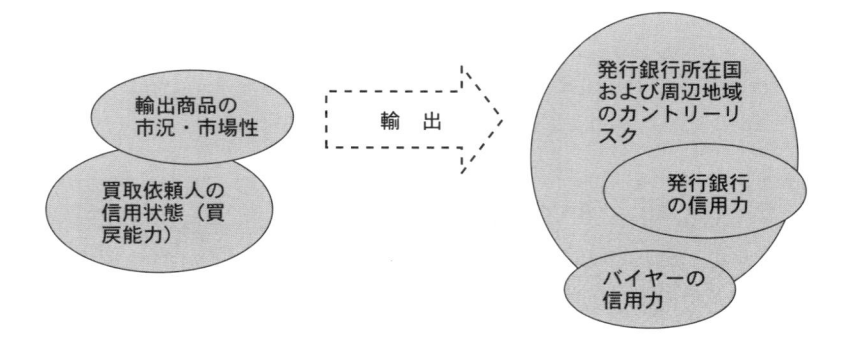

トリーリスクが生じている場合、発行銀行の信用力自体に問題がなくても、支払不能になるおそれがある。

(3) 発行銀行の信用力に問題がないこと

信用状が発行されても、発行銀行自体の信用力に問題があれば、信用状はなんの役にも立たない単なる書面にすぎなくなる可能性がある。

3. 信用状統一規則（UCP600）の適用

UCP600は、39ヵ条から構成されており、2007年7月1日より、「2007年改訂版信用状統一規則（UCP600）」として施行されている。「信用状取引」（＝信用状に基づく取引。第1章1－1参照）に際しては、荷為替信用状の本文がこの規則に従うことを明示している場合に適用される規則である（Article1）。

4. 信用状の定義

(1) 信用状の定義と「信用状取引」

信用状（credit）は、取消不能（irrevocable）（注）であって、「充足した呈示」をオナー（honour）することの発行銀行の確約となる取決めである（Article2 第8フレーズ）。

（注）取消不能信用状は、発行銀行、確認銀行（確認信用状の場合）および受益者の合意がなければ、条件変更も取消もできない信用状である。

(2) 「充足した呈示」（Article2 第5フレーズ）

「充足した呈示」(complying presentation) とは、信用状条件、信用状統一規則（UCP600）の適用条文および国際標準銀行実務（international standard banking practice：isbp（小文字のisbp））に合致した呈示をいう。

ここで規定されている国際標準銀行実務とは、書類が信用状条件を充足しているか否かを判断するために銀行が常時用いる実務を含んだものであるが、その多くは国際商業会議所（ICC）から出版されている「International Standard Banking Practice for the Examination of Documents under Documentary Credits, Publication No.681（ICC荷為替信用状に基づく書類点検に関する国際標準銀行実務2007年UCP600対応）」の185項目を指す。なお、ISBP681に記載がない書類には、Packing List、Certificate of Inspection、Certificate of Quantity/Weight、Beneficiary's Certificateなどがあり、これらの書類の点検は、国際標準銀行実務（isbp）、およびUCP600 Article14 d および14 f により「充足した呈示」となっているかどうかを判断することになる。

信用状付書類の買取に際しては、UCP600およびISBP681の理解が不可欠である。また、為替手形および船積書類（商業送り状・運送書類・保険書類など）についての知識も必要となる。為替手形、船積書類とUCP600およびISBP681との関わりについては、本章4－5以下で説明する。

(3) オナー（honour）（Article2 第9フレーズ）

オナー（honour）とは、次のことをいう。

①信用状が一覧払（sight payment）により利用可能な場合は、一覧後に支払うこと。

②信用状が後日払（deferred payment）により利用可能な場合は、後日払約束をし、かつ、支払期日に支払うこと。

③信用状が引受（acceptance）により利用可能な場合は、受益者により振り出された為替手形を引き受け、かつ支払期日に支払うこと。

(4) 信用状取引の特質

①独立抽象性の原則

Article4 a （前半の規定）の要旨は、次のとおりである。

「信用状は、その性質上、信用状の基礎となることのできる売買契約その他の契約とは別個の取引である。たとえ契約へのなんらかの言及が信用状に含まれている場合であっても、銀行は、このような契約とは無関係であり、またこのような契約によりなんら拘束されない。」

　これは信用状が売買契約等をもとに発行されたとしても、「信用状取引」は、そのような契約からは独立した別個の取引であることを意味している。これを信用状取引における「独立抽象性の原則」という。つまりこの規定は、売買契約などの違反を理由にクレームが発生しても、それを「信用状取引」に持ち込み、支払または引受を拒絶する理由にすることはできないことを意味する。

②書類取引の原則

　Article5の要旨は、次のとおりである。

「銀行は、書類を取扱うのであり、その書類が関係する物品、サービスまたは履行を扱うのではない。」

　これは、「信用状取引」においては、銀行は、呈示された書類が「充足した呈示」となっているかどうかを点検すればよいのであって、売買契約などとの関係や物品の中身・状態などに関与しないことをいう。このことを「書類取引の原則」という。信用状取引は売買契約等とは無関係であり、書類のみに基づき取引を完結するとの意味である。

5. 信用状取引の当事者

以下、物品の輸出入を前提とした「信用状取引」の当事者を説明する。

①受益者（Beneficiary）（Article2 第4フレーズ）

　その者の利益のために信用状が発行される当事者をいう。

②発行依頼人（Applicant）（Article2 第2フレーズ）

　その者の依頼に基づき信用状が発行される当事者をいう。

③指定銀行（Nominated bank）（Article2 第12フレーズ）

信用状がそこで利用可能な銀行をいい、任意の銀行で利用可能な信用状の場合には、任意の銀行をいう。

④発行銀行（Issuing bank）（Article2 第10フレーズ）

発行依頼人の依頼により、または自行自身のために、信用状を発行する銀行をいう。

⑤通知銀行（Advising bank）（Article2 第1フレーズ）

発行銀行の依頼により信用状を通知する銀行をいう。

⑥確認銀行（Confirming bank）（Article2 第7フレーズ）

発行銀行の授権または依頼に基づき自行の確認を付加する銀行をいう。「確認（confirmation）」とは、「充足した呈示」をオナーすることまたは買い取ることの確認銀行の確約であって、発行銀行の確約に付加されたものをいう（Article2 第6フレーズ）。

6．信用状に基づく補償請求

信用状付書類の買取後、発行銀行宛に代金を請求する。これを補償請求

●図表4－2　信用状取引における当事者の関係

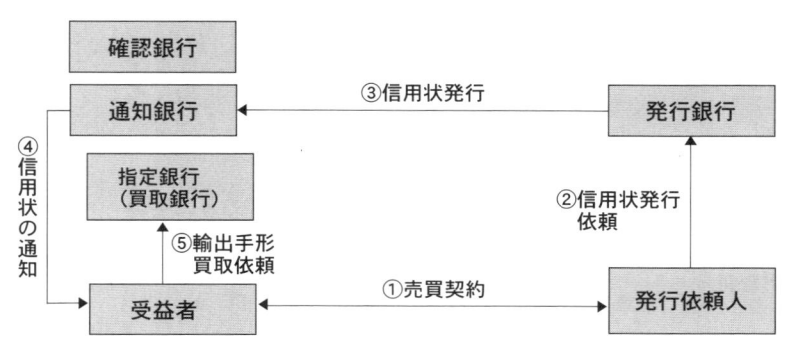

（注）通知銀行と買取銀行、または確認銀行が同一となることもある。

という。この請求方式には、リンバースメント（reimbursement）方式、レミッタンス（remittance：送金（回金））方式などがある。

(1) リンバースメント方式

指定銀行である買取銀行が、発行銀行によって指定された補償銀行（reimbursing bank）宛に補償請求して、資金を受領する方式をいう。

信用状に、例えば"Please reimburse yourselves from XXX bank（補償銀行名）"のように記載される。

●図表4－3　リンバースメント方式

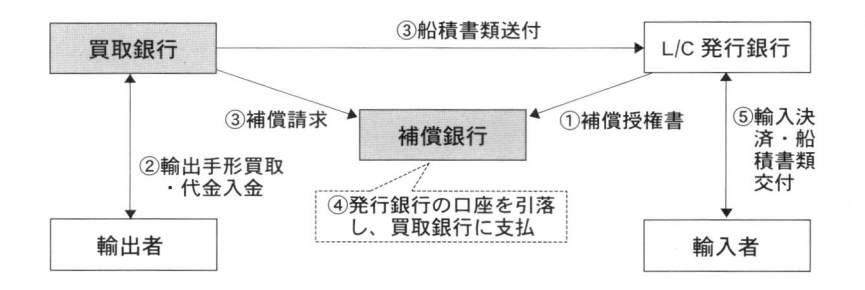

(2) レミッタンス（送金（回金））方式

買取銀行から船積書類の送付を受けた発行銀行は、カバー・レター（船積書類の送付状：covering letter）に記載された指図に従い支払う（補償する）方式をいう。発行銀行によって、信用状面に、例えば"We will re-

●図表4－4　レミッタンス方式（送金（回金）方式）

imburse the negotiating bank according to their instructions."（当方は、買取銀行の指図によって補償します）または、"We will remit the proceeds according to your instructions."（当方は、貴行（買取銀行）の指図に従って送金します）のような文言が記載される。

(3) その他の方式

　借記（debit）方式とは、発行銀行が指定銀行に「発行銀行名義の決済用預け金口座」を保有する場合に、発行銀行が同預け金口座の借記（引落（debit））によって補償する旨を指図する方式をいい、上述(1)のリンバース方式の変形といえる。例えば"In reimbursement, please debit our account with you."（補償については、貴行にある当行名義の口座を借記してください）などの文言が記載される。指定銀行に支払がリストリクト（制限）される信用状に見られる補償指図文言である。

　貸記（credit）方式とは、発行銀行に「指定銀行名義の決済用預かり金口座」が、保有されている場合に、発行銀行が、同預り金口座への入金（credit：貸記）によって補償する方式をいい、上述(2)のレミッタンス方式の変形といえる。例えば"In reimbursement, we shall credit your account with us."（補償については、当行にある貴行名義の口座に入金します）などである。

4-2 指定銀行（買取銀行）の指定

発行銀行は、信用状の利用可能な銀行を指定する。指定された銀行を指定銀行と称する。ここでは、発行銀行が支払を実行するために、指定銀行へ授権する内容および指定銀行の役割、発行銀行・確認銀行の補償について説明する。

1. 指定銀行（買取銀行）の指定

　発行銀行は、自行の支払（注）を実行するため、通常、指定銀行（信用状がそこで利用可能な銀行をいい、任意の銀行で利用可能な信用状の場合には、任意の銀行をいう）を指定する（Article6 a，Article2 第12フレーズ）。

（注）UCP600においては、「支払」をオナー（honour）という言葉を使用して、具体的に次のように定義している。①信用状が一覧払により利用可能な場合は、一覧後に支払うこと。②信用状が後日払により利用可能な場合は、後日払約束をし、かつ支払期日に支払うこと。③信用状が引受により利用可能な場合は、受益者により振り出された為替手形を引き受け、かつ、支払期日に支払うこと（Article2 第9フレーズ）。

　信用状は、一覧払、後日払、引受または買取のいずれかにより利用可能であるかを記載しなければならない（Article6 b）。また、呈示のための有効期限を記載しなければならない。呈示（presentation）とは、発行銀行または指定銀行へ信用状に基づく書類を引き渡すこと、またはそのようにして引き渡された書類のいずれかをいう（Article2 第13フレーズ）。呈示は、通常の銀行休業日（土曜・日曜・祝祭日など）を除けば、有効期限当日またはそれ以前に呈示しなければならない（Article6 d. i.，Article6 e，Article29 a，Article36）。

2. 発行銀行の指定銀行に対する授権

発行銀行は、「為替手形を引き受ける銀行」、または「後日払約束をする銀行」を指定することにより、その指定銀行によって引き受けられた為替手形、またはその指定銀行によってなされた後日支払約束を「前払すること」、または「買い入れること」を、その指定銀行に授権する（Article 12）。

(1) 指定銀行の役割

Article12 a の要旨は、次のとおりである。

「指定銀行は、確認銀行でない限り、オナー（honour）すること、または買い取ることの義務を負わない。」

これは、例えば、発行銀行が通知銀行を指定銀行に指定し、かつ為替手形の支払人とする信用状を発行した場合であっても、発行銀行は、指定した通知銀行などに対して、為替手形の支払・引受・買取の義務を負わせることはできない。

(2) 指定銀行への授権

Article12 b の要旨は、次のとおりである。

「発行銀行は、指定銀行によって引き受けられた為替手形または後日払約束について、前払することまたは買い入れることを指定銀行に授権する。」

「後日払約束（deferred payment undertaking）」とは、為替手形の振出を要求せず、書類の呈示のみを要求する期限付きの支払条件である。欧州の一部の国では、期限付為替手形の引受に高額の印紙税が課されることを回避するために考案されたといわれている。為替手形の振出を伴わないことから、「引受」ではなく、発行銀行または指定銀行による「支払期日に支

払うことを約束する」という概念である。

3. 発行銀行の補償

　発行銀行は、「充足した呈示」をオナーした、または買い取った指定銀行であり、かつ、書類を発行銀行へ送付した指定銀行に対して補償しなければならない（Article7 c）。

　引受により利用可能な信用状または後日払により利用可能な信用状に基づく「充足した呈示」の金額の補償は、指定銀行が支払期日前に前払、または買入をしたか否かを問わず、支払期日に弁済期が到来する。

　指定銀行に補償することの発行銀行の約束は、受益者に対する発行銀行の約束からは独立している。

　これらの規定は、①「指定銀行において利用可能な信用状は、発行銀行においても利用可能である」とのArticle6 a の規定と、②「規定された書類が指定銀行または発行銀行に呈示され、かつ、その書類が充足した呈示となることを条件として、発行銀行はオナーしなければならない」とのArticle7 a の規定との関係において、受益者はなんらかの理由により、指定銀行がオナーまたは買取を行わない場合は、指定銀行を通じることなく、直接発行銀行へ「充足した呈示」を行うことも可能であることを意味している。受益者から直接「充足した呈示」を受けた発行銀行は、受益者にオナーしなければならないことになる。現実的には、受益者が直接発行銀行に書類を送付することはせず、自己の取引銀行を通じて「process（取次）扱い」または「取立扱い」によって、発行銀行に対してオナーを求めることになる。

4. 確認銀行の補償

　確認銀行は、「充足した呈示」をオナーした、または買い取った他の指定

銀行であって、かつ、書類を確認銀行に送付した指定銀行に対して補償しなければならない（Article8 c）。

　引受により利用可能な信用状または後日払により利用可能な信用状に基づく「充足した呈示」の金額の補償は、他の指定銀行が支払期日前に前払または買入をしたか否かを問わず、支払期日に弁済期が到来する。

　確認銀行の他の指定銀行に補償することの約束は、受益者に対する確認銀行の約束から独立している。

5．指定銀行における書類の受領または点検および送付

　確認銀行ではない指定銀行による書類の受領または点検および送付は、その指定銀行にオナーすべき責任、または買い取るべき責任を負わせるものではなく、そのことは、オナーにはならず、また買取ともならない（Article12 c）。

4-3 書類点検の標準

前節の「発行銀行の補償」「確認銀行の補償」を踏まえ、指定銀行（買取銀行など）は書類の点検を進めていく。さらに、UCP600の「書類点検の標準」および関連するISBP681についてもふれる。

1. 書類点検の標準

指定銀行、確認銀行および発行銀行は、書類が外見上「充足した呈示」となっているとみられるか否かを、書類のみに基づいて決定するために、呈示を点検しなければならない（Article14 a）。ここでいう「呈示（presentation）」とは、発行銀行または指定銀行へ信用状に基づく書類を引き渡すこと、またはそのようにして引き渡された書類のいずれかをいう（Article2 第13フレーズ）。「充足した呈示」（complying presentation）とは、信用状条件、この規則（UCP600）の適用条文および国際標準銀行実務（isbp：international standard banking practice）に合致した呈示をいう（Article2 第5フレーズ）。

指定銀行、確認銀行および発行銀行は、呈示が充足しているか否かを決定するために、呈示日の翌日から起算して最長5銀行営業日（maximum of five banking days following the day of presentation）が与えられる（Article14 b）。「銀行営業日」（banking day）とは、この規則に従った行為が履行されるべき地において銀行が通常的に営業している日をいう（Article2 第3フレーズ）。

運送書類の原本を含む呈示は、船積日後21暦日を超えてはならない。また、信用状の有効期限よりも遅れてはならない（Article14 c）。ここでいう運送書類とは、Article19からArticle25に定められた1通以上の原本の呈示を意味している。したがって、この21暦日の規定は、①原本が呈示されないnon-negotiable B/Lの呈示を条件とするもの、②Article19からArticle25に規定されていない運送書類（Forwarder's Cargo Receipt、Forwarder's Certificate of Shipment, Forwarder's Certificate of Receipt, Delivery OrderおよびMate's Receiptなど（ISBP681 No.19））の呈示を条件とするもの、③Standby L/Cに基づき呈示されるstatementのみが呈示されるもの、については適用されない。

　書類には、信用状の発行日よりも前の日付を付すことができるが、書類の呈示日より遅い日付を付すことはできない（Article14 i）。

2．書類内容の点検

　商業送り状以外の書類における物品等の記述は、信用状における記述と食い違わない一般的用語で記載することができるが（Article14 e）、商業送り状の物品等の記述は、信用状における記述と合致していなければならない（Article18 c）。

　書類におけるデータは、信用状のデータ、他の書類のデータと全く同じである必要はないが、食い違ってはならない（Article14 d）。すなわち、書類相互間に食い違いがあってはならない。

●図表4－5　書類内容の点検

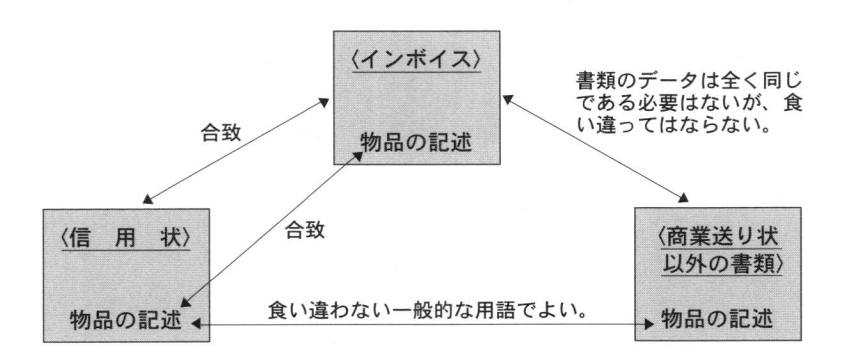

```
                    〈インボイス〉
                     物品の記述
              合致                    書類のデータは全く同じ
                                     である必要はないが、食
                          合致        い違ってはならない。
       〈信　用　状〉              〈商業送り状
         物品の記述                  以外の書類〉
                   食い違わない一般的な用語でよい。   物品の記述
```

(1) インボイスの点検

　インボイスの記載内容は、信用状のそれと合致しているが、インボイスと他の書類（運送書類、検査証明書等）との記載内容は同じである必要はない。データ（data）が食い違っていなければよい。

(2) 原産地証明書の点検

　原産地証明書に表示される荷受人は、通常、信用状発行依頼人名が記載される。一方、船荷証券の荷受人は、多くの場合、荷送人の指図式（to order of shipper）で発行される。この場合は、食い違っているとは解されない。なぜなら、船荷証券の荷受人欄は、貨物の受領権限者を定めるための方法を示す欄であり、本来の荷受人とは意味が異なるからである。

　原産地証明書に関するISBP681 No.184の要旨は、次のとおりである。

　「原産地証明書に荷受人の情報が表示されている場合は、運送書類の荷受人情報と食い違ってはならない。しかし、信用状が、荷受人欄を『to order of shipper（荷送人の指図式）』あるいは『consigned to the issuing bank（発行銀行を荷受人とする）』などと表現する運送書類を要求している場合は、原産地証明書には、信用状の発行依頼人または信用状で指名された別の当事者を荷受人として表示することができる。」

(3) 住所の点検

　定められた書類に受益者の住所および発行依頼人の住所が現れている場合、信用状、または定められた他の書類の住所と同じである必要はないが、信用状に定められた住所と同一国内にある住所でなければならない。例えば、日本からの輸出の場合で、商業送り状に記載された受益者の住所が、信用状記載の住所と細かな点で異なるときには、商業送り状の住所表示の最後に「Japan」と付記するほうがよい。

　ただし、発行依頼人の住所および連絡用詳細（電話番号等）が、UCP600で定められた「運送書類の荷受人欄の一部」または「notify party

● 図表 4 − 6　受益者の住所と発行依頼人の住所

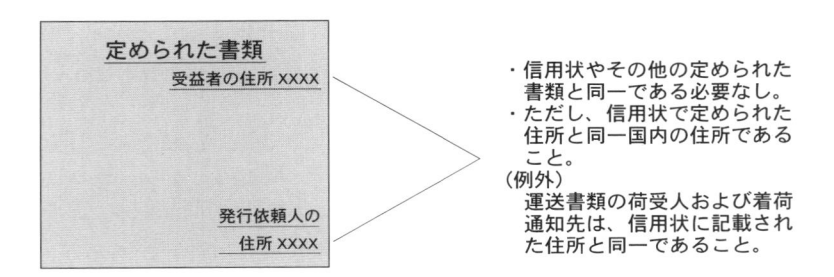

```
定められた書類
  受益者の住所 xxxx



  発行依頼人の
  住所 xxxx
```

・信用状やその他の定められた書類と同一である必要なし。
・ただし、信用状で定められた住所と同一国内の住所であること。
（例外）
運送書類の荷受人および着荷通知先は、信用状に記載された住所と同一であること。

（着荷通知先）の詳細」として現れる場合には、信用状に記載されたとおりでなければならない（Article 14 j）。

(4) 物品の荷送人、送り主の点検

書類上の物品の荷送人（shipper）、または送り主（consignor）は、信用状の受益者である必要はない（Article 14 k）。原産地証明書は、受益者または運送書類面の荷送人（shipper）以外の当事者として、送り主（consignor）または輸出者（exporter）を表示することができる（ISBP681 No. 185）。このようなケースは、荷送人がFreight forwarderとなる場合、あるいは仲介貿易取引においてみられる。

3．書類の発行者等

信用状が、運送書類、保険書類、商業送り状以外の書類を要求している場合であって、書類の発行者名または書類のデータ内容が規定されていないときは、銀行はその書類の内容が要求されている書類の機能を果たすものとみられ、かつ、Article 14 d を充足するとみられる（書類中のデータ・信用状中のデータ・他の書類のデータと食い違っていないこと）場合には、それらの書類は呈示されたまま受理する（Article 14 f）。

呈示されたが、信用状に要求されていない書類は、無視され、呈示人に返却できる。(Article14 g)

信用状がある条件を含んでいるが、その条件を充足することを示す書類を規定していない場合、銀行は、このような条件は記載されていないものとみなして、その条件を無視する（Article14 h）。

次のような信用状条件が該当する。

① 「受益者は船積後ただちに発行依頼人宛、船積日・商品数量・船舶名を通知しなければならない。」という信用状条件（注）があるが、それを具体的に表す書類の規定がない。

（注）"Beneficiary must advise the date of shipment, quantity, vessel's name to the applicant immediately after shipment."

② 信用状に "Shipment must be effected by conference line vessel"（船積は同盟船で行うこと）のような条件を含んでいるが、その条件を充たす書類を要求していない。このような場合は、次のような文言を信用状条件とすることにより解決できる。

"Shipping company's certificate stating that the goods are shipped on conference line vessel"、または "B/L to indicate that shipment by conference line vessel"

4. 書類の有効性に関する銀行の免責

銀行は、次の事項については、なんらの義務も責任も負わない（Article 34）。

① 書類の様式等……書類の様式・十分性・正確性・真正性・偽造または法的効力。

② 書類面の条件……書類に規定された、またはそれに付加された一般条件または特別条件。

③ 書類に表示された物品等の記述・数量・重量・品質・状況・包装・引渡・価値または存在。

④物品の送り主・運送人・フォワーダー・荷受人・保険者またはその他の者の誠意・作為・不作為・支払能力・履行または地位。

5. 原産地証明書

　原産地証明書は、物品の原産地を証明する書類で、輸入国の法令などに基づき、輸入税の軽減（特恵関税）などを目的として要求されるものである。輸出国の商工会議所などにより証明され発行される。輸出地所在の輸入国の領事館等が証明する場合もある。原産地証明書に係るISBP681は、次のとおりである。

(1) 原産地証明書の要件（ISBP681 No. 181）

　原産地証明書は、署名がなされており、日付が付された、物品の原産地を証明する書類の呈示によって充足される。

(2) 原産地証明書の発行者（ISBP681 No. 182）

　原産地証明書は、信用状に記載された当事者によって発行されなければならない。そして、信用状が、原産地証明書は受益者・輸出者または製造業者によって発行されるべきと要求している場合は、商工会議所によって発行された書類は、それが明確に、受益者・輸出者または製造業者を特定しているときには受理されるものとみなされる。

　さらに、信用状が、誰がその証明書を発行すべきかを記載していない場合は、受益者を含め、任意の当事者によって発行された原産地証明書が受理される。

(3) 原産地証明書の内容（ISBP681 No. 183）

　原産地証明書は、送り状に記載された物品に関連しているとみられるものでなければならない。原産地証明書における物品の記述は、信用状で定めら

れたものと食い違わない一般的用語により、または、要求された書類における物品との関連を示しているその他の言及により表示されることができる。

6. 有効期限などが銀行休業日にあたる場合

(1) 有効期限または最終呈示日
信用状の有効期限または最終呈示日が、呈示の行われる銀行の休業日（注）にあたる場合は、有効期限または最終呈示日は、休業日後の最初の銀行営業日まで延長される（Article29 a）。

> （注）ここでいう銀行の休業日は、不可抗力（Act of God）、暴動、騒乱、反乱、戦争、テロ行為、ストライキまたはロックアウトその他銀行の支配を超えた原因による業務の中断、の理由によるものを除く（Article36）。

(2) 時限内呈示の表明
呈示が、休業日後の最初の銀行営業日に行われた場合は、指定銀行は呈示がArticle29 a（上記）に従い延長された時限内に行われた旨の陳述（自行の書類送達状上のstatement）を発行銀行または確認銀行に提供しなければならない（Article29 b）。実務上は、発行銀行等宛に書類を送付する際に使用するcovering letter（送達状）上に、時限内の呈示であることを表明（陳述）する。

(3) 最終船積日
最終船積日は、上記(1)、(2)の結果として延長されない（Article29 c）。

7. 呈示の時間

「呈示の時間」については、銀行は、自行の営業時間外に呈示を受理すべき義務を負わない（Article33）。

4-4 書類の原本およびコピー

書類の原本について呈示されるべき必要通数、また、原本として受理されるものには、どのようなものがあるのかをUCP600およびISBP681の規定に従い説明する。

1. 原本の通数

信用状により要求されている各書類は、少なくとも1通は原本でなければならない（Article17 a）。ただし、以下の場合には、いずれかを充足しなければならない（ISBP681 No.29）。

①信用状により呈示されるべき原本の通数が定められているとき。
②UCP600により呈示されるべき原本の通数が定められているとき。
③原本の発行通数を書類自体が記載しているときには、その書類面に記載された通数。

また、信用状が、"in duplicate" "in two fold" "in two copies"のような用語を使用することにより書類の複数通数の呈示を要求している場合は、少なくとも原本1通と残余のコピーの呈示により充足される（Article17 e）。

信用状の用語（wording）から原本またはコピーのいずれを要求しているのか不明確な場合は、信用状の要求に応じて次のとおりである（ISBP681 No.30）。

①Invoice, One Invoice, Invoice in 1 copy……送り状原本1通の要求である。
②One copy of invoice……送り状のコピー1通または原本1通のいずれでもよい。

信用状がコピーの呈示を要求している場合は、原本またはコピーいずれの呈示も許容される（Article17 d）。

2. 原本として受理されるもの

　書類自体が原本でないことを記載している場合を除き、銀行は、書類の発行者の原本とみられる、署名、符号（mark）、スタンプまたはラベルを付した書類を原本として取扱う（Article17 b）。

　書類の署名方法については、Article3（第3フレーズ）において「手書き、複製署名（facsimile signature）（注1）、穴あけ署名（perforated signature）、スタンプ、シンボル（注2）、またはその他の機械的もしくは電子的認証手段により署名することができる」旨が規定されている。

　また、書類が「法的に是認されなければならない要件」「査証されなければならない要件」「認証されなければならない要件」、またはこれと類似の要件は、その要件を充足するとみられる書類上の署名、符号、スタンプまたはラベルにより充足される（Article3 第4フレーズ）。

　書類が特に原本でないと記載している場合を除いて、銀行は、次のものを原本として受理する（Article17 c）。

①その書類が、発行者の手によって書かれ、タイプされ、穴あけされまたは押印されているとみられるとき。

②その書類が、書類発行者の書簡紙（注3）の原本上に作成されたとみられるとき。

③その書類が、原本であると記載（注4）しているとき。ただし、その記載が呈示された書類に適用されないとみられるときを除く。

　原本が複数通数発行される書類は、"Original" "Duplicate" "Triplicate" "First Original" "Second Original"などと表示することができる（ISBP681 No.28）。

（注1）複製署名（facsimile signature）とは、レーザー・プリンタまたはコンピュータないしは機械的複写方法といったファクシミリによる複写を意味する（ICC（国際商業会議所）のCase studies on documentary credits under UCP500, Publication

No. 535"Answer to the case of the Facsimile Signature"に記載がある)。

(注2) シンボルとは、欧米諸国では、通常、訂正箇所の脇に略式署名を行うことをいうが、日本などで行われている記名捺印もシンボルの一種として署名に含まれるとされている。

(注3)「発行者の書簡紙」とは、発行者のレターヘッド入りの手紙用紙を指す。

(注4) 書類上にラバースタンプ(ゴム印など)により「original」の表示がされているもの等を指す。ただし、「original」の表示がされたもののコピーは、原本とはならない。

4-5 為替手形

為替手形は、逆為替の取引形態において利便性を有しており、有用な取引手段である。取立統一規則の概念によれば金融書類の1つである。ここでは、為替手形の意義と信用状に基づいて振り出される為替手形についての留意点をUCP600およびISBP681の規定について説明する。

1. 為替手形の意義

為替手形とは、振出人が支払人に対して、受取人その他証券の正当な所持人に所定の期日に一定の金額（手形金額）を支払うことを委託する形式の金銭委託証券で、手形法に定める一定の要件を備えたものをいう。

必ず記載しなければならない法定記載事項（①為替手形であることを示す文字、②手形振出日・振出地、③一定の金額を支払うべき旨の委託、④満期の表示、⑤受取人、⑥名宛人、⑦支払をなすべき地の表示、⑧振出人の署名）と、それ以外の任意記載事項（⑨手形番号、⑩対価受領文言、⑪信用状発行依頼人、⑫信用状の明細（発行銀行名・信用状番号と発行日など））がある。

UCP600には、為替手形に関する規定はない。為替手形は、手形法など、各国の法律により記載要件等が制定されているため、任意規則であるUCPにおいて規定されるべきではないからである。「信用状取引」に基づいて振り出される為替手形は、信用状の受益者によって振り出されるため、その振出行為が日本で行われる場合は、わが国の手形法の適用を受ける。また、その手形の引受人・支払人が米国の銀行など外国法人であれば、その引受・支払行為は米国の法律など外国の法律の適用を受ける。これを「行為地法の原則」という。

「信用状取引」において利用される為替手形は、遠隔地（引受人・支払人が所在する地）に送付されるため、通常、送付途中の紛失を考慮して、

同一内容のものを2通の組手形として、各通の手形面に、組手形であることを表す"First" "Second"の文言を付して振り出される。なお、為替手形はBill of Exchangeと英文表記されるが、実務上はdraftと呼称されることが多い。

2．信用状に基づいて振り出される為替手形

　信用状に基づいて振り出される為替手形は、受益者によって振り出され、受取人は、通常、買取銀行とし、信用状条件に従い、発行銀行・補償銀行などが名宛人となる。
　信用状条件により為替手形の振出を要求される場合と要求されない場合がある。信用状条件により為替手形の振出を要求されている場合の留意点は、次のとおりである。

(1)　振出人
　為替手形は受益者が振り出さなければならない（ISBP681 No.53）。

(2)　手形期間（tenor）（ISBP681 No.43）
　手形期間（tenor）は、信用状条件に合致しなければならない。一覧後定期払（a draft is drawn at a tenor）以外で振り出される為替手形の場合は、為替手形自体のデータから満期日を確定することが可能でなければならない（ISBP681 No.43 a）。為替手形のデータから満期日を確定することができる場合の具体例としては、信用状が、船荷証券の日付後60日の手形期間で振り出される為替手形を要求している場合で、船荷証券の日付が2008年7月12日であるとき、手形期間は次のいずれかの方法で為替手形に表示することができる（ISBP681 No.43 b）。
　①"60 days after bill of lading date July 12, 2008"
　②"60 days after July 12, 2008"

③"60 days after bill of lading date"そして、為替手形表面の別の場所に"bill of lading date July 12, 2008"と記載する。

④"60 days date"とし、船荷証券の日付と同じ日付を為替手形の振出日とする。

⑤"September 10, 2008"

手形期間が、「船荷証券の日付後XXX日」の場合は、たとえ船荷証券の発行日が積込日（the on board date）の前であっても、後であっても、積込日が船荷証券の日付とみなされる（ISBP681 No.43 c）。

満期日を決定するために用いられる"after""from"のような語は、いずれの用語が使用されても船積日等の日付の翌日から起算される。例えば、"10 days after or from March 1"の場合、満期日は、3月11日である（Article 3第10フレーズおよびISBP681 No.43 d）。信用状が、"60 days after or from bill of lading date"で為替手形が振り出されることを要求している場合で、1つの為替手形に基づき複数組の船荷証券が呈示されたときは、最も遅い船荷証券の日付が、満期日の計算に用いられる（ISBP681 No.43 f）。

(3) 裏　書

為替手形には裏書が必要である（ISBP681 No.49）。輸出サイドでは、通常、買取銀行によって裏書される。

(4) 金　額

為替手形の金額は、送り状の金額と一致しなければならない。ただし、Article 18 bの規定により処理する場合を除く（ISBP681 No.51）（本章4－6参照）。

(5) 訂正および変更

為替手形の訂正および変更は、振出人によって認証されたとみられること（ISBP681 No.55）。なお、訂正または変更のある為替手形は、振出人

の認証があっても受理されない国があるので注意する必要がある。そのような国に所在する発行銀行は、為替手形には訂正または変更があってはならない旨を信用状の中に明記すべきである（ISBP681 No.56）。

> **★日付の一般原則について**
>
> 信用状に要求されていなくても、為替手形、運送書類および保険書類には日付が必要である（ISBP681 No.13）。なお、日本の法律においては、為替手形は、手形法第1条により振出日を、船荷証券は、国際海上物品運送法第7条により、保険証券は商法第649条により、それぞれ作成年月日を記載しなければならない。

4-6 商業送り状

　商業送り状（commercial Invoice）は、受益者が発行依頼人に宛てた貨物明細書兼請求書である。船荷証券・海上保険証券とともに主要船積書類を構成する。送り状に記載される事項は、物品名・数量・単価・金額・取引条件等である。ここでは、UCP600およびISBP681の規定について説明する。

1.商業送り状の受理要件

　商業送り状は、以下の①から④の要件を充足していることが必要となる（Article18 a）。
　①受益者によって発行されたとみられるもの（ただし、Article38【譲渡可能信用状】g の規定による場合を除く）。
　②発行依頼人宛に作成されなければならない（Article38 g による場合を除く）。
　③信用状の通貨と同一通貨で作成されなければならない。
　④署名される必要はない。

チェック！

> ★署名について
> 　送り状の定義について、信用状が単に「invoice」とあるだけで、具体的な送り状の種類・名称を要求していないときには、どのような種類の送り状（商業送り状、税関送り状、領事送り状等）も受理される。しかし、「仮の（provisional）」「見積の（pro-forma）」などの送り状は受理されない（ISBP681 No.57）。
> 　また、署名について信用状が特に要求していない場合は、署名される必要はないが、信用状が、例えば「Signed commercial invoice in duplicate」と定めている場合は、署名が必要である。署名の方法としては、Article3

> 【解釈】（第3フレーズ）に「書類には、手書き、複製署名、穴あけ署名、スタンプ、シンボルまたはその他の機械的もしくは電子的認証手段により署名することができる。」の規定がある。

2．商業送り状の記述

(1) 商業送り状の記述の留意点

　商業送り状の物品、サービスまたは履行（以下「物品等」という）の記述は、信用状の記述と合致していなければならない（Article 18 c）。

　送り状の物品等の記述は、信用状の記述と同一でなければならないが、一字一句全く同じ（mirror image：鏡像）である必要はなく、例えば、物品等の明細が送り状内の何箇所かに分かれて記載されていても、それらをひとまとめとして照合した場合に、信用状に記述された物品等の記述に合致するのであれば差し支えない（ISBP681 No.58）。

　送り状には、信用状に記載されていない前払・値引等による控除を表示しても差し支えない（ISBP681 No.60）。信用状に要求されていなければ、署名や日付は不要である（ISBP681 No.62）。送り状に表示された物品の数量、重量および寸法は他の書類のそれらと食い違ってはならない（ISBP681 No.63）。

　送り状は、超過船積（Article 30 b に定められた数量の過不足許容範囲の規定が適用される場合を除く）や、たとえ「free of charge（無償扱い）」と記載されていても、信用状で要求されていない商品（見本、宣伝用品等を含む）を表示してはならない（ISBP681 No.64）。

(2) 信用状金額、数量および単価の許容範囲（Article 30 a）

　信用状に記載された信用状の金額、数量もしくは単価に関連して用いられた「about」または「approximately」という語は、それが言及する金

額、数量または単価の10％を超えない過不足の許容範囲を容認しているものと解釈される（Article30 a）。信用状金額が「about US$100,000.00と記載されていれば、US$110,000.00からUS$90,000.00までの使用が認められる」こととなる。注意しなければならないことは、信用状金額、数量または単価のうち、aboutのような語が付されているもの（項目）についてだけ過不足が認められるということである。例えば、信用状条件で数量にaboutが付されているが、金額にaboutが付されていないときには、数量についてのみ10％を超えない過不足が認められ、金額については10％を超えない過不足は認められないこととなる。

(3) 物品数量の5％を超えない過不足の許容範囲の容認（Article30 b）（ISBP681 No. 65）

①包装単位の数または個々の品目の数を定めることによって数量を記載していないこと。かつ、

②使用金額の合計が、信用状金額を超えないこと。

物品の売買で、バラ積の鉱石、穀物や石油等、積込時と陸揚時とでは数量に誤差が生じるものは、商慣習上、一定の範囲内で誤差を認めている。このような状況を勘案して、一定の条件の下では物品の数量について5％の過不足を認めている。しかし、○○箱、××袋のような包装単位や個々の品目の数が信用状に記載されているときには、数量が明確に確定できるので、本規定の適用対象外である。例えば、物品の数量について、アルコール1リットル入りのビン100本というように包装単位の数で定めている場合、あるいは1メートルの長さの紐を1,000本というように物品の数で定めている場合、数量の過不足は認められない。一方、アルコール100リットルあるいは紐を1,000メートルと定めている場合は、5％を超えない過不足は認められる。

(4) 信用状金額の5％を超えない不足の許容範囲の容認（Article30 c）（ISBP681 No. 66）

信用状の使用金額が信用状金額を下回ることを、一般的にショート・ドローイング（short drawing）と呼んでいる。原則として、ショート・ドローイングは認められないが、次の３項目がすべて適用される場合には、ショート・ドローイングが認められる。

①一部船積（partial shipments）が許容されていない場合であっても、物品の数量が信用状に記載されているときは、全量（全部）船積されること。

②単価が信用状に記載されているときは、減額（縮減）されていないこと。

③Article30 b が適用されないこと。

これらの許容範囲は、信用状が、特定の許容範囲を定めている場合、またはArticle30 a が適用される場合を除く。

(5) 信用状金額を超えた送り状の受理（Article18 b）

指定銀行、確認銀行、または発行銀行は、当該銀行が、信用状によって許容された金額を超える金額をオナーしていないこと、または買い取っていないことを条件に信用状により許容された金額を超える金額で発行された商業送り状を受理することができ、その銀行の決定は、すべての当事者を拘束する。

これは、例えば、指定銀行が、信用状によって許容された金額を超える金額で発行された商業送り状を受理することを決定した場合は、確認銀行、発行銀行は、その（指定銀行の）決定に拘束されるという意味である。

本規定について、「UCP600コメンタリー」（78頁）は、要旨として次のようにコメントしている。

「UCP500の言い回し（wording）は、このような『商業送り状の拒絶』

を暗黙のうちに促すものとして考えられていたが、UCP600は、UCPは支払のためのルールであるとの原則的考え方を支持して、このような『商業送り状の受入れ』を強調している。」

【事例１】ケアレス・ミスにより発生する例

信用状金額は数量×単価で発行されたが、信用状で定められた数量は、5% more or lessが認められる場合で、数量が5% moreで船積されたときには、商業送り状の金額は、信用状金額を超過する。

〔取引例〕信用状条件は次のようであった。

○数量：10,000 tons , 5 % more or less is allowed.

○単価：@US$10.00

○信用状金額：US$100,000 .00

この場合、数量を10,000 tonsあるいは、5% lessの9,500 tons（10,000－10,000×5%）で船積すれば商業送り状金額は、信用状金額の範囲でおさまる。しかしながら、数量を5% moreの10,500 tons（10,000＋10,000×5%）で船積すると商業送り状金額は、US$105,000.00（10,500 tons×US$10.00）となり、信用状金額を超過することとなる。このような事態を避けるためには、信用状金額についてもmore or less条件とすべきである。

送り状金額をそのままとして、手形振出金額を信用状金額と一致させる方法も考えられるが、信用状が"drafts drawn for full invoice cost"の条件を付けていると信用状条件を充足しないことになる。一方、超過分を商業送り状金額から減額（控除）し、減額後の金額を最終的な送り状金額として手形を振り出せば、信用状条件を充足することとなるが、このような減額は、仕向国の法規制により認められない可能性がある。

【事例２】商業送り状金額の一部が前受金により受領済みの例

信用状金額は、10,000米ドルであるが、輸出代金が12,000米ドルであり、そのうち、2,000米ドルはすでに前受金として、送金により受領してい

> る。このような場合、商業送り状金額（物品価格）は12,000米ドルで表示しなければならないため、信用状金額を超過する。このとき手形振出金額を10,000米ドルとすれば解決できそうであるが、信用状に"drafts drawn for full invoice cost"のような条件が付されていると信用状条件を充足することができない。

【事例１】のようなケアレス・ミスにより、商業送り状金額が信用状で定められた金額を超過する場合は、超過分について値引の記載を行い、書類面で、商業送り状金額を信用状金額に一致させることにより、「drafts drawn for full invoice cost」の条件を充足させることができる。信用状に定められていない値引を表示することは認められる（ISBP681 No.60）が、信用状発行銀行所在国の法規制などにより許容されないこともあるので注意が必要となる。

【事例２】の輸出代金の一部について前受金により受領済みのケースにおいても同様である。このような取引が予想される場合は、定められた金額を超過する金額で発行された商業送り状を許容する旨の条件を信用状に明示的に記載することが問題の発生を未然に防ぐことになる。

(6) 数理計算

銀行は書類の詳細な数理計算を点検しない。信用状と必要書類との合計金額を点検すべき義務を負っているにすぎない（ISBP681 No.24）。

例えば、商業送り状に、「数量×単価＝金額」が複数の行にわたって記載されて、合計金額が示されているとする（複数項目の物品があるような場合が想定される）。このような場合は、各項目の「数量×単価の計算」（掛け算）、および各項目の縦の計算（足し算）（＝検算）は不要である。

上記事例に関して、ISBP681 No.24には、銀行の義務は、合計金額と信用状およびその他の書類との金額を点検することである旨の記述がある。

4-7 複合運送書類

　現状、主流となっている複合運送は、物品を発送地等から最終到達地まで2つ以上の運送手段を用いて輸送される取引形態である。この場合に発行される運送書類が複合運送書類である。ここでは、同書類の受理要件および留意点につきUCP600およびISBP681の重要点を説明する。

1. 複合運送書類とは

　複合運送書類（multimodal or combined transport documents）とは、船舶、航空機、鉄道、トラックなど、2つ以上の運送手段を用いて、物品の発送地・受取地・船積地から最終到達地まで同一の運送人の責任により、一貫輸送される場合に発行される運送書類である。信用状が複合運送書類を要求しており、運送書類が信用状で定められた受取地・港・空港・または積込地から最終仕向地までの船積を示している場合は、Article19が適用される（ISBP681 No.68）。

　複合運送書類は、"multimodal transport document"、"combined transport document"の表題が付いていなくても、たとえ信用状にそのような表現が用いられていたとしても受理される（Article19 a）（ISBP681 No.69）。

2. 複合運送書類の受理要件

　少なくとも2つの異なった運送形態を対象とする運送書類（複合運送書類）は、次の(1)～(6)のようにみられるものでなければならない（Article19 a）。

(1) 運送人の名称、署名
　運送人の名称を示しており、かつ、次の者によって署名されていること

が必要である（Article19 a. i.）。

① 運送人またはその代理人、または、

② 船長またはその代理人

運送人、船長またはそれらの代理人による署名は、それぞれの署名として特定されていることが必要である。代理人による署名は、運送人を代理したのか、船長を代理したのかを示していなければならない。

複合運送書類における運送人等の表示および署名者について、「UCP600コメンタリー」（82・83頁）には、複合運送書類の運送人等の表示と署名者について、次のような説明がある。

① 運送人等の表示と署名者についてUCP500とUCP600との間で変更はない。唯一の変更点は、船長の代理として代理人により署名されるときは、船長の名称は不要である。

② 運送書類が、発行会社名のみ（例えば、XYZ SL Ltd.）で発行された場合、Carrier（運送人）の語がない限り十分ではない。例えば、"ABC Shipping Lines Ltd. Carrier"のように運送書類が、Carrierの語を示しながら、発行会社名を示すことが必要となる。会社名のみの表示は十分ではない。

③ 運送書類への署名については、運送人として署名したのか、船長として署名したのか、代理人として署名したのか、そのいずれかを示さなければならない。なお、代理人として署名する場合は、代理人の名称と署名の資格（the capacity in which it is signing）を示さなければならない。単なる署名では十分ではない。

④ 運送書類への署名者の資格は、署名欄に記載する必要がある。

⑤ 代理人が船長を代理したときには、代理人は船長名を記載する必要はない。船長の名前は、運輸業界においては、通常（運送書類の発行時点では）、代理人にとっては不明である（知られていない）ことが多いため、船長名を記載する必要はない。

⑥ 運送書類に複合運送人（multimodal transport operator）が署名する

ことはまれであり、複合運送人またはその代理人の資格で署名する必要はない。

(2) 物品の発送、受取、船積

物品が信用状で定められた地で発送され（dispatched）、受け取られ（taken in charge）、または船積された（shipped on board）ことを次により示していることが必要である（Article19 a. ii.）。

①事前印刷文言により、または②物品が発送され、受け取られ、または船積された日付をスタンプ、または付記（notation）による。

運送書類の発行日は、発送日（date of dispatch）、受取日（date of taking in charge）または船積された日（date of shipped on board）のいずれかとみなされ、それが船積日とみなされる。運送書類が、スタンプまたは付記により発送日、受取日または船積日を示している場合、この日が船積日とみなされる。

なお、「事前印刷文言」とは、複合運送書類面に"Received by the carrier from the shipper in apparent good order and condition"のように印刷されていることを指す。「スタンプ」とは、文字どおり発送日等を日付印により押印されることを指し、「付記」は、積込済の付記で使用され、付記欄に日付印またはタイプライターにより補充された日付を指す。

複合運送書類の発行日は、発送日、受取日または船積された日とみなされる。しかし、複合運送書類面に、信用状で要求された地において発送され、受け取られ、または船積されたことを証する他の「日付の付記」（notation）がある場合、その「付記の日付」が船積日とみなされ、その日付が複合運送書類の発行日の前か後かは問わない（ISBP681 No.73）。

(3) 発送地、受取地または船積地および最終仕向地

次の場合であっても、信用状で定められた発送地、受取地または船積地および最終仕向地を示していることが必要である（Article19 a. iii.）。

①上述(2)の「定められた発送地」などに加えて、異なった発送地、異なった受取地または異なった船積地もしくは異なった最終到達地を示している場合、または、

②運送書類が、船舶、船積港または陸揚港に関して"intended"の記載または類似の制限的記載を含んでいる場合

"intended"とは、予定されたという意味で、船舶、船積港、陸揚港について、それぞれ積込予定船舶、予定船積港、予定陸揚港という意味である。

信用状が、受取地・発送地・積込地をany Japanese portなどと、また、目的地をany European portなどのように、「地理上のある領域（a geographical range）」によって示している場合、複合運送書類は、実際の受取地・発送地・積込地（例、Tokyo）、および目的地（例、Rotterdam）を示さなければならない（ISBP681 No.75）。

(4) 運送書類の原本

1通のみで構成される運送書類の原本であること、1通よりも多い原本が発行されている場合、運送書類面に示されている全通が呈示されることが必要である（Article 19 a. iv.）。運送書類の原本は、通常、複数通数（2ないし3通）発行される。これは書類の輸送中の紛失を防止するために複数通数の原本を分けて送付する必要があるからである。輸送中に運送書類の原本の一部が、万一、紛失しても、残りの原本により物品（貨物）の引取が可能となる。

(5) 運送約款

運送約款を含んでいること。または運送約款を他の箇所を参照するよう記載されていること。運送約款の内容は点検されない（Article 19 a. v.）。

「運送約款を他の箇所を参照するよう記載されている」とは、運送書類そのものに運送約款を含んでいない（表示されていない）が、運送書類面に「別紙運送約款参照」（注）のように記載されている場合を指す。このよ

うな運送書類を"short form"あるいは"black back"と通称している。

 （注）英文例："This shipment is carried under and pursuant to the special terms and conditions between ABC Co. Ltd. and XYZ Shipping Co. Ltd."、"This shipment is carried under special contract of carriage of goods."

(6) 傭船契約でない表示

傭船契約（charter party）に従うことの表示がないことが必要である（Article19 a. vi.）。傭船契約とは、荷主（傭船者）が、船腹の一部または全部を借り切って運送する目的で、船会社（船主等）との間で結ぶ契約をいい、大量の貨物を不定期船によって運送する場合に用いられる。傭船契約にあたっては、船会社と荷主との間で、直接または傭船仲介人を介して契約を締結する。傭船契約には次の種類がある。

①期間（定期）傭船契約…船主等が「一定期間貸し切る」契約。
②航海傭船契約…2つの港を定め、船主等が「両港間の一航海を貸し切る」契約。

傭船契約には、通常、荷主にとって「不利な傭船契約条項」が挿入され、その影響を受けることから、特に信用状で要求されていない限り、傭船契約に従うとの表示を含んでいない複合運送書類が受理される。

傭船契約に基づく複合運送書類面上に記載される文例としては、"issued pursuant to Charter‐Party dated September 10,2008" "charter party contract number ABC 123" "to be used with charter parties"のようなものがある。

3. 積 替（transhipment）

(1) 積替の定義（Article19 b）

複合運送における積替とは、信用状に記載された発送地、受取地または船積地から最終到達地までの運送区間における、ある運搬手段からの荷卸

（unloading）および別の運搬手段への再積込（reloading）を意味する。運搬手段とは、トラック、鉄道、船舶、航空機などの運送形態をいう。

(2) 積替の可否（Article19 c ）

運送の全部が同一の運送書類の対象範囲とされていることを条件として、運送書類は、物品が積み替えられること、または物品が積み替えられることができることを示すことができる（Article19 c. i.）。たとえ、信用状が積替を禁止している場合であっても積替が行われること、または積替が行われることができることを示している運送書類は、受理される（Article19 c. ii.）。

4．その他の留意点

(1) notify party（着荷通知先）（ISBP681 No.78）

信用状に着荷通知先の定めがない場合、複合運送書類の該当欄は、空欄のまま、あるいは、任意の方法で完成させることができる。

(2) 複数組の複合運送書類の呈示（ISBP681 No.80）

信用状が一部船積を禁止している場合で、複数組の複合運送書類が呈示され、それが複数の起点（points of origin）からの船積、発送、または受取を対象としているときは、それらの複合運送書類は受理される。

ただし、同一運搬手段かつ同一運送航程で同一の目的地への物品の搬送を対象としていることが条件である。このときに、複数の複合運送書類に、それぞれ異なった船積日、発送日または受取日が付されている場合には、それらの日付のうちで最も遅い日付が、すべての「呈示期間の計算のため」に用いられ、その最も遅い日付は、信用状で定められた最終の船積日、発送日または受取日の当日またはそれ以前でなければならない。

(3) 物品の記述（ISBP681 No.84）

複合運送書類の物品の記述は、信用状の記述と食い違わない（注）一般的用語で記載することができる。

（注）not in conflict with that stated in the credit

(4) 訂正および変更（ISBP681 No.85）

複合運送書類の訂正および変更は、認証されなければならない。そのような認証は、運送人、船長またはそれらの代理人の誰かによってなされたとみられなければならない。それらの代理人は、運送人または船長の代理人として特定されていれば、当該運送書類を発行した、またはそれに署名した代理人と異なっていても差し支えない。

4-8 船荷証券

　船荷証券は、船会社による物品の受取証であるとともに貨物引換証である。在来船を主とした輸送形態の場合に発行される運送書類であり、有価証券性を有している。ここでは、船荷証券のUCP600およびISBP681の重要な規定について説明する。

1. 船荷証券（Bill of Lading）とは

(1) 船荷証券の機能
以下の機能をもっている。
①船会社に引き渡された物品の受取証。
②荷送人と船会社との間で締結された海上運送契約を表す証拠書類。
③物品の占有または支配の証拠であり、船荷証券に記載された物品を化体する有価証券。

(2) 船荷証券の性質
①受戻証券性
　船荷証券の所持人は船荷証券を運送人（船会社）に呈示し、それと引替でなければ運送品の引渡を請求できない。運送人はその船荷証券を回収しなければならない（国際海上物品運送法第10条、商法第584条の準用規定）。
②指図証券性
　船荷証券は裏書によって、運送品の引渡請求権を譲渡することができる（国際海上物品運送法第10条、商法第574条の準用規定）。
③要式証券性
　法定の記載事項を必要とする（国際海上物品運送法第7条）。
④要因証券性

船荷証券は、原因となった運送契約と、それに基づく運送品の交付が証券の効力に影響を及ぼす（国際海上物品運送法第9条）。

(3) 指図式船荷証券と記名式船荷証券

①指図式船荷証券（Order B/L）

船荷証券の荷受人欄に"to order"または"to order of shipper"と記載された船荷証券をいう。この場合、物品（運送品）の引渡請求権者（荷受人）の指定方法は、shipperが船荷証券に裏書（指図裏書または白地裏書）することにより行われる。

②記名式船荷証券（Straight B/L）

船荷証券の荷受人欄に"consigned to A（荷受人名）"、または単に"ABC Bank（発行銀行など）"というように、特定の氏名または商号が記載された船荷証券のことをいう。この場合、Aなど特定された荷受人だけが貨物を受け取ることができる。

船荷証券にはshipperの裏書を必要としない。わが国では、この記名式船荷証券に裏書禁止の記載がない限り、裏書譲渡できる（商法574条およびこの規定を準用した国際海上物品運送法第10条）。なお、米国などでは裏書譲渡を認めていないため流通性のない（non-negotiable）船荷証券となる。

(4) UCP600における船荷証券

信用状が、海上運送のみを対象とする船荷証券（"Marine""Ocean""Port-to-Port"または類似の表現によるもの）を要求している場合は、Article20が適用される（ISBP681 No.91）。船荷証券は、Article20に適合するために、港から港までの船積（port-to-port shipment）を対象としているとみられなければならないが、"marine bill of lading""ocean bill of lading""port-to-port bill of lading"などの表題が付される必要はない（ISBP681 No.92）。

船荷証券の受理要件（Article20 aなど）は、前述の複合運送書類とほぼ

同じである。また、運送人等の表示および署名者についての解説も同じである（「UCP600コメンタリー」90・91頁参照）。したがって、以下に相違する点のみを列記する（下線部分が相違する記述）。

①Article20 a. ii.（物品が船積されたことを示していること）

　物品が、信用状で記載された<u>船積港で、記載された船舶に船積されたこと</u>。<u>船荷証券の発行日が、船積日とみなされる</u>。

②Article20 a. iii.（船積港から陸揚港までの船積を示していること）

　信用状に記載された<u>船積港から陸揚港までの船積を示していること</u>。船荷証券が、<u>船積港に関連した"intended"との記載</u>またはこれと類似の制限的記載を含んでいる場合は、信用状に記載された<u>船積港、船積日および船舶の名称を示しているon board notation（積込済の付記）が必要である</u>。

③Article20 b（積替の定義）

　積替とは、信用状に記載された<u>船積港から陸揚港までの運送の間における、ある船舶からの荷卸および別の船舶への再積込</u>を意味する。

④Article20 c. ii.

　信用状が積替を禁止している場合であっても、その船荷証券が証拠立てるとおり、<u>物品がコンテナー、トレーラーまたはラッシュ・バージ（注）で船積されたときには、積替が行われることまたは積替が行われることができることを示している船荷証券は受理されることができる</u>。

（注）ラッシュ・バージ（LASH barge）とは、ラッシュ船に積み込む「艀(はしけ)」のことであり、ラッシュ船とは「艀専用船」のことである。船内に貨物を積載したままの「艀」を運搬する専用船である。なお、ラッシュ（LASH）とは、Lighter Aboard Shipの頭文字をとった言葉である。

⑤Article20 d

<u>運送人が積替の権利を留保することを記載した、船荷証券における条項は、無視される</u>。

2. その他の留意点

(1) 署　名（ISBP681 No.95）

信用状に「Freight Forwarder's Bill of Lading is acceptable」と定められており、また同様の文言があるときは、フレイト・フォワーダー自身の資格で署名しても差し支えなく、運送人、あるいは、その代理人として表示する必要はない。

(2) 同一船舶かつ同一航海で同一の陸揚港を対象とした複数組の船荷証券（ISBP681 No.105）

①一部船積（partial shipments）とならない場合

同一船舶、例えば、「晴海丸　voyage No.005」により、同一航海（航海経路：東京港→名古屋港→神戸港→シンガポール港）で同一の陸揚港（シンガポール港）への物品の船積を対象としている場合、以下のような複数組の船荷証券が呈示された。

船荷証券番号	発行地	船積日	voyage number
(1)　No.10001	東京港	9月1日	No.005
(2)　No.10002	名古屋港	9月10日	同上
(3)　No.10003	神戸港	9月15日	同上

この場合は、複数の船積港からの船積を対象としているが、同一船舶・同一航海・同一陸揚港に該当するので、一部船積とはみなされない。このときに最後の日付（9月15日）が呈示期間の計算のために用いられ、かつ、最後の日付（9月15日）は信用状で定められた船積期限内である必要がある。実務上は、複数組の船荷証券上のvoyage numberが同一であることを確認する。

②一部船積 (partial shipments) となる場合

　複数船舶による船積を証する船荷証券が呈示された場合は、たとえそれらの船舶が同じ日に同じ到達地に向けて出航する場合であっても、一部船積である。例えば、ある船舶「箱根丸」が同一到達地（シンガポール港）に向けて9月30日に出航し、同日、他の船舶「伊豆丸」がシンガポール港に出航し、それぞれを証する船荷証券が呈示された場合は、一部船積となる。

(3)　**所定期間ごとの分割使用または分割船積（Article32）**

　一定期間内に分割した使用または船積が信用状により規定されている場合で、ある分割部分が、その分割部分に許容された期間内に使用されないとき、または船積されないときは、信用状は、その分割部分およびそれ以降の分割部分について利用することができなくなる。

【例】信用状条件

○Expiry（有効期限）：2008年11月15日
○Shipping schedule（船積予定）：　①During July（7月中船積分2,000 tons）
　　　　　　　　　　　　　　　　　②During August（8月中船積分3,000 tons）
　　　　　　　　　　　　　　　　　③During September（9月中船積分5,000 tons）
　　　　　　　　　　　　　　　　　④During October（10月中船積分5,000 tons）
○Presentation period（呈示期間）：15 days after the date of bill of lading（船荷証券の日付後15日）

　この信用状条件において、実際の船積が7月中船積分は、7月31日に信

用状条件どおりに実行されたが、8月中船積分については、9月2日に実行されたため、late shipmentとなった。このような場合、9月中船積分および10月中船積分についても、信用状を利用できなくなる。

(4)　指図式船荷証券の裏書

　船荷証券が、指図式または荷送人の指図（to order or to order of shipper）で発行された場合、船荷証券は、荷送人により裏書されなければならない。荷送人の代理でなされたことを示している裏書は受理される（ISBP681 No.102）。

(5)　Foul B/LとClean B/L

①Foul B/L（故障船荷証券）

　船荷証券には、まれに、荷主から受け取った物品または包装に瑕疵が認められた場合、船会社によって、船荷証券の表面に付加条項（remarks）、または但書き（notation）が記載されることがある。例えば、"box broken"（箱破損）"2 pieces short"（2個不足）などと記載される。このように、物品または包装に瑕疵があることを明示している船荷証券をFoul B/Lという。瑕疵のある現況を述べていない（例えば、中古車、中古機械、古ドラムなど）の注記のあるB/LはFoul B/Lではない。Foul B/Lは、信用状で特に認めていない限り受理されない（Article27前半）。

②Clean B/L（無故障船荷証券）

　物品または物品の包装の瑕疵ある現況を明示的に宣言した条項または付記を表示していない船荷証券を無故障船荷証券という。たとえ信用状が「無故障での積込」（clean on boardの要求）を要件としていても、「無故障（clean）」という語が船荷証券上に現れる必要はない（Article27後半）。

4-9 航空運送書類

航空運送書類は、物品を航空機により輸送する取引形態の際に発行される運送書類であり、航空運送状等が該当する。物品を迅速に目的地へ輸送することができるメリットを有している。ここでは同書類の受理要件についてUCP600の規定を略述する。

1. 航空運送書類（Air Transport Document）とは

航空運送書類は、航空運送状（Air Waybill）、または航空貨物運送状（Air Consignment Note）が一般的に該当し、運送目的のため運送人が荷送人から航空貨物を受領したとき発行される運送証書（運送契約の証拠および物品の受領証）である。ただし、船荷証券のように物品の引渡請求ができる有価証券ではない。

また、信用状が、空港から空港への輸送を対象とする航空運送書類を要求している場合、Article23が適用される（ISBP681 No.134）。航空運送書類は、空港から空港を運送の対象としているとみられなければならないが、"Air Waybill" "Air Consignment Note"等の表題が付される必要はない（ISBP681 No.135）。

2. 航空運送書類の受理要件

航空運送書類の受理要件も、前述の複合運送書類、船荷証券とほぼ同じであるが、以下に相違する点を列記する。

　①物品が運送のために受領されたこと（the goods have been accepted for carriage）を示していること（Article23 a. ii.）。
　②発行日を示していること。この日が船積日とみなされる。ただし、航空運送書類に実際の船積日の特別付記を含んでいる場合には、その付

記の日付が船積日とみなされる。航空運送書類面に現れている便名および日付に関連する情報は、船積日を決定する際には考慮されない（Article23 a. ⅲ.）。

③信用状に定められた出発空港および到達空港を示していること（Article23 ⅳ.）。

④たとえ信用状が原本全通を要求していても、送り主用または荷送人用の原本（the original for consignor or shipper）（注）であること（Article23 a. ⅴ.）。

（注）航空運送書類は、(1)運送人用原本、(2)荷受人用原本、(3)荷送人用原本があるが、荷送人用原本（Original 3 （for shipper））の呈示があればよい。

4-10 甲板積と不知約款など

ここでは、"On Deck" "Shipper's Load and Count" "Said by Shipper to Contain" および運送賃に追加された費用の取扱いをみていく。

1. 甲板積

運送書類は、物品が甲板に積載されていること、または積載されることを示してはならない。物品が甲板に積載されることができる（goods may be loaded on deck）ことを記載した運送書類上の条項は、受理される（Article26 a）。物品が甲板に積載されている場合には、運送書類面に"on deck"の表示がなされるが、信用状が特に許容していない限り受理されない。

一方、物品が甲板に積載されることができる旨の記載は、通常、運送約款として裏面に記載されることから実務上は特に問題とならない。なぜなら、UCPの規定により、銀行は運送約款を点検しない旨規定されているからである（Article20 a. v.）。

2. 不知約款

"shipper's load and count"および"said by shipper to contain"のような条項を表示している運送書類は受理される（Article26 b）。この条項は、不知約款（通称「unknown clause」）といわれるものに表現される文言の1つである。"shipper's load and count"のような文言が記載された運送書類は受理される。"shipper's load and count"とは、運送人によって受け取られた運送品が、shipper's pack（荷主によって運送品がコンテナに積み込まれて封印されたもの）の場合、運送人は、運送書類面に受け取ったコンテ

ナーの数だけを記載する。それは、コンテナー内部の運送品の状態およびその明細（品名・数量・品質・重量・寸法・容積・性質・価値など）は運送人の知るところではなく、責任を負わないとの意味である。不知約款に表現されるこのような文言には、上記のほか、"said to contain" "said by shipper to contain"などがある。

3．運送賃に付加された費用

運送書類は、スタンプその他によって、運送賃に付加された費用への言及を表示することができる（Article26 c）。信用状が「Freight（運送賃）に追加される費用は許可されない」と定められている場合は、船荷証券面に運送賃に追加される費用が発生する旨を示してはならない。追加される費用は、当該費用の明記によることもあれば、Free In（FI）、Free Out（FO）、Free In and Out（FIO）、Free In and Out Stowed（FIOS）（注）というような、物品の積込または荷卸費用を参照する船積条件を使用して行う場合もある（ISBP681 No.113）。

（注）FIとは、荷送人（shipper）が自己の費用負担で、運送品を本船に積み込むことを意味し、FOとは、荷送人が自己の費用負担で、運送品を本船から荷卸しすることを意味し、FIOとは、FIとFOを合わせ、積込費用と荷卸費用を荷送人が負担することを意味し、FIOSとは、FIOに加えて、運送品の船倉への積付費用（stowage）を、荷送人が負担することを意味する。

4-11 保険書類と担保範囲
(Insurance Document and Coverage)

海上保険契約は、貨物の海上運送途上における偶発的事故から生じる損害をカバー（担保）する目的で締結される損害保険契約のことである。ここでは、この保険契約を証する書類である保険書類をみていく。

1. 英文貨物海上保険証券のフォーム

わが国をはじめ、世界のほとんどの国で採用している英文貨物海上保険証券は、その国際的な利用状況から英国ロンドンのロイズSG証券（Lloyd's SG Policy）のフォームに模範をおいていた。このロイズSG証券は、3,000余りの判例の裏付けがあるといわれているが、難解な中世英語で表されているため批判があった、これらの批判に応えるように、英国の保険関係委員会は、1981年7月現代英語による新しい海上保険証券のフォームを制定した。

2. 新しい協会貨物約款

英国の保険関係委員会は、1982年「新協会貨物約款」(A)、(B)、(C)を発表したが、これは、1963年の「旧協会貨物約款」All Risks条件、WA条件、FPA条件にそれぞれ、対応する約款となっている。（本節の9を参照）

3. 保険金請求権の譲渡

保険書類は、信用状で定められたものでなければならず、必要な場合には、保険金請求権者（保険金請求のための指図権者）によって裏書されなければならない（ISBP681 No.179）。

保険証券は、多くの場合、shipperを被保険者として発行される。この場合、保険金請求権を譲渡するためには、shipperが保険証券に裏書をする必要がある。

4. 保険書類および担保範囲

(1) 保険書類の発行者 (Article28 a)

保険証券 (insurance policy)、包括予定保険契約 (open cover)（注１）に基づく保険承認状 (insurance certificate) または確定通知書 (insurance declaration) のような保険書類は、次の者により発行され、署名されたとみられるものでなければならない。

①保険会社
②保険引受人 (underwriter)（注２）
③それらの代理人 (their agents or proxies)（注３）

代理人による署名は、保険会社を代理したのか、保険引受人を代理したのかを示さなければならない。

(注１) 包括予定保険契約とは、一定の航路、貨物の種類、保険条件の概要、概算予定額を保険金額とし、一括して特定の保険会社と契約し、貨物の船積の都度、明細を保険会社に通知し、予定保険金額に達するまで包括的に填補される保険である。個々の積荷に対してInsurance Certificate（保険承認状）が発行される。

(注２) 保険引受人 (underwriter) とは、保険契約を引き受ける個人企業の保険業者をいう。英国に典型的にみられるロイズ保険組合 (Institute of Lloyd's Underwriter Association) 加入の保険引受業者がある。

(注３) proxyとは、保険会社またはアンダーライターの委任に基づき、主として保険承認状の代理署名を行う者をいう（欧州諸国にみられる）。

(2) 受理される保険書類 (Article28 b〜d)

保険書類が１通よりも多い原本により発行された場合には、原本すべて

が呈示されること。保険書類の原本は、ほとんど複数通数発行される。これは書類の輸送中の紛失を防止するため複数通数を分割して送付し、万一の事故等により原本の一部が紛失しても残りの原本により保険金請求が可能となるようにしている。

　保険証券は、包括予定保険契約に基づく保険承認状または確定通知書の代わりに受理される。

　カバー・ノート（cover note）は受理されない。カバー・ノートとは、ブローカーが依頼されたとおりの保険を取り次いだ旨の被保険者への通知書をいう。

　信用状が被保険者を定めていない場合、保険金請求が荷送人または受益者の指図式で支払われることを表している保険証券は、裏書が必要である（ISBP681 No.180）。

5．保険書類の発行日付

　保険書類面上、船積日から効力が生じるとみられる場合を除いて、保険書類の日付は、船積日より遅れてはならない（Article28 e）。

> 【例】船積日：2008年9月30日
> 受理される保険書類：日付が2008年9月30日・9月29日……（9月30日以前）
> 受理されない保険書類：日付が2008年10月1日・10月2日……（10月1日以後）

6．保険金額

　保険書類は、保険で担保される金額を示さなければならず、信用状と同

一の通貨でなければならない（Article28 f. i. および ii.）。

　保険担保は、物品の価額、送り状価額または類似の価額、のある割合（percentage）とすべき信用状の要求は、保険担保の最低金額であるとみなされる。UCP600においては保険金額の最高限度割合を規定していない（ISBP681 No.176）。

　要求される保険担保について信用状に定めがない場合、少なくともCIF価額またはCIP価額の110％でなければならない。

　CIF価額またはCIP価額が書類から決定できない場合、保険担保の金額は、オナー（honour）または買取が要求されている金額または送り状に示された物品の総価額のいずれか大きい金額に基づき計算されなければならない。

　最終送り状金額（final invoice amount）が、値引・前払等の理由により物品の総価額の一部しか表示していないことが信用状または書類から明らかな場合、保険金額は、物品の総価額に基づき計算しなければならない（ISBP681 No.178）。

7．保険期間

　保険書類は、少なくとも信用状で定められた受取地または船積地から陸揚地または最終仕向地間の危険が担保されていることを示さなければならない（Article28 f. iii.）。

　保険期間については、保険証券の表面に、受取地・船積地・陸揚地そして最終仕向地が表示されるので、それらの間が保険期間であると認識できるが、保険証券の裏面には、英国の協会貨物約款（Institute Cargo Clauses）の倉庫間担保約款（保険期間（Duration）の欄）に記載されており、通称、Warehouse to Warehouse Clause（倉庫間約款）（注）といわれている。概要は次のとおりである。

　（注）倉庫間約款（Warehouse to Warehouse Clauses）とは、保険期間について、「被

保険貨物が仕出地の倉庫を搬出されたときから開始して、仕向地の荷受人倉庫、営業倉庫などの最終倉庫に搬入されたとき、陸揚げ後途中のDistribution point（貨物を最終ユーザーに割り当て、または仕分けするための中間倉庫）に搬入されたとき、または本船から荷卸後60日が経過したときのうちの、いずれか早い時に終了する」という約款である。

8．担保危険（填補範囲）

　信用状は、要求される担保危険、もし必要ならば担保される付加危険を定めるべきである。信用状がusual riskまたはcustomary riskなど不正確な用語を使用する場合は、保険書類は担保されない危険を考慮することなく受理される（Article28 g）。

　信用状がAll Risksの保険を要求している場合、All Risksという見出し（heading）の有無に関わらず、なんらかのAll Risksの付記または条項を含んでいる保険書類は、不填補であると記載されたいっさいの危険を考慮されることなく受理される（Article28 h）。

　信用状がAll Risksの担保範囲（coverage）を要求している場合は、たとえ特定の危険が除外されていることが記載されているときであっても、"All Risks"条項または付記を立証している保険書類の呈示により充足される。協会貨物約款(A)を担保していることを示している保険書類は、"All Risks"条項または付記を要求している信用状の条件を充足する（ISBP681 No.173）。

9．1963年制定の協会貨物約款と1982年制定の協会貨物約款

(1) 1963年制定の協会貨物約款（旧協会貨物約款）
　①Institute Cargo Clauses（All Risks）
　　全危険担保（オール・リスクス：All Risks）を担保しているのであっ

て、オール・ロス（loss）ないしダメージ（damage）を担保しているのではない点に注意しなければならない。したがって、外来的な事故、および偶発的事故がもたらす「危険」による損害に該当しない損害（＝貨物の滅失・損傷）は担保しない。換言すれば、(a)貨物固有の欠陥・性質に近因する損害・費用、(b)自然の消耗、(c)遅延による損害などは、保険者（保険会社）免責となる（この(a)(b)(c)は、次のWA, FPAも同様である）。

②Institute Cargo Clauses（WA）

　分損担保、すなわち下記③のFPA（分損不担保）以外の分損も担保する。

③Institute Cargo Clauses（FPA）

　分損不担保（貨物積載船舶または、艀（はしけ）が座礁・沈没・大火災の主要海難事故に遭遇した場合のみの特定分損、ならびに火災・爆発・衝突・他物との接触・遭難港での荷卸などに合理的に起因する特定分損のみを担保し、それ以外の分損は不担保とする）。

(2) 1982年制定の協会貨物約款（新協会貨物約款）

　新協会貨物約款は、新協会戦争約款・新協会ストライキ約款などとともに、1982年に制定された。それまで使用されていた1963年協会貨物約款（旧協会貨物約款）は難解であり、All Risksについては、英国内でも「誇大広告的」であると批判されていたため、これを改め、All Risks条件は新協会貨物約款(A)に、WA条件は新協会貨物約款(B)に、FPA条件は新協会貨物約款(C)にそれぞれ対応する約款として置き換えられた。All Risksと呼称しなかったのは、上記のような理由であり、(B)と(C)も、「分損・特定分損」などの概念がなくなってしまったので、単なる符号的な名称にせざるを得なかったといわれている。

①Institute Cargo Clauses（A）

　保険の目的（保険契約の対象としての貨物）に万一、損害が発生した

場合に担保される危険（火災・爆発・座礁・転覆・衝突・地震などに加え、共同海損、投荷、海水などの浸入、積込・荷卸中の海没などによる梱包一個ごとの全損など）が列挙され、「それ以外の滅失・損傷の一切の危険」も担保するという構成になっているが、免責事項として、「一般免責事項」（＝被保険者の故意の不法行為によるものなど）のほか、戦争・ストライキなどによって発生する危険に対する免責事項なども列挙されている。

②Institute Cargo Clauses（B）

上記ICC(A)と同じ危険が列挙されているが、(A)との違いは、上記の「それ以外の滅失・損傷の一切の危険」が除外されていることであり、免責事項には「意図的な暴力行為などによって保険の目的に生じる滅失・損傷」などが加えられている。

③Institute Cargo Clauses（C）

上記ICC(A)と同じ危険が列挙されているが、ICC(A)および(B)では担保される地震、海水などの浸入、積込・荷卸中の海没などによる梱包一個ごとの全損などが（(C)からは）除外されている。免責事項には、上記(B)と同様に、「意図的な暴力行為などによって保険の目的に生じる滅失・損傷」などがある。

(3) 追加保険の例

①1963年制定の旧協会約款

(a) Institute Strikes Riots Civil Commotions Clauses（SRCC Clauses）……ストライキ・暴動・同盟罷業危険を担保する。

(b) Institute War Clauses……戦争危険を担保する。

②1982年制定の新協会約款

(a) Institute Strikes Clauses……ストライキ危険を担保する（上記、旧約款からRiotsとCivil Commotionsの文言が除外されている）。

(b) Institute War Clauses……戦争危険を担保する。

(C) Institute Malicious Damage Clause……意図的な暴力行為などによって保険の目的に生じる滅失・損傷などを担保する（上記ICC(B)と(C)とにおいては、免責事項となっているこれらの危険を復活担保する場合に適用される）。

10. 免責条項

(1) 免責条項

　保険書類は、免責条項を含むことができる。英国のロンドン保険業者協会（Institute of London Underwriters）が制定した協会貨物約款（Institute Cargo Clauses：略称I.C.C.）には、担保される危険（Risks covered）のほかに、免責事項（exclusions）などが列挙されている。このうち免責事項については、次のようなものが列挙され、いずれも保険会社免責となっている（Article28 i）。

①一般免責事項……(A)被保険者の故意の不法行為によるもの、(B)保険の目的（保険の対象となる貨物など）の通常の漏損、重量または容積の通常の減少または自然の消耗によるもの、(C)保険の目的の固有の瑕疵または性質によるもの、(D)保険の目的の梱包もしくは荷仕度の不十分または不適切によるもの、など。
②船舶や艀の不堪航に関する免責事項
③コンテナー等の不適切に関する免責事項
④戦争などの危険に対する免責事項
⑤ストライキなどによって発生する免責事項など

　なお、近年、テロ等による様々なリスクの高まりから、貨物保険に係る他のいかなる約定にも優先するという免責約款（注）が導入されており、これもUCP600 Article28 iに規定された免責条項の1つに数えられる。

　　（注）保険会社はこれを、至上約款（パラマウント・クローズ）とよび、(a)放射能汚染、(b)化学兵器、(c)生物兵器、(d)生物化学兵器、(e)電磁器兵器に関連する損害はマ

リン・リスク、戦争危険を問わず保険会社免責としている。また、テロリズムに対応する"Termination of transit clause（terrorism）"なども保険会社の免責約款である（東京海上日動『貨物保険案内』より）。

(2) 小損害免責歩合または小損害控除免責歩合

　保険書類は、担保が小損害免責歩合（franchise）（注1）または小損害控除免責歩合（excess（deductible））（注2）に従うことを示すことができる（Article28 j）。ただし、信用状が免責歩合不適用（irrespective of percentage）を定めているときには、小損害免責歩合（franchise）または小損害控除免責歩合（excess（deductible））を含んではならない（ISBP681 No.177）。

（注1）小損害免責歩合（franchise）とは、損害が一定割合まで達しないときは損害は填補されない。一定割合に達すると、損害の全額が填補される条件である。小損害免責歩合を定めた条項をメモランダム（memorandum）条項という。この中に、①砂糖、タバコ、大麻、亜麻および皮革については5％未満の単独海損を担保しない、②その他すべての貨物については3％未満の単独海損を担保しない、との条項がある。ここで述べられている「5％」「3％」が免責歩合である。この免責歩合は、分損担保条件（WA（With Average）＝特定事故（座礁・沈没・大火災）によらない分損も填補する条件）において適用される。なお、付保される貨物の数量が多量かつ付保金額も大きくなる場合は、相当の損害でも免責歩合未満となることがあるので、特約により"To pay Average irrespective of percentage"の文言を保険証券に挿入して、「免責歩合を適用しない」とする場合がある。

（注2）小損害控除免責歩合（excess（deductible））とは、損害が、一定歩合にまで達しないと損害は填補されないが、一定割合に達しても、一定割合をカットして一定割合を超えた部分のみ填補される条件である。

【参考文献】加藤修『国際貨物海上保険実務』（成山堂書店）

4-12 書類の輸送中の紛失

指定銀行が、「充足した呈示」を受理し、書類を発行銀行等に送付したが郵送途上で紛失した場合の責任関係について説明するとともに、万一、船積書類が郵送途上で紛失した場合を想定した買取銀行の注意事項についても説明する。

1. 書類の輸送中の紛失

指定銀行がオナーしている、または買い取っているか否かにかかわらず、指定銀行が「充足した呈示」であることを決定し、書類を発行銀行または確認銀行へ送付した場合には、書類が輸送中（指定銀行と発行銀行との間、指定銀行と確認銀行との間、確認銀行と発行銀行との間）で紛失したときであっても、発行銀行または確認銀行は、指定銀行にオナーするか、買い取るか、もしくは補償しなければならない（Article35 第2文）。

2. 買取銀行の対応

これは、指定銀行が充足した呈示であることを決定した場合には、書類が輸送中に紛失しても、確認銀行または発行銀行は補償しなければならないということである。このような不測の事態に対処するため、買取銀行は、自行の事務負担等を勘案し、書類の送付に先立ち、船積書類の写しの保管を検討する必要がある。

第5章
信用状付書類の接受

5-1 書類の接受

書類が到着すると、まず点検する事項がある。ここでは、発行銀行の接受手続の方向づけともなるそれらの事項について説明する。

輸出地の銀行（買取銀行）で買い取られた書類（手形・船積書類）が発行銀行宛に送付される。当該書類を接受した発行銀行は、当該書類を点検する前に買取銀行のカバー・レター（書類送付状：cover letterまたはcovering schedule）と該当する信用状のオフィス・コピー（office copy：控え）を用いて次の事項を点検する。なお、取立扱い（collection）として送付される場合もあるので注意する。

①第1便（first mail）として到着した書類か、第2便（second mail）として到着した書類か（注）。

②該当信用状に基づく書類であるか。カバー・レターとオフィス・コピー両方の信用状番号と金額などの一致によって確認する。

③カバー・レターに添付されている手形・船積書類の通数は、カバー・レターに記載されたものと一致しているか。特にB/L（有価証券）が添付されている場合は注意を要する。

④手形金額は信用状残高の範囲内であるか。また、信用状で定めた書類呈示期限内となっているか。信用状の有効期限内に買い取られているか。

⑤カバー・レターにディスクレの記載がないか。

⑥補償請求方法は信用状の指図どおりか。

（注）first mailは、通常、originalと表示されたカバー・レターに、また、second mailは、duplicateと表示されたカバー・レターに、それぞれ書類が添付されていることが多い。なお、第2便を第1便として取扱うと、二重の到着案内（通知）、あるいは二重の対外決済となるリスクがあるので注意を要する。

5-2 書類の点検上、留意すべきUCPとISBPの規定

書類の点検は、信用状に基づく支払を約束している主たる債務者である発行銀行としての重要な作業となる。書類点検にあたっては、UCP600に準拠した自行の判断に基づいて行い、ISBP681をも参考にして、発行依頼人の解釈を取り入れることや信用状外の関係を援用してはならず、厳格に行う必要がある。

1. 書類点検上の留意事項

(1) 書類上のデータと信用状の記述

書類に記載されているデータは、国際標準銀行実務（isbp：international standard banking practice）の文脈で読まれた場合には、信用状に記載のものと全く同じである必要はないが、食い違ってはならない（Article14 d）。

(2) 商業送り状とそれ以外の書類の物品等の記述

商業送り状における物品等の記述は、信用状の記述と合致していなければならないが（Article18 c）、商業送り状以外の書類における物品等の記述は、信用状の記述と食い違わない一般的な用語によって記載することができる（Article14 e）。

2. L/G付買取の発行銀行への影響

買取銀行のカバー・レターに、買取銀行が「ディスクレにかかる買取依頼人の損害担保の約束（an indemnity）」と引換えに買い取り、あるいは「ディスクレの箇所に関して留保付き（under reserve）」（いわゆるL/G付買取）を行っている旨の記載があっても、発行銀行は自行の支払義務を免れ

ることはできない。L/G付買取は、買取依頼人と買取銀行の間だけの約束であり、発行銀行に影響を及ぼさない。

なお、UCP500第14条f項には、損害担保の約束（an indemnity）、ディスクレの留保付き（under reserve）の規定があったが、UCP600には、これらに係る規定はない。

3. 書類の点検期間

Article14【書類点検の標準】には、次のことが規定されている。

発行銀行は、書類が外見上「充足した呈示」となっているとみられるか否かを、書類のみに基づいて決定するために、呈示（到着した書類）を点検しなければならない（Article14 a）。

発行銀行は、書類の点検のために、呈示日（書類到着日）の翌日から起算して最長5銀行営業日が与えられる（Article14 b）。この「最長」の意味は、遅くとも5銀行営業日までに、という意味であり、発行銀行としては書類到着後できるだけ早く点検して発行依頼人に到着案内（通知）をすることが望まれる。それは「支払拒絶の通告期限（呈示日の翌日起算最長5銀行営業日）」も迫っているからである（本章5－3参照）。

4. 呈示が充足している場合の銀行の義務

発行銀行、確認銀行、および指定銀行（買取銀行）は、それぞれにおいて「呈示」が充足していると決定した場合には、次の義務がある（Article 15）。

①発行銀行……オナー（honour）する義務。
②確認銀行……オナーし、または買い取り、かつ書類を発行銀行に送付する義務。
③指定銀行（買取銀行）……オナーし、または買い取った場合には、書

類を確認銀行または発行銀行に送付する義務。

5. "On Deck" "Shipper's Load and Count" "Said by Shipper to Contain"

(1) "On Deck"（甲板積）

物品（貨物）は甲板積されることがある。この甲板積に関して、UCP600は次のように規定している。

運送書類に、物品が甲板に積載されている、または甲板に積載される（the goods are or will be loaded on deck）ことを示してはならないが、物品が甲板に積載されることができる（the goods may be loaded on deck）ことを記載した運送書類上の条項は受理される（Article26 a）。

(2) "Shipper's Load and Count"および"Said by Shipper to Contain"（不知文言）

"shipper's load and count"および"said by shipper to contain"のような条項を表示している運送書類は受理される（Article26 b）。

"shipper's load and count"とは、「荷主（輸出者）自身が物品（貨物）の個数を数えてからコンテナに積み込み、船会社（運送人）に引き渡した」という意味であり、一方、"said by shipper to contain"とは、「物品（貨物）の内容は輸出者が船会社（運送人）に通告したものである」という意味である。いずれの場合も、shipper's pack（注）という船積の場合に表示される。

このような表示は不知文言（unknown clause）または不知約款といわれており、運送人はB/L（船荷証券）の所持人に対してB/Lに記載されたとおりの物品（貨物）が、実際にあったことについての責任を負わないとされている。なお、不知約款はB/L裏面に記載されている。

　（注）輸出者（荷主）または輸出者から委託を受けた乙仲（海運貨物取扱業者）が、
　　　船会社等からコンテナを借りて、輸出者自ら物品（貨物）をコンテナ詰めにして、

封印した状態で船会社等の運送人に引き渡したコンテナ貨物のことをいい、その際、輸出通関手続も行う。このような船積方法では、運送人は物品（貨物）の中身は知り得ない（見る機会がない）。

(3) コンテナ輸送および、不知文言の記載があるB/Lの留意点

①輸入者としての留意点

近年はコンテナ輸送が多くなっており、不知文言の表示のある運送書類が多い。コンテナ輸送の場合は、運送会社が直接コンテナ詰めにかかわらないので、積荷の保証（運送書類に記載された物品が実際にあったことの証明）がなく、また、貨物の中身をすりかえるなどの手口で詐欺の被害にあいやすい。

新規の輸出者と取引を開始する際には、事前に輸出者の信用調査を行い、当初から信用状ベースで行うことは避けて、輸入者の輸出者に対する支払条件を「送金ベースの後払方式」に誘導するなどのリスク回避策も必要である。

②買取銀行と発行銀行の留意点

B/Lに上記のような不知文言の記載があってもUCP600の規定上（Article27）は、無故障船荷証券（Clean B/L）とみなされ、ディスクレとはならないので、与信行為である輸出手形の買取や輸入手形の接受（書類の点検）において、安易になりがちである。

「不知文言の記載をした船会社は、B/Lの所持人に対してB/Lに記載されたとおりの運送品が実際にあったことについての責任を負わない」として、B/L所持人である銀行が敗訴した判例がある。このため、買取銀行は、万一の場合に担保権実行による回収ができないというリスクが包含されていることを認識しておかなければならない。

発行銀行も、後日接受するほとんどすべてのB/Lには不知文言が記載されているものと認識して信用状の発行、後続する与信の取扱いに留意することが肝要である。

6. 有効期限または最終呈示日の延長

(1) 信用状の有効期限または呈示期限の延長

信用状の有効期限または最終呈示日が、指定銀行がArticle36に掲げる不可抗力（戦争、テロ行為など）以外の理由で休業している日（土曜日・日曜日・祝祭日による休業日）に当たる場合には、有効期限または最終呈示日は、休業日後の最初の営業日まで延長される（Article29 a）。

例えば、有効期限または呈示期限が9月6日（土）の場合、輸出者は9月8日（月）までに指定されている銀行に買取を依頼すればよい。

(2) 延長された日に呈示された場合の証明

①買取銀行の留意点

上記の例のように休業日後の最初の銀行営業日に買取を依頼された場合には、買取銀行は当該呈示がArticle29 a に従い延長された期限内に行われた旨（注）を、発行銀行宛のカバー・レターに明記する必要がある（Article29 b）。

（注）"We certify that the presentation was made within the time limits extended in accordance with sub-article29 a"のような証明文言（a statement）。

②発行銀行の留意点

輸入書類の到着時には、期限内の呈示かどうかを、通常は買取銀行のカバー・レターおよび添付されている手形・船積書類の日付を見て判断しているが、もし、それらが期限を越えた日付であれば、買取銀行の書類送付状面に上記のようなstatementがあることをチェックし、当該statementがなければ、L/C expired または late presentationのディスクレとする。

(3) 船積期限は延長されない

船積期限は、上記(1)（信用状の有効期限または呈示期限の延長）に関係なく（たとえ銀行休業日に当たっていても、本船への積込などの荷役作業は銀行の休業日にも行われているので）、延長されない（Article29 c）。

例えば、船積期限が9月6日（土）の場合、船積日は9月6日かそれ以前になっている必要がある。

なお、複数の運送書類が呈示された場合には、そのうちの一番遅い船積日で、船積期限内の船積であるか、あるいは、船積後の書類の呈示期間内の呈示であるかどうかを判断する（Article31 b）。

7. 銀行営業時間後の書類呈示

銀行は、自行の営業時間外に「呈示」を受理すべき義務を負わない（Article33）。

発行銀行および確認銀行は、呈示（注）が充足しているかどうかを決定する書類点検期間が「呈示日の翌日起算、最長5銀行営業日」であり、また、オナー（honour）することを拒絶することのできる期限も同様に「呈示日の翌日起算、5銀行営業日以内」と短いので、呈示を受けた日時が意味をもってくる。

いわゆる「現地expiry」の信用状（書類が呈示期限までに発行銀行に呈示されなければならないことを条件とする信用状）の場合には、受理する日付によっては、late presentationとなる可能性もあるので、書類の受理日は重要な意味をもつ。

(注)「呈示」(presentation) とは、発行銀行または指定銀行へ信用状に基づく書類を引き渡すこと、またはそのように引き渡された書類のいずれかをいう（Article2 第13フレーズ）。

8. 信用状金額、数量および単価の許容範囲

信用状の使用金額についての原則は、次のとおりである（Article30）。
①信用状が一部船積（分割船積）を禁止している場合
　使用金額＝信用状金額（すなわち、ショート・ドローイング（short drawing：過少振出）不可ということ）
②信用状が一部船積（分割船積）を許容している場合
　使用金額≦信用状金額（すなわち、ショート・ドローイング可能ということ）
しかしながら、下記のような例外規定がある。

(1) aboutまたはそれと類似の語が使用されている場合

信用状の金額、数量および単価にaboutまたはapproximatelyという語が使用されていれば、それらの語が使用されている金額、数量または単価について、10%の過不足が認められる。しかし、金額にaboutの語が使用されていても、数量と単価にそれぞれ、aboutの語が使用されていない場合は、数量・単価の10%の過不足は認められないので注意しなければならない（Article30 a）。

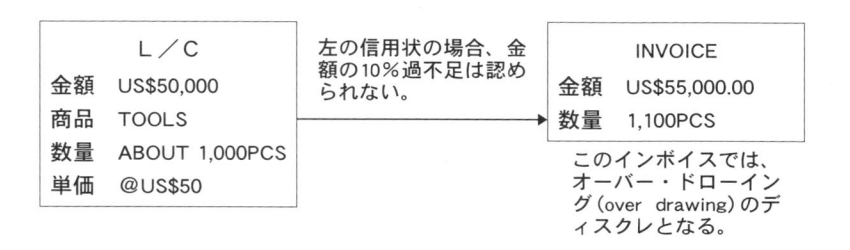

L／C		左の信用状の場合、金額の10％過不足は認められない。	INVOICE	
金額	US$50,000		金額	US$55,000.00
商品	TOOLS		数量	1,100PCS
数量	ABOUT 1,000PCS			
単価	@US$50			

このインボイスでは、オーバー・ドローイング(over drawing)のディスクレとなる。

(2) 信用状金額を超えない（オーバー・ドローイングとならない）ことを条件として5％以内の物品の数量の過不足が認められる場合（Article30 b）

それは、信用状で、商品の数量が包装単位の数または個々の品目の数を定めていないことが条件となる。

> 例えば、①オリーブオイル500リットル　　　①②③とも、5％以内の数量
> 　　　　②自転車500台　　　　　　　　　　の過不足が認められる
> 　　　　③紐1,000メートル

〈5％以内の数量の過不足が認められないケース〉

次のような場合には、①から④のいずれの場合にも商品の数量が包装単位の数または個々の品目の数を定めていることとなるので、認められない。

> 例えば、① オリーブオイルを1リットルの瓶で200瓶
> 　　　　② 自転車500台（内訳：A型200台、B型180台、C型120台）
> 　　　　③ 2メートルの紐500本
> 　　　　④ ボールペン2,000ダース

(3) ショート・ドローイングが認められる場合（Article30 c）

一部船積を禁じている信用状であっても、上記(2)が適用されない限り、次のことを条件として、信用状の使用金額について5％以内の不足（ショート・ドローイング：short drawing（注1））が許容される。

（注1） A tolerance not to exceed 5 % less than the amount of the credit.（Article 30 c）

〈条件〉①信用状が物品の数量を定めている場合には、全量船積されていること。
　　　　②信用状が単価を定めている場合には、単価が縮減されていないこと。
　　　　③信用状の金額、数量、単価にaboutなどの語が使用されていないこと。

5－2　書類の点検上、留意すべきUCPとISBPの規定

```
┌─────────────────┐                              ┌─────────────────┐
│       L／C      │  全量船積されれば、5％       │    INVOICE      │
│ 金額 US$180,000 │  以内のショート・ドロー   →  │ 金額 US$174,000 │
│ 商品 TOOLS      │  イングが許容される。        │ (注2)           │
│ 数量 6,000PCS   │                              │ 商品 TOOLS      │
│ 単価 ・・・・   │  ただし、単価が記載され      │ 数量 6,000PCS   │
│ 一部船積不可    │  ていれば、単価が縮減さ      │ 単価 ・・・・   │
│                 │  れていないことも要件と      │                 │
│                 │  なる。                      │                 │
└─────────────────┘                              └─────────────────┘
```

（注2）このUS$174,000は、信用状金額US$180,000から、同金額の5％（US$9,000）を差し引いたUS$171,000よりも多いので、ショート・ドローイングとはならない。

9．一部使用または一部船積

(1) 1件の輸出手形の買取で2組以上の運送書類（B/L等）が添付されている場合に、一部船積（partial shipments）とはみなされないケース

1組よりも多い（複数の）運送書類（more than one set of transport documents）が、同一の運搬手段で、かつ、同一行程に向けて開始されたことを示しており、さらに同一の到着地を示していれば、船積日、船積港、受取地および発送地が異なっていても、一部船積とはみなされない（Article31 b ）。

【事　例】
　以下の図では、9月2日にドイツのHamburg港で船積の後、同じ船でBremen港に寄港し、9月5日に同一の信用状で要求されている商品が別途船積されて、その後、神戸港に向けて出航されている。このケースは、一部船積（分割船積）とはみなされず、信用状で一部船積が禁止されていてもディスクレとはならない。

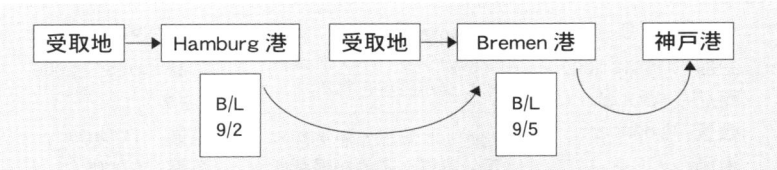

```
受取地 → Hamburg港 → 受取地 → Bremen港 → 神戸港
           B/L                   B/L
           9/2                   9/5
```

しかし、たとえ同じ日に同じ到着地に向けて船積されていても、運搬手段（船舶名）が異なる場合には一部船積とみなされる。したがって、上記の例では、B/Lに記載されている船舶名が異なる場合は一部船積となるので、信用状で一部船積が禁止されていればディスクレとなる。

(2) 複数のクーリエ受領書、郵便受領書（post receipt）、郵送証明書の呈示

これらの運送書類が複数呈示され、それらが同一クーリエ（Courier：国際託送会社）または同一郵便局のスタンプまたは署名があり、かつ、同一日に同一到着地に向けて送られている場合には、一部船積とはみなされない（Article31 c ）。

10. 所定期間ごとの分割使用または分割船積

信用状で所定期間ごとの船積または使用が定められている場合には、その条件どおりに船積が実行されないと、実行されなかった部分を含め、その後のすべての分割部分につき、その信用状は使用することができなくなる（Article32）。

【事例】
信用状の船積条件：5月中300トン、6月中500トン、7月中200トン
呈示された書類：運送書類の船積日から判断して、5月分は5月中に300トン船積されていたが6月分の500トンの船積は7月3日になっている場合、この6月分の船積（呈示）は船積遅延（late shipmentまたはirregular

shipping schedule）となり、ディスクレとなる。さらに、この時点でそれ以降の船積のすべてについて、この信用状は使用できなくなる。すなわち7月分の船積がたとえ7月中に200トン船積されたとしても無効（Article32の違反）となる。

このように、1回でも船積条件が守られなければ、その船積を含むその後の船積は無効となり（信用状は無効となり）、輸出者にとっては厳しい条件となるので、契約段階で自社の生産能力ないし仕入能力を十分予測して契約を行うことが必要となる。

11. 手形の満期日の計算基準

(1) 手形期間（ISBP681 No.43, 44）

下記の記述で、B/L（船荷証券）に言及している部分は、すべての運送書類にも適用される。

①確定日払手形の手形期間の表示

為替手形が、確定日払（一覧払以外または一覧後定期払以外の手形期間）で振り出される場合は、手形上の情報から期日（満期日）が判別できるようにする必要がある。

【事　例】

信用状条件：60days after B/L date
B/L面の船積日：2008年7月12日

この場合、手形期間を次のうちの1つの方法により為替手形に表示できる。
① 「60days after B/L date 12 July 2008」
② 「60days after 12 July 2008」
③ 「60days after B/L date」と表示の上、為替手形表面の別の場所（余白）に「B/L date 12 July 2008」と記載

④手形振出日を船積日と同一にして、「60days date」と表示
⑤船積日後60日に当たる「10 September 2008」と表示

②船積日(積込日)の特定

手形期間がB/Lの日付後XXX日("XXX days after B/L date")の場合は、積込日(on board date)が、B/Lの発行日より前であっても後であっても、その積込日が船積日付とみなされる(Article20 a. ii., ISBP681 No.43 d)。

③満期日(支払期日)の計算基準日

満期日の計算は、書類、船積、その他の出来事の日付の翌日から計算する。すなわち、「10days after or from March 1」の場合の満期日は、3月11日となる(ISBP681 No.43 d)。

チェック!

★Article3(第9フレーズ・第10フレーズ)に規定されている日付に関する解釈(指針)について

○船積の期間を決定するために用いられている場合には、to、until、till、from、およびbetweenという語は、記載された日を含み、beforeとafterは記載された日を除外する。

○満期日を決定するために用いられている場合には、fromおよびafterという語は記載された日を除外する(いわゆる「初日不算入」)。

これらを表にまとめると、次のとおりとなる。

	from	after	before	to	until	till	between
船積の期間を決めるとき	その日を含む	その日を含まない	その日を含まない	その日を含む	その日を含む	その日を含む	その日を含む
満期日を決めるとき	その日を含まない	その日を含まない					

〈1通のB/Lに異なる積込日があるとき〉

　信用状が許容する地理的地域内（geographical area or region。例えばヨーロッパの港）からの船積で、1通のB/Lに2つ以上の異なる日付と船積港を表示した積込済の付記（＝複数のon board notationsを表示したB/L：more than one on board notation）があるときは、これらの積込日のうち最も早い日付（the earliest of these on board dates）を積込日とする。

　例えば、信用状が、European portからの船積を要求している場合で、B/Lが、同じヨーロッパの港であるダブリン（Dublin）港からA船に9月5日にon boardされたことを、そして、ロッテルダム（Rotterdam）港からB船に9月7日にon boardされたことを、それぞれ証明しているときは、9月5日を満期日計算の基準にする（ISBP681 No.43 e ）。

〈複数のB/Lが添付されているとき〉

　1つの期限付為替手形（例えば、60 days after or from B/L dateの手形期間を表示した手形）に複数のB/L（more than one set of bill of lading）が添付されている場合には、最も遅い（直近の）B/Lの日付を満期日計算の基準にする。例えば、3組のB/Lの船積日がそれぞれ、9月4日、9月5日、9月7日のときは、9月7日を満期日計算の基準日にする（ISBP681 No.43 f ）。

(2)　一覧後定期払為替手形の満期日の計算基準日（ISBP No.46, 47）

「一覧後XXX日（at XXX days sight）」で振り出される為替手形の満期日の計算基準日は、次のとおりである。

　①為替手形の支払銀行が拒絶通告を行っていないときは、当該支払銀行の書類受領日となる（ISBP681 No.46 a ）。

　②拒絶通告をいったん行った後に応諾した場合には、当該支払銀行の引受日となる。ただし、当該引受日は、発行銀行が発行依頼人の権利放棄（waiver）を受け取り、それを承諾する日よりも遅くなってはなら

ない（ISBP681 No.46ｂ）。

なお、信用状で後日払を定めている場合には、上記(1)および(2)で説明した為替手形の満期日の計算方法と同様の基準で満期日を決定する（ISBP681 No.47）。

12. 発行銀行はSecond Mail（第2便）でもT/Rが可能

　輸入書類は信用状の条件（分送指図）に従って、通常、2回に分けて到着する。仮に、輸入書類の第2便が第1便よりも先に到着した場合であっても、輸入者からT/R（担保荷物の貸渡）の依頼があれば、第2便の書類でT/Rを実行することは可能である。

　B/Lは譲渡可能な有価証券であるが、通常、原本が1組3通で発行され、B/Lの所持人が、そのうちの原本1通の呈示を行えば、B/L記載の貨物を引き取ることができる（残りの2通のB/Lは無効となる）。

　信用状が買取銀行などの指定銀行から発行銀行への「B/L原本の全通呈示」を条件とし、かつ、「分送」を指図している場合で、そのうちの1通または2通が、万一、買取銀行から発行銀行への郵送途中で紛失した場合でも、または到着が遅延した場合でも、残りの（後続する）B/L原本を船会社に呈示することにより、貨物を引き取ることができる。そのため、万一の紛失などに備えて、通常、信用状では「分送」（書類の送付方法を1便と2便の2回に分けて送付すること）を条件にしている。

　航空輸送のトラブルや配達ミスなどで書類の紛失や到着遅延が発生することに備え、B/L原本全通呈示を条件とする場合は、必ず「分送」の指図をするなど、リスクに備えた対応が必要である（本書第2章2－4の19を参照）。

13. B/Lを紛失した場合

　B/Lを紛失した場合には、貨物陸揚港を管轄する簡易裁判所に、有価証券であるB/Lを無効にするための手続となる「公示催告」の申立を行い、その後、当該B/Lを無効とする裁判所の決定である「除権決定」を得て、その結果を謄本で確認することで法律上の失効手続が完了する。

　公示催告の期間（公示催告が官報に掲載されてからの期間）は2ヵ月であり、この期間内に権利を争う旨の申出がなければ、除権決定が宣告される（非訟事件手続法）。

5-3 ディスクレがある場合の取扱方法

拒絶通告に記載すべき事項や通告期限にUCP600の規定違反があれば通告は無効になるなど、ここではディスクレがある場合の取扱方法について述べる。

1. ディスクレの発見

　書類を点検した結果、ディスクレがある場合は、ただちに輸入者（発行依頼人）宛、「書類到着通知書」（アライバル・ノーティス：Arrival Notice）にディスクレの内容を記載した文書（本章5－4参照）を添付して、支払（書類の引取）を拒絶するかどうかの回答を求める。

　輸入者（発行依頼人）からディスクレを承諾するとの回答が得られれば、一覧払決済または本邦ローン（自行ユーザンス）の供与の手続を行う。

　輸入者（発行依頼人）からディスクレを承諾せず、支払拒絶の通告の依頼があれば、呈示日（書類到着日）の翌日起算5銀行営業日以内にSWIFTなどのテレコミュニケーションで買取銀行宛、支払拒絶の通告を行う。

　ディスクレがある場合の発行銀行の対応方法については、UCP600と信用状取引約定書に次のように規定している。特にUCP600の規定に則った取扱いを行わないと支払拒絶の通告が無効となるので注意を要する。

2. 支払拒絶の通告を行うかどうかの判断

(1) 発行銀行のみの判断による支払拒絶の通告

　発行銀行は、呈示が充足していないと決定した場合には、支払の拒絶ができる。このことは、ディスクレがあれば発行銀行が主たる債務者である以上、当然に発行依頼人に対する事前の照会を省略して支払拒絶ができる

ことを意味している（Article16 a）。

　また、信用状取引約定書第10条にも「貴行（発行銀行）が相当の注意をもって点検し、ディスクレがあると判断した場合には、貴行は私（発行依頼人）への事前の通知を省略して、買取銀行（書類送付銀行）に支払、引受等を拒絶することができる」との規定がある。

　しかし、発行銀行は、自行のみの判断で発行依頼人と連絡をとり、ディスクレに関する権利放棄（支払を拒絶するかどうか）について発行依頼人と連絡をとることができる。ただし、この連絡をとることによって、Article14 bに定める書類点検のできる期間（呈示日の翌日起算で最長5銀行営業日以内）は延長されない（Article16 b）。

> **チェック！**
>
> ★ディスクレがある場合の発行銀行の実務的な対応方法
> 　ディスクレがあった場合、実務的には、発行銀行は支払拒絶についての諾否に係る発行依頼人宛の照会文言を、書類到着通知書（アライバル・ノーティス：Arrival Notice）に表示して、発行依頼人の諾否（ディスクレを受け入れるか否か）を求める。そして、発行銀行は発行依頼人からの回答を得てから処理をすることが慣習となっている。その背景（理由）には、大部分のディスクレが発行依頼人に受け入れられ（支払拒絶をせずに）、決済されている現実がある。

(2) 発行依頼人によるディスクレ諾否の回答

　信用状取引約定書第10条には、「貴行（発行銀行）がディスクレがあると判断し、支払拒絶について事前に私（発行依頼人）への諾否の照会をした場合には、私は遅滞なく貴行に回答するものとする。また、私が諾否の回答をしなかったとき、または拒絶の回答を遅滞したときは、貴行は、支払、引受等を行うこともできる。この場合に生じた損害は、私の負担とする」との規定があり、発行依頼人に対して遅滞なき回答を求めている。

●図表5－1　ディスクレがあった場合の発行銀行における
　　　　　一般的な事務の流れ

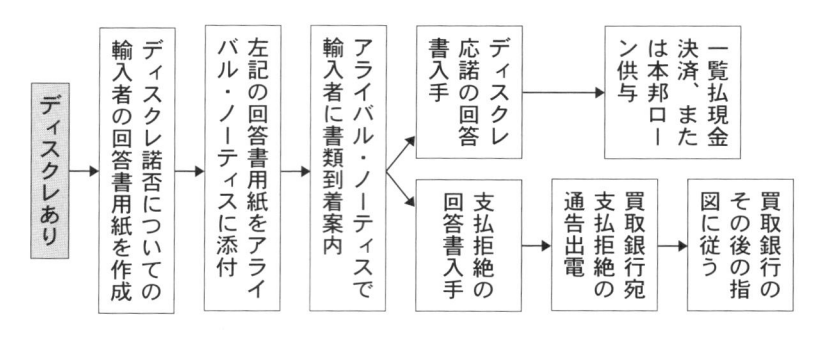

ディスクレあり → 輸入者の回答書用紙を作成 ディスクレ諾否についての → 左記の回答書用紙をアライバル・ノーティスに添付 → アライバル・ノーティスで輸入者に書類到着案内 → ディスクレ応諾の回答書入手 → 応諾の回答 → 一覧払現金決済、または本邦ローン供与

　　　　　　　　　　　　　　　　　　　　　　　　　　　→ 支払拒絶の回答書入手 → 買取銀行宛支払拒絶の通告出電 → 買取銀行のその後の指図に従う

(3) 発行銀行が債権保全を必要とする場合の拒絶通告

　信用状取引約定書第10条には、「私（発行依頼人）が貴行に遅滞なく応諾の回答をした場合でも、債権保全を必要とするような相当の事由が生じたときは、貴行はディスクレを理由に支払拒絶の通告ができる。この場合に生じた損害も私の負担とする」との規定がある。
　このため、発行銀行は債権保全が必要となった場合には、発行銀行の判断でいつでもディスクレを理由に支払拒絶の通告ができる。

3．支払拒絶の通告方法と通告期限

　支払拒絶の通告の方法について、UCP600では次のように規定している。

(1) 一度限りの通告

　発行銀行が支払の拒絶をすることを決定した場合には、買取銀行（呈示人）に対してその旨の「一度限りの通告」（single notice）をしなければならない（Article16 c）。
　これは、買取銀行に拒絶通告をした後、その拒絶通告の際にディスクレの一部の記載を失念した場合や、新たに別のディスクレが見つかった場合

に、その追加のディスクレを理由に、再度拒絶の通告をしても無効であることを意味する。

(2) 拒絶通告の記載内容

拒絶通告には、「拒絶の意思表示」「すべてのディスクレ」「書類は保管中か返却中か」の3点を記載する。

通告には、具体的に次のことを記載する（Article16 c）。

①オナー（honour）することを拒絶していること（Article16 c. i. ）。
②拒絶する理由となるすべてのディスクレ（Article16 c. ii. ）。
③書類の処理について（Article16 c. iii. a, b, c, d）、
　(a)買取銀行などの呈示人からの更なる指図（further instructions）があるまで書類を所持していること。または、
　(b)発行銀行が、発行依頼人からの権利放棄を受領して、かつ、その権利放棄に自行が承諾の合意をするまで書類を保持していること、または、発行銀行が発行依頼人の権利放棄を承諾するよりも前に、呈示人からの更なる指図を受領するまで書類を保持していること。または、
　(c)発行銀行が、書類を返却していること。または、
　(d)発行銀行が、先に呈示人から受領した指図（注）に従って行動していること。

（注）書類の処分について、先に呈示人から受け取っている指図など。

書類の処理について、上記(a)から(d)までのうち、いずれか1つを記載する。

留意すべきことは、前述の（Article16 c に規定された）通告は一度限りであり、当該通告の後に更なる通告（二度目の通告等）をしてはならないことである。発行銀行には慎重かつ迅速な行動が求められる。

(3) **拒絶の通告期限**

　拒絶の通告は、テレコミュニケーションにより、呈示日（書類到着日）の翌日から起算して5銀行営業日以内に行わなければならない（Article16 d）。

●図表5－2　拒絶の通告期限

書類到着日	翌1営業日目	2営業日目	3営業日目	4営業日目	5営業日目	6営業日目	...
到着処理	書類点検期間（呈示が充足しているか否かを決定するための期間）					支払拒絶の通告期限	6営業日目以降は、支払拒絶の通告不可	
	書類点検のうえ、輸入者に到着通知、ディスクレがあれば同時に輸入者に諾否照会							

(4) **買取銀行（呈示人：書類送付銀行）宛書類の返却時期**

　発行銀行は、拒絶の通告をした当該書類の処理方法について前述（Article16 c. iii. a. & b.）の通告をした後、買取銀行（呈示人）から受領した指図に従って行動しているとき（前述Article16 c. iii. d.）を除いて、いつでも買取銀行（呈示人）に書類を返却することができる（Article16 e）。

(5) **ディスクレの主張ができなくなるとき**

　発行銀行（または確認銀行）は、Article16【ディスクレのある書類、権利放棄および通告】の定めに従って行為しない場合は、書類が充足した呈示となっていないこと（ディスクレ）を主張することができなくなる（Article16 f＝いわゆるpreclusion clause）。

5−3 ディスクレがある場合の取扱方法

チェック!

★輸入書類の接受・点検に際してのISBP681の参考事項

○ISBP681 No.57 送り状の定義

「INVOICE」と単に表示している信用状の場合には、どのような種類の送り状が呈示されても受理される。

　【例】商業送り状（commercial invoice）、
　　　　税関送り状（customs invoice）、
　　　　領事送り状（consular invoice）等。

しかし、「仮の（provisional）」「見積の（pro-forma）」またはこれと類似の表題のある送り状は受理されない。

信用状が商業送り状（commercial invoice）を要求している場合には、「INVOICE」という表題の付いた書類は受理される。

○ISBP681 No.88 運送賃と追加費用

発行依頼人と発行銀行は、運送賃（freight）が前払（prepaid）されるべきか、または、後払（＝揚地払）（collect）されるべきかの表示のある書類を要求する場合には、（信用状を発行する際に）その区分を明確にすべきである。

○ISBP681 No.143 航空運送書類の荷受人、指図人

航空運送書類（Air Waybillなど）は、権原証券ではない（裏書により譲渡ができない）ので、荷受人（consignee）欄は常に「記名式」で（特定の荷受人の名前を表示して）発行すべきである。荷受人を「to order」または「to order of（輸出者名等）」のように記載される「当事者の指図式」によることを信用状が要求していても、記名式で表示された航空運送書類は受理される。

通常、発行銀行は荷物の担保権を確保するために、荷受人を自行としている。

○ISBP681 No.173 担保されるべき危険

　保険書類は、信用状によって定義された危険を担保しなければならない。たとえ、信用状が担保されるべき危険に関して明示的であったとしても、保険書類には免責条項が記載される。

　信用状が「All Risks」の担保を要求しているときに、「All Risks」条項または付記により証明される保険書類の呈示は、たとえ、特定の危険が除外されていることを示していても、充足される。協会貨物約款（ICC）(A)（=Institute Cargo Clauses(A)）を担保することを示している保険書類は、「All Risks」条項または付記を要求している信用状条件を充足する。

○ISBP681 No.176（担保）割合と金額

　保険書類は、信用状で要求された通貨で、かつ、信用状で要求された金額を最低金額として発行されなければならない。

　UCPは、保険担保の最高限度額を規定していない。

5-4 書類の到着案内(到着通知)

書類の点検を終えると到着案内を行うが、ここでは輸入者が速やかに行動できるための書類到着案内(アライバル・ノーティス)についてみていく。

1. 書類到着通知書

書類の点検が完了すると、後掲図表5－3のような書類到着通知書(ARRIVAL NOTICE OF SHIPPING DOCUMENTS)を作成して、輸入者(発行依頼人)に書類の到着案内を行う。

2. 書類到着案内の添付書類

書類の到着案内は、「書類到着通知書」にインボイス1通と次の書類を添付して行う。

①輸入船積書類受領書(Receipt of Documents)……発行依頼人から発行銀行に提出する到着書類の受領用紙。

②輸入ユーザンス手形の用紙……発行依頼人が発行銀行に対して「本邦ローン」の申込をする際に使用される約束手形用紙。

③「輸入担保荷物保管証」の用紙……発行依頼人が発行銀行に対して「輸入担保荷物貸渡」(T/R)の申込をする際に使用される用紙。

④ディスクレに係る回答用紙……ディスクレがある場合、発行依頼人が発行銀行に対して、権利放棄するのか、しないのかを回答するための用紙。

●図表5－3　書類到着通知書（ARRIVAL NOTICE）

書類到着通知書（ARRIVAL NOTICE OF SHIPPING DOCUMENTS）

DATE _____

> 海外の銀行から当行外為センターに書類到着時に作成される4枚のカバーレターの中の1枚。書類到着時、インボイス1通と共に顧客に手交する。

ABC BANK
INTERNATIONAL OPERATIONS CENTER

ご回答期限：2009 3 14　　　　　　　　　　　　　BR　SHINJUKU

MESSRS	OUR REF.	34LC-8009
KEIHOU TRADING CO.,LTD 3-21 ICHIGAYA HONMURA -CHO, SHINJUKU-KU, JAPAN	L/C No.	282067

DRAFT AMOUNT　　US. DOLLARS 28,600.00

NEGO(REMIT) BANK　（DATE 2009 3 5）
XXX BANK, CHEN TONG BRANCH, TAIPEI, TAIWAN
THEIR REF　AKZN8011

DATE OF DEBIT	DATE OF ACCEPT	OUR CHARGE	THEIR (NEGO BANK) CHARGE
2009 3 10		INTEREST 5.1880	
DUE DATE			

DRAWER　ABC CORP.　TAIPEI, TAIWAN, R.O.C.

MERCHANDISE & ORIGIN	SHIPMENT	FROM KEELUNG, TAIWAN
bicycle		TO YOKOHAMA, JAPAN

VESSEL　SEAGULL　　　　　　　　　　　　　　　TERM　CIF
TENOR AT SIGHT　　　　　　IL NO.
B/L NO.　PTCCS　　　　　　　　　　　　　LOADING ON 2009 3 3

DOCUMENTS ATTACHED	DRAFT	INVOICE	B/L	I/P	AWB	P/L	C/O	OTM	C/A
	2	3	2/3+C1	2		3	2	1	1

REMARKS

> ディスクレがあれば、ディスクレに係る回答用紙とは別に、この部分にも記載される。

上記の船積書類が到着しましたので、ご案内申し上げます。
手形が一覧払の場合は、ただちにご決済願います。
信用状条件不一致を事由とする支払拒絶は、必ず上記「ご回答期限」までに文書によりお申し出でください。
お申し出が遅れますと買取銀行に対する支払拒絶ができなくなりますので、ご注意願います。
なお、輸入ユーザンスをご利用の場合には添付の輸入船積書類受領書及びPromissory Note を、ご提出くださいますようお願い申し上げます。

（銀行のサイン）
_____
AUTHORIZED SIGNATURE

第6章

信用状付書類の決済

6-1 決済方式と決済処理

ここでは、信用状付書類の対外決済方式における、レミッタンス方式、リンバース方式、デビット方式をみていく。

1. 充足した呈示と対外決済

UCP600において、発行銀行は、信用状付書類を点検して、呈示が充足していると決定したときには、オナー（honour）しなければならないとされている（Article15 a）。オナーとは、①一覧払信用状の場合は一覧後に支払うこと、②後日払信用状（本書第2章および第3章を参照）の場合は後日払約束をし、かつ、支払期日（maturity。以下、本章において「満期日」という）に支払うこと、③引受信用状の場合は手形を引受け、かつ満期日に支払うこと、を意味する（Article2 第9フレーズ）。

すなわち、書類が信用状条件を充足している場合には、発行銀行は、呈示人（買取銀行）に対して補償債務を負担し、代り金を呈示人へ支払うことになるが、これを本章では「対外決済」（または単に「決済」）という。

また、「信用状取引約定書第11条（償還債務）」で規定のとおり、発行銀行が補償債務を負担した場合には、依頼人が発行銀行に対する償還債務を負担し、代り金を発行銀行へ支払うことになる（本書第2章2－3を参照）が、これを本章では「対顧決済」という。

2. 信用状付書類の決済方式

信用状付書類の決済方式には、次の方式がある。

(1) レミッタンス方式（送金方式、回金方式、remit方式）

　発行銀行が、書類の到着後に、呈示人（買取銀行）宛支払指図を発信し、呈示人（買取銀行）が指定した決済銀行にある呈示人（買取銀行）の決済口座宛に代り金を送金する方式をいう。この方式には、発行銀行にある呈示人（買取銀行）の決済口座（預り金勘定）へ入金する方式（credit方式、預り金勘定入金方式）も含まれる。

(2) リンバース方式（リンバースメント方式、補償方式、REIMBURSE方式）

　発行銀行が信用状の発行と同時に第三の銀行である補償銀行宛に補償授権書（Reimbursement Authorization, R/A）を発信し、買取銀行（補償請求銀行）からの補償請求（Reimbursement Claim）に対して代り金を支払うようあらかじめ依頼しておき、決済する方式をいう。補償銀行は、買取銀行からの補償請求に対して、発行銀行の決済口座（預け金勘定、補償銀

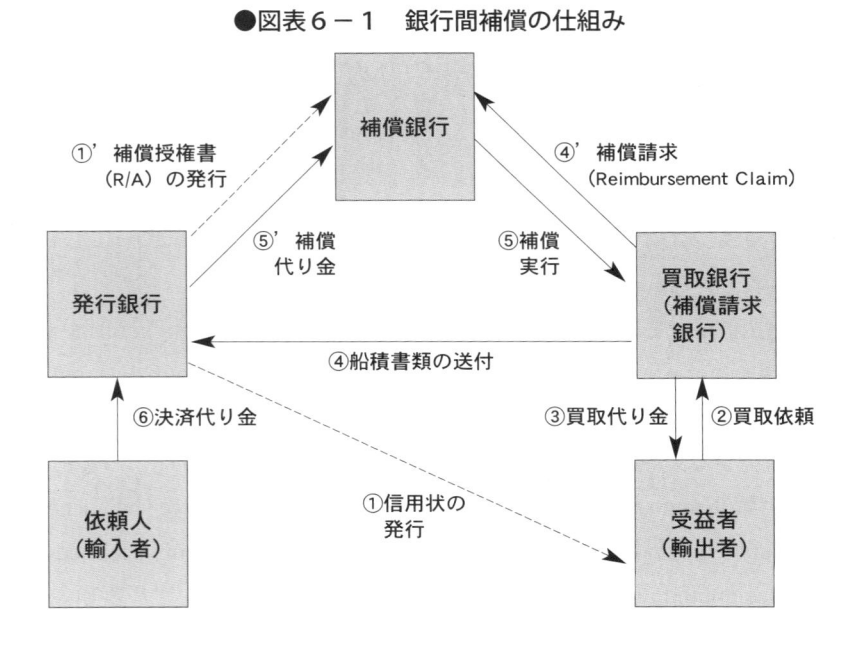

●図表6－1　銀行間補償の仕組み

行からみれば、「預り金口座」）を引き落として代り金を買取銀行へ支払うことになる。

この銀行間補償の仕組みを図示すると、図表6－1のようになる。

(3) デビット方式（debit方式、預け金勘定引落方式）

発行銀行が指定銀行（買取銀行）に対して、一覧払信用状の場合には書類が呈示されたときに、期限付信用状の場合には満期日に、指定銀行にある発行銀行の決済口座（預け金勘定）を引き落とすよう依頼しておく方式をいう。

3．信用状への決済方式の明記

発行銀行は、信用状の発行時に、これらの決済方式について信用状に明記するようにしている（注）。

（注）スイフト（SWIFT）による信用状では、決済方式についてSWIFT TAG78:「支払／引受／買取銀行への指図」（Instructions to the Paying/Accepting/Negotiating Bank）欄を利用して記載している。

(1) レミッタンス方式

レミッタンス方式は、信用状通貨が外貨建および円建のいずれの場合も利用されている。

一覧払信用状では、"Upon receipt of the original documents in order, we shall reimburse you by remitting the amount claimed to your designated account."（充足したオリジナル書類の受領後に、当行は貴行が指示した口座へ送金する）のような文言を、期限付信用状（発行銀行による手形引受）では、"Upon receipt of the original documents in order, we shall accept the usance drafts and reimburse you by remitting the amount claimed to your designated account on maturity date."（充足したオリジナル書類の受

領後に、当行は期限付手形を引き受け、満期日に請求金額を貴行が指示した口座へ送金する）のような文言を記載している。

(2) リンバース方式

　一般的に、信用状通貨が外貨建の場合には、当該通貨の決済地（米ドル建の場合はNew York）にあるデポ・コルレス先（Depository Bank。発行銀行の外貨建決済口座のある銀行）を補償銀行に指定し（注1）、信用状通貨が円建の場合には発行銀行の円建決済口座のある在日他行（本邦にある発行銀行以外の銀行）を補償銀行に指定し、"Reimbursement to be claimed from reimbursing bank subject to URR latest version."（補償は、URR最新版（注2）に従って補償銀行へ請求されるべきである）または"In reimbursement, please claim on XXX bank subject to URR latest version."（補償については、URR最新版に従ってXXX銀行へ請求してください）のような文言を信用状に記載している。

　（注1）スイフトによる信用状では、SWIFT TAG:53 a「補償銀行」（Reimbursing Bank）欄に補償銀行名または補償銀行のBICコード（Bank Identifier Code, 銀行識別コード）を記載している。
　（注2）本章6－2の2を参照。

(3) デビット方式

　一般的に、信用状通貨が外貨建の場合で、指定銀行に発行銀行の決済口座がある場合に利用されている。

　一覧払信用状では、"In reimbursement, you are authorized to debit our account with you."（補償については、貴行は、貴行にある当行の口座から引き落とす権限が与えられている）のような文言を、期限付信用状（指定銀行による手形引受）では、"Please accept the drafts drawn under this credit and inform us of the due date. In reimbursement, you are authorized to debit our account with you on maturity date."（この信用状に基づき振

出された手形を引き受け、期日を当行へ通知してください。補償については、満期日に貴行は、貴行にある当行の口座から引き落とす権限が与えられている）のような文言を記載している。

したがって、発行銀行は、書類の到着時に、呈示人（買取銀行）の送付状（cover letter）を点検し、発行銀行が信用状で指図したとおりの決済方式で呈示人が決済代り金の請求を行っていることを確認する必要がある。

4．一覧払信用状の決済

書類点検の期間は、第5章で説明のとおり、呈示日の翌日から最長5銀行営業日以内と定められている（Article14 b）ので、一覧払信用状で決済方式がレミッタンス方式の場合には、発行銀行は書類の点検を行い、充足した呈示であれば、ただちに（遅くとも書類の到着日後5銀行営業日以内に）、呈示人（買取銀行）に対して代り金の支払（以下「決済」という）を行わなければならない。

もし、この発行銀行の対外決済が遅延し、5銀行営業日を超えて決済すると、呈示人（買取銀行）から遅延利息の請求を受けることもあるので、注意する必要がある。

決済方式がリンバース方式またはデビット方式の場合には、補償銀行または指定銀行にある発行銀行の決済口座から代り金が引き落とされることにより、発行銀行の対外決済は終了する。

5．引受信用状の決済

(1) 引受信用状の種類

UCP600では引受信用状について、発行銀行において引受により利用可能な信用状と、指定銀行において利用可能な信用状とに区分して発行銀行の約束の内容が規定されている（Article7 a.i, iv.）。

引受信用状に基づいて輸出者が振り出した期限付為替手形を引受銀行（発行銀行または指定銀行）が引き受け、ユーザンスを供与することを、アクセプタンス方式ともいう。

アクセプタンス方式には、指定銀行（外国の銀行）がユーザンスを供与する外銀アクセプタンス（外銀ユーザンスともいう）と発行銀行がユーザンスを供与する自行アクセプタンスとに区分される。このうち、外銀アクセプタンスの仕組みを図示すると、図表6－2のとおりである。

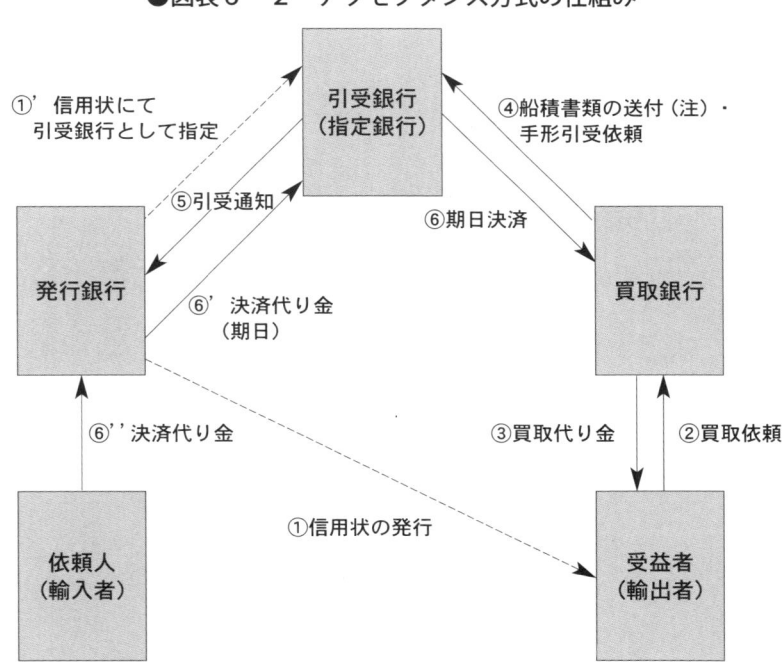

●図表6－2　アクセプタンス方式の仕組み

①'信用状にて引受銀行として指定
引受銀行（指定銀行）
④船積書類の送付（注）・手形引受依頼
⑤引受通知
⑥期日決済
発行銀行
買取銀行
⑥'決済代り金（期日）
⑥''決済代り金
③買取代り金
②買取依頼
①信用状の発行
依頼人（輸入者）
受益者（輸出者）

（注）買取銀行から船積書類が発行銀行へ送付される場合もある。

(2) 発行銀行による引受信用状

発行銀行の引受により利用可能な信用状では、発行銀行が期限付為替手

形を引受け、満期日に対外決済を行うことになる。この場合、発行銀行は、呈示人（買取銀行）に対して引受通知（acceptance advice）を発信し、満期日を通知しなければならない（ISBP681 No.47）。

なお、一覧後XX日（at XX days sight）として振り出される期限付為替手形の場合、満期日の起算となる日付は、信用状条件を充足している書類の場合は、書類の受領日となる（ISBP681 No.46）。

発行銀行による手形引受の場合、発行銀行は、為替手形の満期日に決済を行わなければならないが、満期日が銀行休業日にあたる場合には、発行銀行は、翌銀行営業日に決済を行えばよいことになっている（ISBP681 No.48）。

(3) 指定銀行による引受信用状

外国の引受銀行（指定銀行）の引受により利用可能な信用状では、引受銀行が期限付為替手形を引受け、満期日を発行銀行へ通知してくる。この場合、満期日に引受銀行が引受銀行にある発行銀行の決済口座から代り金を引き落とすことにより、発行銀行の対外決済は終了する。

なお、引受銀行によって引き受けられた為替手形については、満期日まで引受銀行に保管を依頼しておく方法が一般的である。

6. 不可抗力（force majeure）

UCP600では、天災（Acts of God：不可抗力）、暴動、騒乱、反乱、戦争、テロ行為、ストライキまたはロックアウトその他の銀行の力の及ばない事由による業務中断から生じる結果については、銀行に義務も責任もないとされている（Article36）。

したがって、発行銀行の対外決済時に、このような不可抗力により業務が中断した場合には、発行銀行は自行の業務再開後に決済を行えばよいことになり、これにより生じた遅延利息については負担する必要がない。

なお、不可抗力による業務の中断中に、信用状の有効期限が到来すれば、その信用状は無効になり、発行銀行のオナー（honour）する義務は消滅する。

7. 対顧決済

(1) 一覧払決済

一覧払信用状の場合には、発行銀行は信用状付書類の到着後、書類到着案内書を送付することにより発行依頼人（以下「依頼人」という）へ書類到着案内（Arrival Notice：アライバル・ノーティス）を行い、決済代り金の支払を依頼し、ただちに対顧決済に応じてもらう。

一覧払にもかかわらず、対顧決済が遅延し、ユーザンスを供与したような状態になることは、発行銀行の与信管理上問題となるからである。

決済方式がレミッタンス方式の場合には、通常、対顧決済を対外決済日と同日に行う。もし、対顧決済を対外決済日の翌日以降に行ったときには、発行銀行に資金の立替が生じるので、発行銀行は立替金利（対外決済日から対顧決済日まで）を依頼人から徴収する。

(2) 期日決済

一覧払信用状で自行ユーザンス（本邦ローン）を供与する場合、または期限付信用状（手形引受）の場合には、発行銀行は信用状付書類の到着後依頼人へ書類到着案内を行い、満期日を連絡するとともに、すみやかに荷物貸渡の手続を依頼する。満期日に発行銀行は、依頼人から決済代り金を受領し、対顧決済を終了する。

なお、自行ユーザンスの場合の利息起算日は一般的には、レミッタンス方式ではユーザンスの起票日（実行日）、リンバース方式では自行の預け金口座が引き落とされた日となる。

8. 対顧客決済相場

(1) 一覧払決済

　外貨建一覧払信用状でリンバース方式またはデビット方式の場合には、対外決済が先行し、発行銀行に資金の立替が生じるので、通常、対顧決済時には電信売相場（T.T. Selling Rate。以下「TTS」という）にメール期間金利を加えた一覧払輸入手形決済相場（Acceptance Rate, ACC）が適用される（注）。

> （注）発行銀行の立替金利（対外決済日から対顧決済日まで）を為替相場に織り込まず、依頼人から別途徴収する場合には、対顧決済時にTTSが適用される。なお、外貨預金から代り金を受け入れる場合には、立替金利を依頼人から別途徴収する。

　外貨建一覧払信用状でレミッタンス方式の場合には、対外決済日（買取銀行への送金日）を対顧決済日と同日にすれば、発行銀行に資金の立替が生じないので、TTSが適用される。このため、輸入者（依頼人）が立替利息の負担を避けようとするときには、発行銀行に対して決済方式をレミッタンス方式に指定して信用状の発行を依頼している。

(2) 期日決済

　一覧払信用状で依頼人へ自行ユーザンス（本邦ローン、邦銀ユーザンス）を供与する場合、または期限付信用状（手形引受）の場合には、発行銀行は、満期日までのユーザンス利息を依頼人から別途徴収する（期限付信用状においてユーザンス利息が受益者負担の場合を除く）ので、対顧決済時には決済日のTTSが適用される。

6-2 銀行間補償の取決め

ここでは、銀行間補償について、UCP600 Article13【銀行間補償の取決め】の規定のほか、URR725の規定にも留意しなければならないことをみていく。

1. 銀行間補償の仕組み

銀行間補償の仕組みについては、前掲図表6－1を参照。

2. UCPとURR

決済方式がリンバース方式の場合には、銀行間補償についてUCP600 Article13【銀行間補償の取決め】の規定が適用される。

また、Article13を補足する規則として、「ICC荷為替信用状に基づく銀行間補償に関する統一規則」(Uniform Rules for Bank-to-Bank Reimbursements under Documentary Credits。略称「URR」)が制定されているので、発行銀行は、信用状にURRに従うのか否かを記載しなければならない(Article13 a)(注)。

(注) スイフトによる信用状では、URRを適用する場合には、SWIFT TAG：40E「適用規則」(Applicable Rules)欄に"UCP URR LATEST VERSION"のように記載している。

信用状がURRに従うことを記載している場合には、銀行間補償にURRの規定が適用されるが、URRに従うことを記載していない場合には、UCP600の次の規定が適用される(Article13 b. i.～iv.)。

①発行銀行は補償授権書(Reimbursement Authorization, R/A)を補償銀行に提供しなければならないこと。補償授権書には有効期限を定めてはならないこと。
②補償請求銀行は、補償銀行に信用状条件の充足証明書を提出すること

を要求されないこと。
③発行銀行は、信用状条件に従った補償が、最初の補償請求時に補償銀行によって提供されない場合には、発生した費用とともに利息の損害について責任を負うこと。
④補償銀行の手数料（reimbursing bank's charges）は、発行銀行の負担であること。補償銀行の手数料が受益者負担であると記載している場合には、補償銀行は、補償実行時に補償請求銀行へ支払われるべき金額から差し引くことができること。

3. URR725

URRについても、信用状統一規則（UCP600）の改訂に伴い、規定の見直しが行われ、2008年10月からURR725が発効している。

URR725での規定の概要は、次のとおりである。
①本規則は、補償授権書の中に本規則に従うことを明確に示している場合には、銀行間補償に適用される（第1条）。
②補償銀行は、補償確約を発行していない限り、補償請求（reimbursement claim）に応じる義務を負っていない（第4条）。
③発行銀行は、信用状をテレトランスミッション（スイフト等の電信）により発行または条件変更する場合には、補償授権書またはその条件変更（書）をテレトランスミッションにより補償銀行へ通知しなければならない（第6条a項）。
④補償授権書には補償請求の呈示のための有効期限を定めてはならない（第7条）。
⑤発行銀行は、いつでも補償授権書の条件変更または取消を行うことができる（第8条a項）。
⑥テレトランスミッションによる補償請求は、発行銀行によって禁じられていない限り、認められる（第10条a項）。

⑦補償銀行は、補償請求を処理するために、補償請求の受領日の翌日から起算して最長3銀行営業日が与えられる（第11条a項）。

⑧事前に決定された期日（手形引受の場合の満期日）の補償請求の場合には、補償請求銀行は、その補償請求を当該期日の10銀行営業日以前に補償銀行へ呈示してはならない（第11条c項）。

⑨補償銀行は、メッセージの伝達または書類の引渡における遅延、輸送中の紛失、損傷またはその他の過誤から生じる結果については、なんらの義務を負わない（第14条）。

⑩補償銀行の手数料は、発行銀行の負担である（第16条a項）。補償授権書に補償銀行の手数料が受益者負担であると記載している場合には、補償銀行は、補償実行時に補償請求銀行へ支払われるべき金額から差し引くことができる（第16条c項）。

4．発行銀行の補償義務

　UCP600では、補償が最初の請求時に補償銀行によって提供されなかった場合には、発行銀行は補償を提供すべき債務からいっさい解放されないと規定されている（Article13 c）。すなわち、発行銀行は補償銀行に代り金の支払を委託したのにすぎず、発行銀行には最終的な補償責任が義務づけられている。

5．補償銀行による補償遅延

　決済方式がリンバース方式であったとしても、発行銀行はなんらかの理由で補償銀行による補償が遅延した場合には、これによって買取銀行（補償請求銀行）に生じた利息の負担について責任を負わなければならない。
　例えば、発行銀行が補償授権書の発信を適切に行っていなかったり、補償銀行に保有している発行銀行の決済口座に補償資金を用意していなかっ

たりすること等により補償遅延が生じたときには、当然、発行銀行が責任を負い、買取銀行に対して遅延利息等を支払うことになる。

ただし、補償銀行の事務ミスにより補償遅延が生じたときは、発行銀行は、買取銀行に支払った遅延利息等の請求を補償銀行に対して行うことになる。

補償遅延により生じた遅延利息の計算時に適用される金利については、UCPおよびURRに規定はないが、ICCの見解では、支払地の一般的料率が適用されるべきであるとしている。米ドルによる決済の場合には、NACIB（全米国際銀行業務協会）の補償規則に遅延利息についてはフェデラル・ファンド・レート（Federal Funds rate：米国の代表的な銀行間短期金利）を基準として調整すべきと定められているので、これらを参考とすべきである。

6．T.T.リンバースメント（T.T. Reimbursement, T.T.R.）

URR725の概要で説明のとおり、発行銀行によって禁じられていないかぎり、テレトランスミッションによる補償請求（以下「T.T.リンバースメント」という）が認められている。

したがって、依頼人がT.T.リンバースメントによって立替金利の負担増を避けようとする場合には、信用状に"T.T. Reimbursement is prohibited."または"T.T. Reimbursement is not acceptable."の文言を記載してもらうよう発行銀行に依頼する必要がある。

決済方式がレミッタンス方式の場合は、発行銀行は、書類の到着後に書類を点検し、「呈示」が充足したと決定した時点で対外決済を行うのが一般的であるが、レミッタンス方式であっても、依頼人からの依頼に基づき、発行銀行が自行へのT.T.リンバースメント（T.T.クレーム）を許容している信用状も見受けられる。

この場合、発行銀行が買取銀行からT.T.クレームを受領したときには、

決済を行う銀行の立場として「補償銀行には、補償請求を処理するための期間として、補償請求の受領日の翌日から起算して最長３銀行営業日が与えられている」というURR725の規定に準じて行動しなければならず、ただちに、遅くとも３銀行営業日以内に対外決済を行わなければならないことになる。

なお、対外決済後に到着した書類を点検し、ディスクレがあれば、発行銀行は、当然のことながら買取銀行に対して拒絶通告を行ったうえで、償還請求（リファンド請求）を行うことができる。

6-3 ディスクレのある書類

呈示された書類にディスクレがあれば、発行銀行はオナーすることを拒絶できるが、実務上はディスクレの権利放棄について依頼人に照会している。ここでは、ディスクレのある書類への対応についてみていく。

1. 発行銀行による支払・引受拒絶の決定

UCP600では、発行銀行が呈示は充足していない(書類にディスクレがある)と決定した場合には、オナー(honour)することを拒絶((以下、本章では「支払・引受拒絶」という)することができる(Article16 a)。

信用状とは、充足した呈示をオナーすることについての発行銀行の確約となる取決めであり(Article2 第8フレーズ)、この決定は発行銀行のみの判断で行うことができる。

2. 依頼人への照会

発行銀行は、書類にディスクレがあったとしても、依頼人がディスクレについて権利放棄(waiver:ディスクレを理由として支払拒絶しないこと)し、依頼人が決済することができれば、ディスクレを理由として支払・引受拒絶を行う必要はない。

もちろん、依頼人の破綻または実質破綻により決済が困難と認められる場合には、たとえ依頼人が権利放棄したとしても、発行銀行が権利放棄を承諾しないことができ、発行銀行は、債権保全の観点からディスクレを理由として支払・引受拒絶を行うことになる。

UCP600においても、発行銀行は、自行のみの判断でディスクレに関する権利放棄について依頼人と連絡をとることができるとされている(Article16 b)。

これは、発行銀行が信用状の主たる債務者であるからである。実務的には、発行銀行は、書類の到着時にディスクレの内容を明記した書類到着案内書を作成し、またはディスクレの内容を明記したディスクレ照会状を書類到着案内書に添付し、書類到着案内を行い、依頼人へディスクレの諾否について照会している。

3. 依頼人からの回答

　発行銀行は、依頼人からディスクレについての諾否についてすみやかに回答を求め、もし依頼人がディスクレを受け入れないときには、呈示人（買取銀行）に対してただちに（Article 16 d に規定された呈示日の翌日から起算して第5銀行営業日の終了よりも遅れることなく）支払・引受拒絶の通告を行う必要がある。

　依頼人からディスクレ諾否の回答を得ることについては、依頼人の意思確認のために必要なものであり、後日のトラブルを避ける意味でも、できるだけ回答書等の文書により徴求することが望ましい。

　発行銀行が書類の受領後5銀行営業日までに依頼人へ書類到着案内を行い、ディスクレの諾否についての回答を求め、ディスクレが受け入れられない場合に支払・引受拒絶の通告を行うのは、実務的にタイトであり、かつ通告期限に間に合わないリスクもある。

　したがって、発行銀行によっては、書類にディスクレがある場合には、依頼人からの回答の有無にかかわらず、書類の点検後に、またはUCPで定められた通告期限に間に合うよう、支払・引受拒絶の通告を行う取扱いをとっている。

　なお、書類到着案内後に依頼人の破綻または実質破綻が明らかになった場合などでは、依頼人がディスクレについて承諾したとしても、発行銀行自身の判断により同意をせずに、支払・引受拒絶の通告を行う。

　書類点検、ディスクレについての権利放棄、拒絶通告についての一連の

●図表6－3　書類点検、ディスクレについての権利放棄、拒絶通告

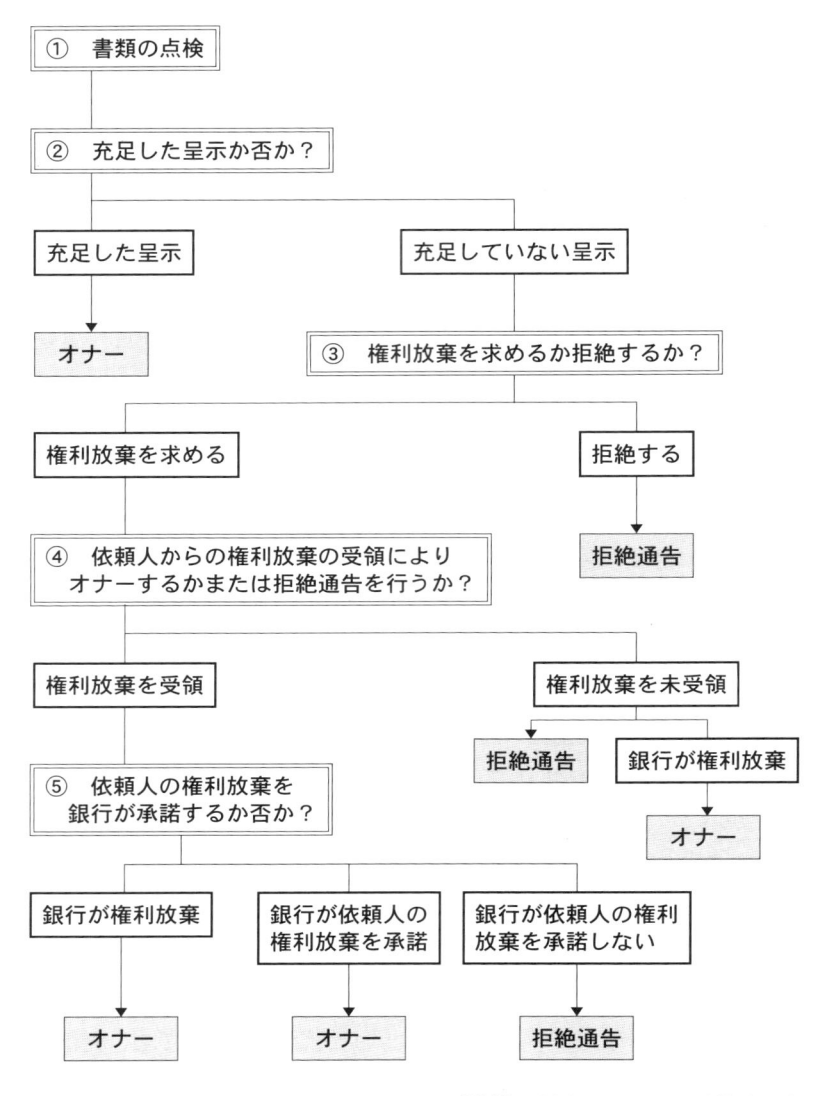

```
① 書類の点検
      │
② 充足した呈示か否か？
      ├──────────────────┐
  充足した呈示        充足していない呈示
      │                      │
   [オナー]         ③ 権利放棄を求めるか拒絶するか？
                    ├──────────────┐
              権利放棄を求める        拒絶する
                    │                │
       ④ 依頼人からの権利放棄の受領により     [拒絶通告]
          オナーするかまたは拒絶通告を行うか？
                    │
         ┌──────────┴──────────┐
     権利放棄を受領          権利放棄を未受領
         │                 ┌──────┴──────┐
  ⑤ 依頼人の権利放棄を    [拒絶通告]    銀行が権利放棄
     銀行が承諾するか否か？                │
         │                            [オナー]
  ┌──────┼──────────┐
銀行が権利放棄  銀行が依頼人の  銀行が依頼人の権利
              権利放棄を承諾  放棄を承諾しない
     │           │              │
  [オナー]    [オナー]       [拒絶通告]
```

（参考）ICC Documents 470/952rev2

流れを図示すると、図表6－3のとおりとなる。

4. ディスクレパンシー・フィー（discrepancy fee）

　ディスクレのある書類は発行銀行にとって依頼人への照会および呈示人（買取銀行）への通告等の事務負担が大きいため、最近では、発行銀行が信用状条件としてディスクレがある書類について所定のディスクレパンシー・フィー（ディスクレ手数料、ディスクレ・チャージともいう）を徴収する旨を定めているケースがある。決済方式がリンバース方式の場合には、信用状にディスクレパンシー・フィーを差し引いて補償銀行へ代り金を請求するよう買取銀行に対して指示するが、レミッタンス方式の場合には、発行銀行は、代り金からディスクレパンシー・フィーを差し引いて決済することになる。

6-4 発行銀行による支払・引受拒絶の通告

ここでは、UCP600において、とるべき特定のステップが詳細に決められている、発行銀行による支払・引受拒絶の通告についてみていく。

1. 拒絶通告の時期・方法

UCP600によれば、支払・引受拒絶の通告は、テレコミュニケーションなどの迅速な方法によって、呈示日の翌日から5銀行営業日の終了時までに呈示人（買取銀行）に対して行わなければならない旨（いわゆる、5 days rules）が規定されている（Article16 d）。

この5銀行営業日は、発行銀行が権利放棄について依頼人へ連絡をとっていたとしても、延長されることはない（Article16 b）。

2. 一度限りの通告（single notice）

UCP600では、この呈示人（買取銀行）への支払・引受拒絶の通告は、一度限り（一度ですべてのディスクレを網羅する）であるとされており（Article16 c）、異なるディスクレを理由とした複数の支払・引受拒絶の通告を行うことはできない。

したがって、発行銀行は書類の点検時には、決められた点検項目について書類の点検を行い、ディスクレの指摘もれのないように注意する必要がある（本書第5章を参照）。

3. 通告への記載内容

UCP600では、この支払・引受拒絶の通告には、次の事項を記載しなけ

ればならない旨が規定されている（Article 16 c）。
　①オナー（honour）すること（支払・引受）を拒絶していること。
　②ディスクレの内容。
　③次のa）からd）のうち、いずれかの書類の取扱方法。
　　a）呈示人からの追加指図があるまで、書類を保管していること。
　　b）依頼人からの権利放棄を受け取り、その権利放棄について承諾することに合意するまで、または、その権利放棄について合意する前に呈示人からの追加指図を受け取るまで、書類を保管していること。
　　c）書類を返却していること。
　　d）呈示人から前もって受け取っている指図に基づいて行動していること。

　発行銀行は、拒絶の根拠となるディスクレの内容について、正確かつ特定して記載しなければならない。例えば、"invoice not as per L/C"または"conflicting data between documents"のようなディスクレの記載は、拒絶の根拠とみなされないとされている（「UCP600コメンタリー」73頁）。

　UCP600では、書類の取扱方法について、UCP500のa）とc）の取扱方法に加えて、b）とd）の取扱方法が追加され、4つの選択肢となっている。銀行実務においては、b）の取扱方法が広く利用されているため、この取扱方法が選択肢として追加されたものである。

　これに関連して、a）の取扱方法が「呈示人の指図待ちで（at the disposal of the presenter）書類を保管していること」（UCP500）から、「呈示人から追加指図があるまで（pending further instructions from the presenter）書類を保管していること」に文言が変更されているので、注意を要する。

　なお、発行銀行は、a）またはb）の取扱方法を記載して呈示人へ拒絶の通告を行った後は、いつでも（at any time）呈示人に書類を返却することができるとされている（Article 16 e）。

実際には、呈示人との間で書類のやりとりが発生することを避けるために、依頼人による権利放棄の見込みがなくなり、最終的な支払・引受拒絶が確定してから、発行銀行は書類を呈示人へ返却することになる。

4．拒絶通告の無効

　UCP600では、Article16で規定されている支払・引受拒絶の通告の条件を充たしていない場合には、発行銀行は充足した呈示でないことを呈示人（買取銀行）に対して主張できないと規定されている（Article16 f ）。
　すなわち、依頼人がディスクレを受け入れず、支払を拒絶した場合でも、発行銀行が呈示人への拒絶通告手続を怠ったときには、発行銀行は支払確約の履行を余儀なくされる。
　また、呈示人（買取銀行）の送付状にディスクレの内容が具体的に明記されていたとしても、発行銀行の通告義務に変わりはなく、発行銀行は拒絶通告手続をとらなければならない。
　したがって、発行銀行は、書類の接受後、迅速な事務処理を行うとともに、もし書類にディスクレがあり、依頼人の権利放棄が得られない場合には、支払・引受拒絶の通告を期限内（呈示日の翌日から５銀行営業日の終了時まで）に行うよう十分な注意を払わなければならない。

5．拒絶通告後の権利放棄

　到着案内時に依頼人からディスクレについての権利放棄について承諾が得られないとき、または依頼人が一度権利放棄を拒絶したときでも、当事者間の交渉により最終的に依頼人が権利放棄をすることが多い。
　この場合、発行銀行は必要な場合には呈示人（買取銀行）へ連絡のうえ、支払・引受の義務を履行することになる。

6. 買取銀行への償還請求

　決済方式がリンバース方式やデビット方式の場合には、書類にディスクレがあったとしても、買取銀行への対外決済が先行し、書類の到着時には代り金が発行銀行の決済口座から引き落とされている。
　もし、依頼人が最終的にディスクレを受け入れず、書類の引取を拒絶した場合には、発行銀行は、買取銀行（補償請求銀行）に対して償還（refund：リファンド）を請求することになる。
　UCP600において、発行銀行には償還資金に加え、発行銀行の決済口座からの引落日から償還資金の発行銀行の決済口座への入金日までの利息を買取銀行に請求する権利が与えられている（Article16 g）。

7. L/G・Air T/Rと支払・引受拒絶

　書類にディスクレがあっても、依頼人からの依頼に基づき、書類の到着前にL/G（荷物引取保証）またはAir T/R（航空貨物荷物貸渡、丙号T/Rともいう）等により荷物貸渡を行っている場合には、発行銀行は、支払・引受拒絶を行うことができない。
　もし、発行銀行がディスクレを理由に支払・引受拒絶を行うと、書類は買取銀行経由輸出者（受益者）に返却される。輸出者が船会社に対して荷物の積戻し等を依頼しても、船会社等は荷物を引き渡しているので、これに応じることができない。この結果、荷物貸渡を実行したことにより、発行銀行が損害賠償の請求を受けることになるからである。
　このことは、信用状取引約定書第11条（償還債務）2項に、「（依頼人は、）付帯荷物の荷受人が、荷物引取保証による引渡、その他引渡方法のいかんを問わず、付帯荷物の引渡を受けている場合には、輸入為替手形および付属書類が信用状条件と相違していても、償還債務を負担します。」

と明記されている。

したがって、依頼人に償還債務を負担してもらい、対顧決済してもらうことになる。

8．依頼人への一部書類直送条件と支払・引受拒絶

依頼人が早期に荷物の引取を受けようとするために、船荷証券の原本一通を受益者から依頼人へ直送する信用状条件がよく見受けられる。このような条件の付いた信用状の場合にも、発行銀行は、到着した書類にディスクレがあれば、ディスクレを理由として支払・引受拒絶を行うことができる。

この場合、発行銀行は呈示された書類全通を呈示人（買取銀行）に返却すればよく、直送された船荷証券の原本は依頼人から受益者へ返却してもらえばよい。

ただし、前項で説明したとおり、依頼人が直送された船荷証券によって船会社から荷物の引渡を受けている場合には、信用状取引約定書第11条2項の規定により、依頼人に償還債務を負担してもらう必要がある。

なお、依頼人が荷物の引渡を受けていたとしても、書類にディスクレがあり、依頼人が破綻または実質破綻により償還能力がない場合には、発行銀行は債権保全の観点から、UCP600 Article16の規定に従い、ディスクレを理由として支払・引受拒絶を行うことになる。

9．依頼人へ直送された書類の返却義務

依頼人が最終的にディスクレを受け入れず、支払拒絶を行うことを確認した場合には、発行銀行は書類を呈示人（買取銀行）へ返却する必要がある。

この場合、受益者から依頼人へ直送された船荷証券等の書類についても

発行銀行が返却すべき書類の中に含まれるかが問題となる。

　これについて、国際商業会議所（ICC）は、その出版物（Case Studies on Documentary Credits, Publication No.459, Case55）の中で、「受益者が依頼人へ直送する書類は、信用状により呈示されるべき書類ではないと推測される。このような条件の信用状を容認した受益者自身がリスクを負担すべき」としている。

　したがって、直送された船荷証券によって依頼人が荷物の引渡を受けていたとしても、発行銀行は、呈示された書類のみを呈示人（買取銀行）へ返却すればよいことになる。

　依頼人へ直送された書類については、信用状取引約定書第10条5項の規定、すなわち、「信用状が付属書類の一部または全部を私または私の指定する者宛に送付するよう定めている場合に、前各項により貴行が支払、引受等を拒絶したときは、私は、その付属書類を回収し、送付人へ返却します」の規定により、依頼人に対して送付人（受益者）へ返却するよう促すべきである。

資料1－1　信用状発行申込書（依頼書）

APPLICATION FOR IRREVOCABLE DOCUMENTARY CREDIT

This Credit is subject to the Latest Version of Uniform Customs and Practice for Documentary Credits, International Chamber of Commerce, Paris, France.
In accordance with the AGREEMENT submitted to you, I/WE hereby request you to issue an irrevocable Documentary Credit under the following terms and conditions.

TO : ABC BANK	ISSUING DATE	DATE
太枠の中をご記入下さい。	L/C NO.	APPLICANT'S REF NO.

APPLICANT ①		ISSUE BY MAIL　⑮
		ISSUE BY MAIL WITH PRELIMINARY BRIEF ADVICE BY TELETRANSMISSION
AMOUNT ②	(　　% MORE OR LESS ALLOWED) [　　]	ISSUE BY TELETRANSMISSION (WHICH SHALL BE THE OPERATIVE CREDIT INSTRUMENT)
BENEFICIARY ③		
ADVISING BANK ④		⑯ □TO BE CONFIRMED □APPLICANT / □BENEFICIARY
		⑰ □TRANSFERABLE
DATE AND PLACE OF EXPIRY ⑤	□At the nominated bank □ ⑥	Credit available with ⑱ □ANY BANK □ADVISING BANK □THE NOMINATED BANK □by payment □by acceptance □by negotiation of beneficiary's draft(s) □by deferred payment □Draft(s) not required
Partial shipments ⑦ □allowed □not allowed	Transhipment ⑧ □allowed □not allowed	⑲ (INDICATE TENOR)⇒　□AT SIGHT　□
		⑳ FOR 100%＿＿INVOICE VALUE DRAWN ON YOU OR YOUR CORRESPONDENTS
Place of Taking in Charge/Dispatch from/Place of Receipt ⑨	Port of Loading/Airport of Departure ⑩	㉑ □回金方式 (REMITTANCE 方式) REIMBURSEMENT BY TELETRANSMISSION IS 決済方式 □ACCEPTABLE □PROHIBITED
Port of Discharge/Airport of Destination ⑪	Place of Final Destination/For Transportation to/Place of Delivery ⑫	
not later than ⑬	DOCUMENTS TO BE PRESENTED WITHIN [　] DAYS AFTER THE DATE OF SHIPMENT BUT WITHIN THE VALIDITY OF THE CREDIT. ⑭	□REIMBURSE 方式 REIMBURSEMENT BY TELETRANSMISSION IS ACCEPTABLE REIMBURSEMENT BY TELETRANSMISSION IS PROHIBITED

㉒ REQUIRED DOCUMENTS AS FOLLOWS

A □COMMERCIAL INVOICE IN＿＿＿＿＿＿＿＿＿□INDICATING L/C NO. □＿＿＿＿＿＿＿

B □□FULL /□＿＿＿＿SET OF □CLEAN ON BOARD OCEAN BILLS OF LADING / □CLEAN NEGOTIABLE COMBINED TRANSPORT DOCUMENTS MARKED FREIGHT □PREPAID / □COLLECT / □＿＿＿＿ □MADE OUT TO ORDER OF SHIPPER AND BLANK ENDORSED
　　　□CONSIGNED TO＿＿＿＿＿＿＿＿＿＿
NOTIFY APPLICANT □＿＿＿＿＿＿＿＿＿＿＿＿＿□INDICATING L/C NO. □ INVOICE NO. □＿
□AND/OR □OR

C □AIRWAYBILLS MARKED FREIGHT □PREPAID / □COLLECT, CONSIGNED TO □ISSUING BANK / □＿＿＿＿＿＿
NOTIFY APPLICANT □＿＿＿＿＿＿＿＿＿＿＿＿＿□INDICATING L/C NO. □ INVOICE NO. □＿

D □INSURANCE POLICY OR CERTIFICATE IN DUPLICATE ENDORSED IN BLANK, WITH CLAIM PAYABLE IN □JAPAN / □＿＿＿＿＿＿
IN THE CURRENCY OF THE DRAFT COVERING 110% OF INVOICE VALUE, INCLUDING INSTITUTE WAR CLAUSES, INSTITUTE CARGO CLAUSES (□ALL RISKS (オールリスク担保) / □F.P.A. (分損不担保) / □W.A. (分損担保)), INSTITUTE STRIKES RIOTS AND CIVIL COMMOTIONS CLAUSES.
□INSTITUTE CARGO CLAUSES □(A) / □(B) / □(C), □INSTITUTE WAR CLAUSES 1/1/82,
□INSTITUTE STRIKES CLAUSES 1/1/82, □INSTITUTE MALICIOUS DAMAGE CLAUSE 1/8/82.

E □PACKING LIST IN＿＿＿＿＿＿＿＿＿＿＿＿＿＿＿＿　　　I □MEASUREMENT LIST IN＿＿＿＿＿＿＿＿＿＿＿＿＿

F □CERTIFICATE OF WEIGHT IN＿＿＿＿＿＿＿＿＿＿＿　　　J □CERTIFICATE OF ANALYSIS IN＿＿＿＿＿＿＿＿＿＿

G □CERTIFICATE OF ORIGIN / □GSP FORM A IN＿＿＿＿＿　　K □INSPECTION CERTIFICATE IN＿＿＿＿＿＿＿＿＿＿＿

H □CERTIFICATE OF QUALITY IN＿＿＿＿＿＿＿＿＿＿＿

L □BENEFICIARY'S CERTIFICATE STATING THAT ONE SET OF NON-NEGOTIABLE SHIPPING DOCUMENTS HAVE BEEN AIRMAILED TO APPLICANT AFTER SHIPMENT.

M DESCRIPTION OF GOODS AND/OR SERVICES. (商品名等) (＿＿＿% MORE OF LESS IN QUANTITY AND AMOUNT ALLOWED)

N □TRADE TERMS (INCOTERMS) : □FOB/ □CFR(C&F)/ □CIF/ □FCA/ □CPT/ □CIP □＿＿＿＿＿＿＿＿(PLACE)＿＿＿＿＿＿＿

O ADDITIONAL CONDITIONS : □INSURANCE IS TO BE EFFECTED BY BUYER

P □ALL BANKING CHARGES AND COMMISSIONS OUTSIDE JAPAN, INCLUDING REIMBURSEMENT COMMISSIONS, ARE FOR ACCOUNT OF □APPLICANT / □BENEFICIARY

Q □DISCOUNT CHARGES ARE FOR ACCOUNT OF □APPLICANT / □BENEFICIARY

R □ACCEPTANCE COMMISSIONS ARE FOR ACCOUNT OF □APPLICANT / □BENEFICIARY

S □SHIPMENT EARLIER THAN L/C ISSUING DATE IS PROHIBITED.

T □DOCUMENTS MUST BE SENT TO ISSUING BANK IN □1LOT / □2LOTS.
IN CASE OF 2 LOTS, SECOND LOT MUST BE SENT AFTER THREE-CALENDAR-DAY INTERVAL FROM FIRST LOT.

(ご署名欄) AUTHORIZED SIGNATURE

資料1-2　信用状発行申込書（依頼書）の見方

※	APPLICATION FORM	FIELD	UCP600 参照条文
①	Applicant	発行依頼人	Aricle2, 14 j
②	Amount	通貨コード・金額	Aricle30 a
③	Beneficiary	受益者	Aricle14 j
④	Advising Bank	—	Aricle9 a
⑤	Date and place of expiry	有効期限・場所	Aricle6 d
⑥	At the nominated bank	—	Aricle6 d
⑦	Partial shipments	分割船積	Aricle31 a
⑧	Transhipment	積替	Aricle19 b, c Aricle20 b, c, d
⑨	Place of Taking in charge Dispatch from / Place of Receipt	受取地 発送地 受領地	Aricle19 a. ii. Aricle19 a. iii.
⑩	Port of Loading / Airport of Departure	積込港 出発空港	Aricle20 a. ii. Aricle20 a. iii. Aricle23 a. iv.
⑪	Port of Discharge / Airport of Destination	陸揚港 仕向空港	Aricle20 a. iii. Aricle23 a. iv.
⑫	Place of Final Destination / For Transportation to / Place of Delivery	最終仕向地 目的地 引渡地	Aricle19 a. iii.
⑬	not later than	船積期限	Aricle14 c
⑭	Documents to be presented within _ days after the date of shipment but within the validity of the credit	呈示期間	Aricle14 c
⑮	Issue by mail / Issue by mail with preliminary brief advice by teletransmission / Issue by teletransmission	—	Aricle11 a, b
⑯	To be confirmed	確認指図	Aricle8 a, b, c, d
⑰	Transferable	—	Aricle38 b

※①〜㉒、A〜Tについては、資料1-1上の丸数字およびアルファベットと連動しています。（次頁へ続く）
※FIELD欄については、後掲資料2のField Name欄と連動しています。

※	APPLICATION FORM	FIELD	UCP600 参照条文
⑱	Credit available with	利用方法	Aricle6 a, b, c
⑲	Indicate tenor	—	—
⑳	For 100%_ invoice value drawn on you or your correspondents	—	—
㉑	決済方式	—	—
㉒	Required Documents	必要書類	—
A	Commercial invoice	—	Aricle18 a
B	Full set of Clean on board ocean bills of Landing / Clean negotiable Combined Transport Documents	—	Aricle20 a Aricle19 a
C	Air Waybills	—	Aricle23 a
D	Insurance Policy or Certificate	—	Aricle28 a
G	Certificate of Origin	—	(ISBP No.181〜185)
M	Description of goods	物品の明細	Aricle18 c
N	Trade terms (INCOTERMS)	—	—
O	Additional conditions	追加条件	—
P	All banking charges & commissions	手数料	Aricle37 c
Q	Discount charges	手数料	Aricle37 c
R	Acceptance Commissions	手数料	Aricle37 c
S	Shipment earlier than L/C issuing date	—	Aricle14 i
T	Documents must be sent to	—	Aricle35

※①〜㉒、A〜Tについては、資料1－1上の丸数字およびアルファベットと連動しています。
※FIELD 欄については、後掲資料2の Field Name 欄と連動しています。

資料1−3　信用状発行申込書（依頼書）の留意事項

※	APPLICATION FORM	留意事項
①	Applicant	発行依頼人の名称と住所を英文で正確に記入する（Article14 j）。
②	Amount	信用状金額を次の方法によって記入する（Article30 a）。 (1) 外国通貨建の場合は「US$」などの通貨表示（または「USD」などの Currency Code）を頭にして、アラビア数字の表示に沿えてその金額の英文を併記する。円建の場合は「YEN」または「¥」を頭にして、アラビア数字の表示に添えてその金額の英文を併記する。 (2) 金額の頭に about または approximately の言葉を付けると UCP600 Article30 a が適用され、金額の10％の過不足を認めることになる。また、5％ more or less allowed などの具体的表示も可能である (Article30)。
③	Beneficiary	受益者の正式名称と住所（街区（street address）、郵便番号（postal code）など）を英文で正確に記入する。電話番号・FAX 番号も併記する。さらに、州名、国名を表示して、下記の④Advising Bank の所在国（所在州）と同一地域内に所在することを確かめる (Article14 j)。
④	Advising Bank	銀行名・支店名・住所・都市名・州名・国名が正確に記入されていることを確かめる。下記の⑥に表示される the nominated bank と同一の場合もある (Article9 a)。
⑤	Date and place of expiry	有効期限は、受益者が書類を呈示する最終日であり、通常は、信用状が利用可能（available）となる地（輸出地）における指定銀行（the nominated bank）の所在地が書類最終呈示地になることが多い（Article6 d. i. & ii.）。
⑥	At the nominated bank	At the nominated bank に X マークが付された場合は、指定銀行が呈示場所である。その他の呈示場所としては、□At the issuing bank、□At any bank が選択される (Article6 d. i. & ii.)。
⑦	Partial shipments（分割船積）	allowed（許容）、または、not allowed（禁止）のいずれかが選択される。いずれも選択されない場合は、allowed（許容）とみなされる（Article31 a）。
⑧	Transhipment（積替え）	allowed（許容）、または、not allowed（禁止）のいずれかが選択される。複合運送書類・船荷証券・航空運送書類においては、信用状で積替を禁止しても、その効果を期待できない条項があるので注意を要する（Article19 c. ii.、Article20 c. ii.、Article23 c. ii.）。

※①〜㉒、A〜Tについては、資料1−1上の丸数字およびアルファベットと連動しています。（次頁へ続く）

※	APPLICATION FORM	留意事項
⑨	Place of Taking in charge / Dispatch from / Place of Receipt	Article19 が適用される場合に、「受取地」「発送地」「船積地」が表示される箇所。
⑩	Port of Loading / Airport of Departure	Article20 または Article23 が適用される場合に、「船積港」「出発空港」が表示される箇所。
⑪	Port of Discharge / Airport of Destination	Article20 または Article23 が適用される場合に、「陸揚港＝仕向港」「到着空港」が表示される箇所。
⑫	Place of Final Destination / For Transportation to / Place of Delivery	Article19 が適用される場合に、「最終到達地」が表示される箇所。 ★発送地・受取地・船積地・最終到達地・船積港・陸揚港・出発空港・到着空港には、いずれも国名を併記することが望ましい。ただし、UK などの略語は避ける。また、European ports、Chinese ports などの表示も曖昧であるため避けるべきであるが、売買契約の段階で船積港・陸揚港などが確定していない場合は、後日すみやかに条件変更（amendment）を手配するべきである。 ★発送地・受取地・最終到達地などが内陸にある場合には、これらの地と船積港・陸揚港との地理的位置関係（物品の移動ルートなど）を十分把握し、要求する運送関係書類（複合運送書類など）との間に齟齬が生じないようにする必要がある。
⑬	not later than（船積期限）	この欄に記載がないときは、信用状の有効期限が船積期限となる。
⑭	Documents to be presented within _ days after the date of shipment but within the validity of the credit（船積後呈示期間）	この欄に記載がないときは、Article14 c（船積後 21 暦日）が適用されるので、一律に「21 暦日」とするのではなく、船積地から最終到達地までの最適航海日数等を考慮して記載することが望ましい（Article14 c）。
⑮	信用状の通知方法	□Issue by mail　□Issue by mail with preliminary brief advice by teletransmission　□Issue by teletransmission（which shall be the operative credit instrument）このうちいずれに X マークが付される (Article11 a&b)。
⑯	確認　□to be confirmed	確認付き信用状を発行依頼者が希望する場合に X マークが付される。同手数料負担：確認付き信用状を希望する場合の「確認手数料負担者」の区分について、□applicant/ □beneficiary のいずれに X マークが付される (Article8 a, b, c&d)。

※①〜㉒、A〜Tについては、資料１−１上の丸数字およびアルファベットと連動しています。　（次頁へ続く）

※	APPLICATION FORM	留意事項
⑰	譲渡可能　□transferable	譲渡可能信用状を発行依頼者が希望する場合にXマークが付される (Article38 b)。
⑱	Credit available with	信用状が利用可能となる銀行については、□The Nominated Bank、または、□The Advising Bank のいずれかが選択される。通常、nominated bank/advising bank は、受益者の取引銀行であろう。また、□Any bank が選択された場合は、世界中のいずれの銀行でも利用可能であることを意味するが、通常は、受益者所在国における any bank に制限される場合が多い。なお、銀行のコルレス契約等により、依頼者が選択した銀行がそのまま「信用状利用可能銀行」として指定されるとは限らない。この項での選択は前記⑥の呈示場所としての銀行の選択と整合していなければならない。 その下に記載された□by payment、□by acceptance、□by negotiation of beneficiary's draft(s)、□by deferred payment、□draft(s) not required は、発行依頼人と受益者との間で合意された「支払方法」により、適切な箇所（□）が選ばれるが、この項も銀行のコルレス契約等により、依頼者が選択した「支払方法」がそのまま信用状条件となるわけではない (Article6 a, b, c)。
⑲	Indicate tenor	発行依頼者が、受益者との合意に基づいて、一覧払での信用状利用を希望する場合は、□At sight が、また、期限付きでの信用状利用を希望する場合は、□At days after sight など（例えば At days after B/L date）が選択される。この項も発行銀行と指定銀行とのコルレス契約等により、発行依頼者が記入した「期限」がそのまま認められて信用状条件になるとは限らない。
⑳	For 100% invoice value drawn on you or your correspondents	ここは、通常インボイス金額の全額（100%）について為替手形が振り出されることを表しているが、発行依頼者と受益者との契約で、例えば、90% of invoice value という場合もあろう。また、上記⑱で deferred payment を選択した場合には、受益者の書類呈示時点で為替手形の振出はない。 Deferred payment 条件は、"30 days after the date of shipment" などと表現され、その信用状が期限付きであることを示すことができる。
㉑	決済方式	□回金方式（Remittance 方式）と□REIMBURSE 方式のいずれかが、発行依頼人と受益者との合意により選択されるが、この項に基づく決済方法は、発行銀行が指定銀行または補償銀行とのコル

※①～㉒、A～Tについては、資料１－１上の丸数字およびアルファベットと連動しています。（次頁へ続く）

※	APPLICATION FORM	留意事項
		レス契約に従って最終決定する。なお、REIMBURSE 方式を発行銀行として決定した場合は、指定銀行（補償請求銀行）が補償銀行（reimbursing bank）宛に、電信手段によって補償請求することを認めることになるので、もし、発行依頼者が、□T.T.Reimbursement is prohibited の項目を選択していれば、その選択は尊重され、「電信手段による補償請求は禁止する」旨が信用状に明記される。 なお、回金方式はレミッタンス方式とも言われ、コルレス契約等の関係から REIMBURSE 方式を採用できない場合に発行銀行が選択する補償方式である。発行銀行がこの回金方式を採用した場合は、書類が発行銀行に到着した後に、指定銀行の指図に従って、送金手段により対外決済する方式である。これに対して、REIMBURSE 方式を採用した場合は、書類が発行銀行に到着する前に、発行銀行の資金が指定口座から引き落とされていることを意味する。
㉒	必要書類（呈示書類）	―
A	商業送り状	署名を求める場合は、signed commercial invoice などと表現する。署名については、「書類は手書き、複製署名（facsimile signature）、スタンプ、機械的・電子的認証手段などで署名できる」との UCP600 の規定がある（Article18 a，Article3 第 3 フレーズ）。
B	船荷証券・複合運送書類	全通（full set）要求する場合は、Full の前の□に X マークが付される。また、発行される船荷証券・複合運送書類の全通のうち、2 通を要求する場合には、"2/3 set of" などと表示して、その前の□に X マークが付される (Article20 a，Article19 a)。 発行依頼人が "2/3 set of clean on board ocean bills of lading" などと表現して、有価証券である船荷証券・複合運送書類の一部（1 通）を受益者から発行依頼人宛に直送することを意図しても、発行銀行が依頼人に対して「全通要求」への変更を求める場合がある。 ★marked freight □prepaid/ □collect □　　　　の欄において "freight prepaid" と表示した場合は、下記 Trade Terms（INCOTERMS）の□CFR(C&F)・□CIF・□CPT・□CIP のいずれかに X マークが付され、"freight collect" と表示した場合は、□FOB または□FCA のいずれかに X マークが付される。

※①〜㉒、A〜Tについては、資料1-1上の丸数字およびアルファベットと連動しています。（次頁へ続く）

※	APPLICATION FORM	留意事項
		★□made out to order of shipper and blank endorsed と□consigned to　　　　　の欄では、前者は「荷送人の指図した者が荷受人」であることを意味し、白地裏書により流通する。後者は consigned to のうしろに記入される者が「荷受人」であることを意味する。発行銀行は前者を「原則」としている。
C	航空貨物運送状	上記Bに準じて、該当する箇所（□）にＸマークが付される (Article23 a)。
D	保険証券	旧協会貨物約款（Institute Cargo Clauses）の□All Risks（オールリスク担保）/□F. P. A.（分損不担保）/□W. A.（分損担保）のいずれかを選択する場合と、新協会貨物約款（Institute Cargo Clauses）の□（A）/ □（B）/ □（C）の何れかを選択する場合がある。 また、旧協会貨物約款が選択された場合は、通常、Institute War Clauses および Institute Strikes Riots and Civil Commotions Clauses も付随して付保される。新協会貨物約款が選択された場合は、通常、□Institute War Clauses 1/1/82、□Institute Strikes Clauses 1/1/82、□Institute Malicious Damage Clause 1/8/82 も付随して付保される (Article28 a)。
E	包装明細書	下記 I とあわせて "Certificate and List of Weight and Measurement" とすることもできる。
F	重量証明書	
G	原産地証明書	このうち、□GSP Form Aは、「特恵関税」を受けるために必要な原産地証明書のことで、GSP とは Generalized System of Preferences のことである (ISBP681 No.181 ～ No.185)。
H	品質証明書	―
I	容積明細書	―
J	分析証明書	―
K	検査証明書	―
L	受益者の証明書	「流通不能の船積書類１セットを船積後に発行依頼人宛に送付した」との証明書。
M	商品名等	できるだけ簡潔に、物品の名称等を記載することが望ましい。物品の数量・単価を表示する場合は、これらの計算結果（数量×単価＝金額）と前記②Amount（信用状金額）との整合性に注意する。また、数量・単価に "about" などの用語を付した場合にも、amount との整合性に注意する。 商品別に船積期間・期限などを設ける場合には、"Merchandise

※①～㉒、A～Tについては、資料１－１上の丸数字およびアルファベットと連動しています。（次頁へ続く）

※	APPLICATION FORM	留意事項
		A must be shipped during August, 2008, Merchandise B must be shipped during September, 2008"、あるいは、"Merchandise C must not be shipped before August1, 2008" などの表現が可能である。なお、船積の期間を表現する用語については、この他に "to" "until" "till" "from" "between" があるが、これらの語は、記載された日を含み、"before" "after" の語は記載された日を除外する（Article3 第9フレーズ）。また、"on or about" の表現は、「指定日の5暦日前から5暦日後までの期間内で、最初の日および最後の日の両方が含まれる」と解釈される（Article3 第8フレーズ）。
N	Trade Terms (INCOTERMS)	□FOB/ □CFR(C&F)/ □CIF のうしろに表示されるのは、いずれも港名（port）で、FOB の場合は、船積港（port of shipment）が表示され、CFR と CIF の場合は、仕向港（port of destination）が表示される。また、□FCA/ □CPT/ □CIP のうしろに表示されるのは、いずれも場所名（place）で、FCA の場合は、船積地が表示され、CPT と CIP の場合は、仕向地（place of destination）が表示される。また、Trade Terms に表示される船積港・陸揚港（= 仕向港）のうしろには、FOB Rotterdam, The Netherlands、CIF Yokohama, Japan など「国名」を表示することが望ましい。この例での Rotterdam は「船積港」であり、Yokohama は「陸揚港」（= 仕向港）である。これらの港名は、前記⑩の Port of Loading に表示された「船積港」と、また、前記⑪の Port of Discharge に表示された「陸揚港＝仕向港」と、それぞれ一致していなければならない。
O	Additional conditions	□Insurance is to be effected by buyer：Trade Terms が FOB、CFR、FCA、CPT の場合に、発行依頼人が本邦において付保手続をすることを意味するので、そのような Trade Terms の場合は、この項に X マークが付されることが望ましい。X マークが付されない場合は、「保険に関する情報」が信用状に記載されない。
P	本邦（日本）以外の地で発生する銀行手数料（補償手数料を含む）の負担者	□Applicant（発行依頼者）/□Beneficiary（受益者）のいずれかに X マークが付される。 □Applicant に X マークが付された場合は、後日、海外の指定銀行から "Payment commission"（指定銀行の「支払」に伴う手数料）として、または補償銀行からは "reimbursement commission" として、また、後日払（deferred payment）の場合は、undertaking commission として、請求される。

※①～⑳、A～Tについては、資料1－1上の丸数字およびアルファベットと連動しています。（次頁へ続く）

※	APPLICATION FORM	留意事項
		□Beneficiary に X マークが付された場合は、その旨が信用状に明示される (Article37 c)。
Q		□割引手数料の負担者は、□発行依頼者なのか /□受益者なのか、いずれかに X マークが付される。割引手数料とは、期限付為替手形の支払人が、手形の引受と同時に割り引く（手形期限までの利息部分を差し引いた金額を支払う）場合に発生する手数料であり、下記 R の引受手数料とともに発生する。□発行依頼者に X マークが付された場合は、当該手数料が後日請求される。□受益者に X マークが付された場合は、その旨が信用状に明示される (Article37 c)。
R		□引受手数料の負担者は、□発行依頼人なのか /□受益者なのか、いずれかに X マークが付される。引受手数料とは、期限付為替手形の引受人（＝支払人）が、手形を引き受けたときに発生する手数料である。□発行依頼者に X マークが付された場合は、当該手数料が後日請求される。□受益者に X マークが付された場合は、その旨が信用状に明示される (Article37 c)。
S	信用状の発行日より前の船積は禁止する	UCP600 は、「書類には信用状の発行日よりも前の日付を付すことができる～」との条項があるが、そのことを認めない場合には、この□に X マークが付される (Article14 i)。
T	発行銀行への書類の送付方法	□ 1 LOT/□ 2 LOTS のいずれかに X マークが付される。輸送途中の万一の紛失事故を予防する観点からも、□ 2 LOTS（いわゆる「分送」）を、発行依頼人に選択してもらうことが望ましい（Article 35 第 2 文）。

※①～㉒、A～T については、資料 1 － 1 上の丸数字およびアルファベットと連動しています。

資料2　SWIFT MT700 TAG & FIELD

Status	Tag	Field Name	Examples	Remarks
M	27	Sequence of Total（合計通番）	1/1	電文が1通の場合は1/1、2通の場合は2/2と表示される。
M	40A	Form of Documentary Credit（荷為替信用状の形式）	Irrevocable	
M	20	Documentary Credit Number（荷為替信用状番号）	Documentary Credit Number 1245678	
O	31C	Date of Issue（発行日）	091018 (*)	(*) 2009年10月18日 通常は、6桁、年・月・日の順。
M	40E	Applicable Rules（適用規則）	UCP Latest Version UCP URR Latest Version 上記のほかに、 　eUCP Latest Version 　URR Latest Version 　ISP Latest Version 　Other	UCP Latest Versionは、「レミッタンス（回金）方式」を選択する場合。UCP URR Latest Versionは「リンバース方式」を選択する場合。
M	31D	Date and Place of Expiry（有効期限・場所）	"09/12/30 at the negotiating bank in Japan."etc.	
M	50	Applicant（発行依頼人）		発行銀行依頼人の名称と住所
M	59	Beneficiary（受益者）		信用状の受益者の名称と住所
M	32B	Currency Code、Amount（通貨コード・金額）	JPY5,000,000.-、 USD100,000.00　etc.	JPY、USDはSWIFT Currency Code
O	39A	Percentage Credit Amount Tolerance（金額許容範囲）	"10 percent more or less allowed."etc.	
M	41A	Available with .... Bank By（利用方法）	"Available with any bank in Japan by negotiation"、"Available with ABC Bank, Tokyo by negotiation"etc.	指定銀行のBIC CODE（8桁）が付されることがある。
O	42C	Drafts at ....（為替手形）	"At sight for 100 percent of invoice value, indicating the Credit number."etc.	
O	42A	Drawee（支払人）		発行銀行、通知銀行、ニューヨーク所在の銀行などが表示され、BIC CODE（8桁）が付されることがある。

（注）「Status」欄：「M＝Mandatory」（必須項目）、「O＝Optional」（任意項目）　　　（次頁へ続く）

Status	Tag	Field Name	Examples	Remarks
O	43P	Partial Shipments（一部船積）		Not allowed（禁止）または allowed（許容）と表示される。
O	43T	Transhipment（積替）		同上
O	44A	Place of Taking in Charge/Dispatch from ....../Place of Receipt（物品の受取地・発送地・受領地）		「複合運送書類」が要求される場合に、輸出地名が表示される。
O	44E	Port of Loading/Airport of Departure（物品の積出港・出発空港）	"Any Japanese port", "Narita Airport"etc.	
O	44F	Port of Discharge/Airport of Destination（物品の陸揚港・仕向空港）	"Swedish Port", "Swedish Airport"etc.	
O	44B	Place of Final Destination/For Transportation to/Place of Delivery（物品の最終仕向地・目的地・引渡地）		「複合運送書類」が要求される場合に、輸入地名が表示される。
O	44C	Latest Date of Shipment（船積期限）	"09/11/15"、"09-11-15"etc.	
O	45A	Description of Goods and/or Services（物品・サービスの明細）		インボイスに記載される物品などの名称、貿易取引条件（INCOTERMS）など。
O	46A	Documents Required（必要書類）		信用状で要求されるインボイス・運送書類・保険書類など。
O	47A	Additional Conditions（追加条件）	"All documents must be indicated the number of this credit."etc.	追加条件が記載される。
O	71B	Charges（手数料）	"All banking charges outside the Issuing Bank are for account of the beneficiary" etc.	
O	48	Period for Presentation（呈示期間）	"Documents must be presented within 10 days after the shipment date, but within the validity date of the credit."etc.	

（注）「Status」欄：「M＝Mandatory」（必須項目）、「O＝Optional」（任意項目）　　　　　（次頁へ続く）

Status	Tag	Field Name	Examples	Remarks
M	49	Confirmation Instruction (確認指図)	"without" "confirm" "may add"	"without" は、確認の付加を依頼しない場合、"confirm" は、確認付加を依頼する場合、"may add" は、受益者から依頼があった場合に、受信者（the receiver）が、確認の可否を決めることができる。
O	53a	Reimbursing Bank (補償銀行)	"Please claim on ABC Bank, Tokyo Branch.", "Please debit our account with you.", "Please reimburse yourselves from XYZ Bank, New York."etc.	銀行名と BIC CODE（8桁）だけが記載されることがある。
O	78	Instructions to the Paying/ Accepting/ Negotiating Bank (支払・引受・買取銀行への指図)	"Documents to be dispatched to the Issuing bank in two lots by courier.", "In reimbursement, we shall remit at maturity as per the instructions of the negotiating bank.", "TT reimbursement is prohibited."etc.	書類の送付方法、送金による補償、TT reimbursement 禁止などの、発行銀行の指図が記載される。
O	57a	`Advice Through' Bank (経由通知銀行)	"The ABC Bank, Tokyo, Japan", "Your XXX Branch"etc.	BIC Code（8桁）が記載されることがある。

（注）「Status」欄：「M＝Mandatory」（必須項目）、「O＝Optional」（任意項目）

資料 3 − 1　複合運送書類

Bill of Landing For Multimodal Transport or Port to Port Shipment

Shipper:	Reference		B/L-No.
	Export References		

Consignee:	Forwarding Agent
	Consignee's References

Notify Address (Carrier not responsible for failure to notify; see clause 20[1] hereof):	Place of Receipt (Applicable only when document used for **Multimodal** transport):

Pre-Carriage by:	Place of Receipt by Pre-Carrier:	Place of Delivery (Applicable only when document used for **Multimodal** transport):
Ocean Vessel:	Port of Loading:	
Port of Discharge:	Place of Delivery by On-Carrier:	

Container Nos., Seal Nos.; Marks and Nos.	Number and Kind of Packages; Description of Goods	Gross Weight (kg)	Measurement (cbm)

COPY

Above Particulars as Declared by Shipper

Total No. Containers/ Packages received by the Carrier:	Shipper's declared value (see Clause 7[3] hereof:)	Received by the Carrier from the Shipper in apparent good order and condition (unless otherwise noted herein) the total number of quantity of Containers or other packages or units indicated in the box opposite entitled "Total No. of Containers/Packages received by the Carrier" for Carriage subject to all the terms and conditions hereof (**Including the Terms and Conditions on the Reverse hereof and the Terms and Conditions of the Carrier's Applicable Tariff**) from the Place of Receipt or the Port of Loading, whichever is applicable, to the Port of Discharge or the Place of Delivery, whichever is applicable. One original Bill of Lading, duly endorsed, must be surrendered by the Merchant to the Carrier in exchange for the Goods or a delivery order. In accepting this Bill of Lading the merchant expressly acceptsand agrees to all its terms and conditions whether printed, stamped or written, or otherwise incorporated, notwithstanding the non-signing of this Bill of Lading by theMerchant. In **Witness whereof** the number of original Bills of Lading stated below all of this tenor and date has been signed, one of which being accomplished the others to stand void.
Movement	Currency	
Charge	Rate	Basis	WT/MEA/VAL	Payment	Amount

要約は次頁に

		No. Original	Place and Date of Issue
		Freight Payable at	For the Carrier
		Loading Pier / Terminal	
Total Freight Prepaid	Total Freight Collect	Total Freight	

巻末資料

資料3-2　複合運送書類中の約款（英文）および要約

<約款（英文）>
Received by the Carrier from the Shipper in apparent good order and condition (unless otherwise noted herein) the total number or quantity of Containers or other packages or units indicated in the box opposite entitled **"Total No. of Containers/ Packages received by the Carrier"for Carriage subject to all the terms and conditions hereof (including the Terms and Conditions on the Reverse hereof and the Terms and Conditions of the Carrier's Applicable Tariff)** from the Place of Receipt or Port of Loading, whichever is applicable, to the Port of Discharge or the Place of Delivery, whichever is applicable. One original Bill of Lading, duly endorsed , must be surrendered by the Merchant to the Carrier in exchange for the Goods or a delivery order. In accepting this Bill of Lading the Merchant expressly accepts and agrees to all its terms and conditions whether printed, stamped or written, or otherwise incorporated, notwithstanding the non-signing of this Bill of Lading by the Merchant.
In **Witness whereof** the number of original Bills of Lading stated below all of this tenor and date has been signed, one of which being accomplished the others to stand void.

<要約>
　本証券の左の欄「運送人によって受取られたコンテナもしくは包の全個数」に掲載されたコンテナもしくは包は、本証券に別段の記載のない限り、外見上良好な状態で、この証券に規定されているすべての条項または運送人によって適用される運賃料金表に従い、本証券に記載の受取地もしくは船積港から陸揚港もしくは引渡地まで、運送人によって、運送のために、荷送人から受取られた。1通の船荷証券原本に正当に裏書されたものは、物品または荷渡指図書と引換えに、荷主から運送人に対して引渡されなければならない。この船荷証券の受領に際して、荷主は、本証券に規定されたすべての条項を、その条項が印刷、スタンプ、手記、または他に組み入れられたもののいずれかを問わず、荷主によるこの船荷証券への署名がなくても、明示的に引き受け合意する。
　上記の証拠として、同一の文言及び日付の下記通数の船荷証券は署名された。この内の1通が回収されたときには、その他は無効となる。

資料4　外国の主要コンテナ港

地　域	国	港	
アジア	中国	香港	Hong Kong
		上海	Shanghai
		深圳	Shenzhen
		青島	Qingtao
		寧波 - 舟山	Ningbo-Zhoushan
		広州	Guangzhou
		天津	Tianjin
		厦門	Xiamen
		大連	Dalian
		連雲港	Lianyungang
		営口	Yingkou
	台湾	高雄	Kaosiung
	シンガポール	シンガポール	Singapore
	マレーシア	ポートクラン	Port Klang
		タンジュンペレパス	Tanjung Pelepas
	タイ	ラエムチャバン	Laem Chabang
	インドネシア	タンジュンプリオク	Tanjunh Priok
	インド	ジャワハラルニー	Jawaharlal Nehru
	スリランカ	コロンボ	Colombo
	韓国	釜山	Busan
北　米	カナダ	バンクーバー	Vancouver
	米国	ニューヨーク／ニュージャージー	New York ／ New Jersey
		ロングビーチ	Long Beach
		ロサンゼルス	Los Angeles
		オークランド	Oakland
		シアトル	Seattle
		ポートランド	Portland
		タコマ	Tacoma
欧　州	オランダ	ロッテルダム	Rotterdam
	ドイツ	ハンブルク	Hamburg
		B/B	Bremen/Bremerhaven
	フランス	ルアーブル	Le Havre
	ベルギー	アントワープ	Antwerp
	イタリア	ジェノア	Genoa
		ラスペチア	La Spezia
		ジオイアタウロ	Gioia Tauro
	スペイン	アルヘシラス	Algeciras
		バレンシア	Valencia
		バルセロナ	Barcelona
中　東	アラブ首長国連邦	ドバイ	Dubai
中　米	パナマ	マンサニヨ	Manzanillo
南　米	ブラジル	サントス	Santos
豪　州	オーストラリア	シドニー	Sydney
		メルボルン	Melbourne

主要用語解説

オナー（honour）
　UCP 600 Article2 第9フレーズに定義されている用語で、一覧後支払うこと、後日払約束をして支払期日に支払うこと、為替手形を引き受けて支払期日に支払うことをいう。

買取（negotiation）
　Article2 第11フレーズに定義されている用語で、指定銀行による、「充足した呈示」に基づく為替手形および/または書類の買入であって、その指定銀行に対する補償の弁済日である銀行営業日またはそれ以前に、受益者に資金を前払する方法によるもの、または前払することを合意する方法によるものをいう。

為替手形
　買取の定義（UCP 600 Article2 第11フレーズ）における為替手形は「指定銀行以外の銀行を支払人として振り出された為替手形」である。

カントリーリスク（country risk）
　非常危険（政情不安・財政危機、内乱・テロ・戦争など）のことをいう。

ケーブル・ネゴ
　発行銀行に、電信手段によってディスクレの内容を連絡し、買取の可否を照会することをいう。

決済口座
> コルレス契約（為替取引契約）に基づき、銀行間の資金決済を行う預金口座をいい、相手銀行に自行の口座を預ける「預け金口座」と、相手銀行の口座を自行で預かる「預り金口座」がある。

コルレス銀行
> 信用状の発行・確認、為替手形の引受、資金決済方法、決済用預金口座の開設などを取極め、コルレス契約を結んだ相手銀行のことをいう。

信用状の受益者と発行依頼人
> 信用状の受益者は、物品の輸出者などを指し、発行依頼人は物品の輸入者を指すことが多い。

「信用状取引」
> 信用状に基づく取引のことをいう。具体的には信用状に基づく書類の買取・決済など、信用状に基づく取引全般を指す。「信用状取引は書類取引である」と同義語といえる。

「充足した呈示」（complying presentation）
> Article2 第5フレーズに定義されている用語で、信用状条件、UCPの適用条文および国際標準銀行実務（isbp）に合致した呈示をいう。Article 15にその要件が記載されている。

担保荷物貸渡（T/R：Trust Receipt）
> 信用状の発行銀行が、自行の担保としている書類と貨物（附属書類・付帯荷物）を、輸入者（発行依頼人）に貸渡すことをいう。

担保荷物引取保証（補償）(L/G：Letter of Guarantee、または、L/I：Letter of Indemnity)

> 発行銀行の担保となっている貨物が到着したが、船荷証券などの附属書類が未着の状態において、船荷証券を船会社に呈示することなく貨物を引き取るために、輸入者（発行依頼人）が船会社に差し入れる保証状（補償状）に発行銀行が連帯保証人として署名することをいう。

ディスクレパンシー（discrepancy）

> 「充足した呈示」にならないことをいう（Article 16 b）。従前は「信用状条件との不一致」「信用状条件と相違していること」などと訳されていた。本書では、ディスクレと表記している。

「呈示」(presentation) と「呈示人」(presenter)

> 「充足した呈示」に関連した用語で、「呈示」はArticle 2 第13フレーズに「発行銀行または指定銀行へ信用状に基づく書類を引き渡すこと、またはそのようにして引き渡された書類のいずれかをいう」と、また「呈示人」はArticle 2 第14フレーズに「呈示を行う受益者、銀行または他の当事者をいう」とそれぞれ定義されている。

テレコミュニケーション（telecommunication）

> テレトランスミッションと同様に、電信手段を指すが、電話を含んだものをいう。信用状統一規則1983年改訂版（UCP400）において初めてこの用語が使われたが、UCP 600では、Article 16においてこの用語が使用されている。

テレトランスミッション（teletransmission）

> SWIFT、テレックス、電報、ファクシミリ伝送などの電信手段をいう。UCP600では、Article 11においてこの用語が使用されている。

本邦ローン
　　自行ユーザンスともいい、発行銀行が輸入者（発行依頼人）に対外決済資金を貸し付けることをいう。

ユーザンス（usance）
　　支払を一定期間猶予することをいう。

ISBP 681（国際標準銀行実務）
　　ISBP681（International Standard Banking Practice for the Examination of Documents under Documentary Credits subject to UCP600（ISBP））は、国際商業会議所（ICC）が制定したもので、185項目の書類点検における事項を掲載している。681はICCの出版物番号を表している。このISBP681は信用状統一規則を補完するもので、実務上はディスクレを削減することを目的としている。なお、isbp（international standard banking practice）は「国際標準銀行実務」という意味では同じであるが、isbpとISBP681との違いは、isbpは書類が信用状条件を充足しているかどうかを判断するために、銀行が常時使用している実務をISBP681よりも幅広く含んだものを指している。

UCP 600（信用状統一規則）
　　39ヵ条から構成されており、2007年7月1日より、「2007年改訂版信用状統一規則（UCP600）」として施行されている。「信用状取引」に際しては、荷為替信用状の本文がこの規則に従うことを明示している場合に適用される規則である。

事項索引

【A－Z】

about ···37,52,207
Air T/R（航空貨物荷渡）→丙号T/R
Air Waybill（Air Consignment Note）
··40,185
amendment→条件変更
approximately ··································37,52,207
Clean B/L（無故障船荷証券）········184,204
FI（Free In）····································188
FIO（Free In and Out）····················188
FIOS（Free In and Out Stowed）······188
FO（Free Out）·································188
Foul B/L（故障船荷証券）···············184
free of charge（無償扱い）··················167
full of details to follow ··········46,79
garbled（文字化け）·············87,90,112
information only ·······79,88,93,105
Institute Cargo Clauses（All Risks）（全危険担保）··································193
Institute Cargo Clauses（FPA）（分損不担保）··································194
Institute Cargo Clauses（WA）（分損担保）··································194
Institute Malicious Damage Clause·········195
Institute Strikes Clauses ················195
Institute Strikes Riots Civil Commotions Clauses（SRCC Clauses）··········195
Institute War Clauses····················195
intended ···175
irrevocable（取消不能・撤回不能）
···················44,80,83,98,106,110,116,142
isbp→国際標準銀行実務
ISBP 681→国際標準銀行実務
late presentation ························205
late shipmentまたはirregular Shipping Schedule ·····································184,210
L/C expired ································205
mirror image（鏡像）··················167
MT（メッセージ・タイプ）···16,41,44,78,83
mutilation（電文の途中切れ・欠落・損傷）
··87,90,112
notify party（着荷通知先）·······155,177
omission（脱落）··························91
on board notation（積込済の付記）······181
Preliminary considerations（事前検討事項）
··9,33,74
proxy···190
revision（修正書）························102
said by shipper to contain ·······188,203
shipper's load and count ··········187,203
single notice ·······················43,218,244
SWIFT··································16,44,78,83,228
Telex···78
tenor（手形期間）·····················102,163
T/R（輸入担保荷物の貸渡）·········214,223
TRADE TERMS（INCOTERMS）········36,57
TTリンバースメント（T.T.R.）······36,57,238
URR725 ·······························57,236
usance→ユーザンス
voyage number ·······················182
without recourse·····················108,115

【あ】

アクセプタンス方式·················54,231
穴あけ署名（perforated signature）
···160,167
アライバル・ノーティス（ARRIVAL NOTICE）
···216,223,224,233,241
一部（分割）譲渡（partial transfer）
···123,135

一部（分割）船積（partial shipments）
　………………………… 123,169,182,209
一覧払（sight payment） ……………… 53
　——為替手形 ………………………… 102
　——決済 ……………………………… 233
　——信用状 ……………………… 53,230
一般免責事項 ………………………… 196
インボイス（商業送り状）…18,107,132,154
運送約款 ……………………………… 175
英文貨物海上保険証券 ……………… 189
オーバー・ドローイング（over drawing）
　……………………………………… 53,208
乙仲（海運貨物取扱業者） …………… 203
オナー（honour） …18,24,109,143,202,226
オフィス・コピー（office copy） ……… 200

【か】
外銀ユーザンス（外銀アクセプタンス）
　……………………………………… 54,231
外国向為替手形取引約定書 ………… 114
買取信用状 ……………………………… 54
カウンターサイン（副署名） ……… 12,35
確定日払手形 ………………………… 211
確認銀行
　——の確約（definite undertaking） … 110
　——の合意 …………………………… 119
　——の約束 …………………………… 118
確認（の）付加 ………………………… 113
確認枠（確認に関する取決め） ……… 112
カバー・ノート（cover note） ……… 191
カバー・レター（通知書、Advice of Credit）
　………………………………………… 75
カバー・レター（船積書類の送付状、covering letter） …………………… 146,200
為替手形の支払人（drawee） ……… 56,92
代り金譲渡（契約） …………………… 138
カントリーリスク …29,70,93,109,114,141

甲板積 …………………………… 187,203
期限付（為替）手形（ユーザンス手形）
　……………………………………… 36,92,229
期限付信用状 ………………………… 233
記名式船荷証券（straight B/L） …… 180
旧協会貨物約款 …………………… 189,193
協会貨物約款（Institute Cargo Clauses （A）
（B）（C）） …………………………… 194,222
拒絶通告 ……………………………… 241
銀行間補償 ………………………… 227,235
銀行間補償に関する統一規則→URR725
銀行の責任排除 ………………………… 62
クーリエ受領書 ……………………… 210
クレジット・リスク ………………… 109
ケーブル・ネゴ ………………………… 71
検査証明書 ………………………… 102,154
原産地証明書 …………………… 154,157
現地expiry …………………… 50,112,123,206
権利放棄（waiver） ………… 213,217,240
行為地法の原則 ……………………… 162
航空運送書類（Air Transport Document）
　………………………………………… 185,221
航空（貨物）運送状→Air Waybill
公示催告 ……………………………… 215
後続する受益者（subsequent beneficiary）
　………………………………………… 129
国際商業会議所（ICC） ……2,12,42,143,249
国際標準銀行実務（international standard banking practice：isbp）
　……………………… 12,33,42,142,152,201
国際標準銀行実務（ISBP681）
　………………………… 9,33,42,143,152〜197
後日払（deferred payment） ………… 25
　——約束（deferred payment undertaking）
　………………………………………… 94,149
コルレス銀行 ……25,48,54,60,74,78,112,123
コルレス契約 …………………………… 94,112

271

【さ】

最終送り状金額（final invoice amount）
　……………………………………………*192*
最終呈示日 ……………………………*158,205*
最終船積日 ………………………………*158*
再譲渡→戻し譲渡
最低付保金額 ……………………………*132*
最低付保率 ………………………………*132*
サイレント・コンファメーション ………*115*
再割 ………………………………………*51*
指図式船荷証券（order B/L）……………*180*
サレンダード（surrendered）B/L…………*40*
事前印刷文言 ……………………………*174*
（確認銀行の）自由裁量 ………………*119*
充足した呈示（complying presentation）
　……………*10,22,76,83,109,113,118,152,202*
受益者の承諾書（consent letter）…*101,107*
主たる債務者 ……………………………*8,29*
ショート・ドローイング（short drawing）
　……………………………………*169,207*
償還債務 ………………………………*30,247*
償還（リファンド）請求 ………………*239,247*
商業送り状（commercial invoice）
　…………………………………*153,201,221*
条件変更（アメンド）
　──原本 ……………………………*101,103*
　──承諾書（コンセント・レター）
　　……………………………………*101,103*
　──通知書 …………………………*102,120*
　──の一部承諾 …………………………*104*
小損害控除免責歩合（excess（deductible））
　…………………………………………*197*
小損害免責歩合（franchise）……………*197*
（受益者の）承諾取得（consent）………*100*
譲渡可能信用状……………*44,98,121～127*
譲渡銀行 ………………………………*122,134*
譲渡担保…………………………………*39*

譲渡人（the assignor）と譲受人（the assignee）……………………………………*138*
除権決定 …………………………………*215*
書類点検の標準 …………………………*202*
書類到着通知書（案内書）→アライバル・ノーティス
書類取引の原則 ………………………*8,21,144*
書類の署名方法 …………………………*160*
新協会貨物約款 ………………………*189,194*
（外見上の）真正性 ……………………*84～96*
シンボル …………………………………*160*
信用状
　──原本 …………………………………*101*
　──条件 ……………………………*11,128,183*
　──取引の当事者 ………………………*144*
　──の取消 ……………………………*101,119*
　──の有効性 ……………………………*92*
　──取引約定書 ………………*29,217,226*
スタンドバイ信用状 ……………………*13*
石炭ガラ輸出事件 ………………………*22*
全部（全額）譲渡（Full（Total）Transfer）
　…………………………………………*123,135*
善管注意義務 …………………………*75,87,99*
倉庫間約款（warehouse to warehouse clauses）………………………………*192*

【た】

第1受益者 ……………………………*121～135*
第1通知銀行………………………………*95*
対外決済 ………………………………*226,239*
貸記（credit）方式……………………*147,227*
対顧決済 …………………………………*233*
第2受益者……………………………*44,65,121～135*
第2通知銀行……………………………*48,87,95*
但書き（notation）………………………*184*
担保危険（填補範囲）……………………*193*
仲介貿易…………………………………*69,155*

超過船積 ……………………………… 167
地理上のある領域（a geographical range）
　……………………………………… 175
地理的地域内（geographical area or region）
　……………………………………… 213
積替（transhipment）……………… 176,181
呈示（presentation）………148,152,202,206
停止条件 ………………………………… 76,112
ディスクレ（ディスクレパレンシー）
　…10,29,32,115,134,210,216～223,240～248
デビット（debit）方式 ………………147,228
デポ・コルレス先（depository bank）…229
テレコミュニケーション ………………… 216
テレトランスミッション
　………………………45,60,79,88,236,238
独立抽象性の原則 ……………… 8,18,20,143
取消不能（撤回不能）→irrevocable
取消不能義務（の発生時点）…………98,108
取消不能信用状（irrevocable credit）
　………………………………………43,98,142
取立扱い（collection）……………… 150,200

【な】
荷送人用原本 …………………………… 186
荷物引取保証（補償）（L/G）…… 30,41,247
（為替手形の）任意記載事項 …………… 162
任意の銀行（any bank）…………… 25,50

【は】
パラマウント・クローズ（至上約款）…196
引受（acceptance）
　――銀行 ……………………………93,231
　――信用状 …………54,92,120,226,230
　――通知（acceptance advice）…… 232
　――に係る与信枠（credit line）……93
フェデラル・ファンド・レート（Federal
　Funds rate）……………………………238

不可抗力（force majeure）………29,89,232
付加条項（remarks）…………………… 184
複合運送書類 …………………………… 172
複製署名（facsimile signature）…… 160,167
不知文言（不知約款）（unknown clause）
　…………………………………………… 187,203
船積期限 ……………………………58,63,206
船積後の書類呈示期間 ………………… 58
船荷証券（B/L）……38,179～184,211～215
　――の機能 …………………………… 179
　――の受理要件 ……………………… 180
　――の性質 …………………………… 179
プレ・アドバイス（preliminary advice）
　…………………………………………… 46,80
フレイト・フォワーダー ……………… 182
分割譲渡 …………………………… 123,135
　――依頼書 …………………………… 135
分割使用または分割船積 ………………183
分送（指図）…………………………… 214
丙号T/R ………………………………30,247
別個の銀行（separate banks）………117
ベネコン …………………………………65,68
ベネサート ……………………………… 36,38
包括予定保険契約（open cover）……… 190
（為替手形の）法定記載事項 …………… 162
保険期間 ………………………………… 192
保険証券（insurance policy）…………190
保険書類 …………………………… 190,222
保険担保（insurance cover）………… 132
補償 ………………………27,51,198,235～239
　――義務 ……………………………… 237
　――銀行（reimbursement bank）
　　……………………………………59,227,235
　――債務 ……………………………… 226
　――授権書（Reimbursement Authorization:
　　R/A）……………………………59,227,235
　――請求（reimbursement claim）146,227

――請求銀行 ················60,227,235
　――遅延 ·································237
本邦ローン（自行ユーザンス）
　··································216,223,233

【ま】

マーケット・クレーム ···············21,70
満期日（支払期日） ················211,226
無確認信用状 ··························63,111
メール・コンファメーション（mail confirmation）··································45,79
免責事項（exclusion） ·····················196
免責歩合不適用（irrespective of percentage）
　···197
免責約款 ··196
戻し譲渡 ·································122,129

【や】

ユーザンス（一定期間の支払猶予）···54,231
ユーザンス金利（利息）············54,234
郵送証明書 ····································210
郵便受領書（post receipt）···········210
傭船契約（charter party）···········176
与信行為 ·······································140
与信枠（credit line）······················93

【ら】

ラッシュ・バージ（LASH barge）···14,181
履行保証（performance bond）·······112
リストリクト（restrict）······26,50,111,147
　――銀行 ······································51
　――信用状 ··································50
　――文言 ···································112
リンバース方式（リンバースメント方式、補償方式、reimburse）···56,59,146,227～247
レミッタンス方式（送金方式,回金方式,remit方式）·······················56,146,227～243

ロイズSG証券（Lloyd's SG Policy）······189
ロンドン保険業者協会 ··················196

274

<監修者紹介> ※執筆時

浦野　直義（うらの　なおよし）　序・第1章執筆

1959年東京銀行（1996年から東京三菱銀行）入行、1984年東京銀行内幸町支店外国為替課長、1989年米国Union Bank（東京銀行米国現地法人）派遣、1996年東銀リサーチインターナショナル（現、三菱UFJリサーチ＆コンサルティング）東京貿易投資相談所長を経て、2001年（株）経済法令研究会顧問、2006年退任。編著に『貿易と信用状』（共著）、『外国為替と貿易実務がわかる』（いずれも実業之日本社刊）がある。

<著者紹介> ※執筆時

綴喜　善郎（つづき　ぜんろう）　第2章・第5章担当

1970年大手都市銀行入行、営業店融資業務を経て、営業店外国課、外為センターでの外国為替業務全般に従事し、かつ、外為センターの統合にも携わるなど、外国為替実務経験は通算約25年を超える。とりわけドキュメンタリー業務等の経験豊富な見地から行内の外国為替研修講師や後輩の育成・指導の実績をもつ。

前川　吉廣（まえかわ　よしひろ）　第3章担当

1970年東京銀行（1996年から東京三菱銀行）入行、2003年2月東京三菱銀行を退職。主に営業店・海外店、本部での業務推進、海外新設店サポートを含む外国為替業務全般に従事する。その間、ベネズエラ・カラカス駐在員事務所、パナマ支店（西語語学研修生）および米国マイアミ支店の計約10年の海外駐在経験をもつ。2003年3月～2009年2月商工中金にて外国為替業務および国際業務に従事する。

阿部　順二（あべ　じゅんじ）　第4章担当

1966年東京銀行（1996年から東京三菱銀行）入行、主に営業店および本部の輸出入業務に従事し、2001年12月東京三菱銀行を退職。その間、東銀リサーチインターナショナル（現、三菱UFJリサーチ＆コンサルティング）で約6年間外為関係のセミナーの講師を兼任、東京銀行と三菱銀行との合併時において事務統合に従事する。2002年1月信金中央金庫に入庫。同金庫外為事務センターにて輸出入業務に従事する。

一宮　弘之（いちのみや　ひろゆき）　第6章担当

1969年日本勧業銀行（1971年から第一勧業銀行。現、みずほ銀行）入行。主に営業店および本部の外国為替業務の担当を経て、1998年第一勧銀インターナショナルビジネスサービス（現、みずほインターナショナルビジネスサービス）入社。外国為替関係の研修講師をつとめるとともに、各種通信教育テキストや書籍を執筆。

輸出入と信用状取引　——新しいUCP＆ISBPの実務——

2009年5月20日　初版第1刷発行	監修者	浦　野　直　義
2012年9月10日　　　第2刷発行	発行者	金　子　幸　司
	発行所	㈱経済法令研究会

〒162-8421　東京都新宿区市谷本村町3―21
電話　代表03-3267-4811　編集・制作03-3267-4823

営業所／東京 03(3267)4812　大阪 06(6261)2911　名古屋 052(332)3511　福岡 092(411)0805

デザイン及び組版／ＤＴＰ室　制作／菊池一男　印刷／㈱加藤文明社

Ⓒ Keizai-hourei kenkyukai 2009　　Printed in Japan　　　　ISBN978-4-7668-2148-2

"経済法令グループメールマガジン"配信ご登録のお勧め
当社グループが取り扱う書籍,通信講座,セミナー,検定試験情報等,皆様にお役立ていただける情報をお届け致します。下記ホームページのトップ画面からご登録いただけます。
☆　経済法令研究会　　http://www.khk.co.jp/　☆

定価はカバーに表示してあります。無断複製・転用等を禁じます。落丁・乱丁本はお取替えします。